돈

DER WEG ZUR
FINANZIELLEN FREIHEIT

돈에 관하여 비상한 재능이 있는 이 책의 저자 보도 섀퍼

이미 나이 서른에 자신이 가진 돈의 이자만으로 살 수 있을 정도로 돈 모으는 데 비상한 재능이 있었던 이 책의 저자 보도 섀퍼는 재테크 관련 베스트셀러를 여러 권 써낸 작가이자 '머니 트레이너'이며, 그 자신 엄청난 재산을 소유한 억만장자이다.

현재 독일 쾰른에 살고 있는 그는 수년 째 독일, 네덜란드 등 유럽 각국을 돌며 재테크를 주제로 한 세미나를 개최, 폭발적인 인기를 얻고 있다.

돈

보도 섀퍼 / 이병서 옮김

인쇄 : 2024년 10월 15일
발행 : 2024년 10월 20일

펴낸이 : 정 영 국
펴낸곳 : 에 포 케

지은이 : 보도 섀퍼
옮긴이 : 이 병 서

주소 : 서울시 금천구 벚꽃로 36길 30 (KS타워)
전화 : (02) 2135-8301
팩스 : (02) 584-9306

등록번호 제 2023-000101호
ISBN 978-89-19-20501-3

www.hakwonsa.com

＊잘못된 책은 바꾸어 드립니다.

목 차

기본 생각부터 바꾸자

1 이제는 찾는 법을 배워라

돈으로부터 완전한 자유를 누린다

시작하기 전에

　인생에 대한 꿈은 누구한테나 있다. 하지만 자신이 꿈꾸는 대로 인생을 사는 사람은 그리 많지 않다. 그 가장 큰 걸림돌이 무엇이라 생각하는가? 돈, 바로 돈이다. 왜냐하면 돈은 한 개인의 생활 수준은 물론, 정신자세까지도 좌우하는 결정적 요인이기 때문이다. 그런데 돈은 우연히 생기지 않는다. 어디서 돈벼락이나 맞았으면 좋겠다는 것처럼 허황한 생각이 또 있을까? 어찌 보면, 자신이 발휘할 수 있는 에너지의 문제로 직결되는 것이 바로 이 돈의 문제이다. 한평생 살면서 정말로 중요하다고 생각되는 일에 에너지를 많이 쏟을수록 돈은 더 많이 흘러 들어오게 되어 있으니 말이다. 정말로 크게 성공한 사람들은 예외 없이, 많은 돈을 끌어 모으는 능력도 있는 사람들이다. 물론, 그 가운데는 돈을 끌어 모으는 데만 열심인 사람도 있고, 다른 사람들을 위해 풀어쓰는 사람도 있다. 어쨌거나 양쪽 모두 돈이 잘 돌아가도록 하는 능력이 있는 사람들인 것은 분명하다.

　돈의 의미를 지나치게 강조할 생각은 추호도 없다. 하지만 살다 보면 돈이 정말로 중요한 순간도 있다는 것을 부인할 수 없다. 주머니를 아무리 탈탈 털어 봐도 땡전 한 푼 나오지 않는 상황을 생각해 보라. 돈 문제에 시달리는 사람일수록 온 정신이 돈에 사로잡혀 있게 마련이다. 이제 이 문제를 한번 철저하게 파헤쳐 보려고 한다. 그렇게 해서 이 문제에 대한 분명한 기준이 생기면, 돈이야말로 우리 인생 전반을 받치는 튼튼한 버팀목이 될 수 있을 테니까.

우리는 모두 꿈을 갖고 있다. 저마다 '나는 이렇게 살고 싶고, 내 힘으로 이 정도는 이룰 수 있다'는 구체적인 삶의 구상을 갖고 산다. 그리고 이 세상을 좀 더 아름다운 곳으로 만드는 데 기여하고 싶은 꿈 또한 우리 마음 깊은 곳에 있다. 하지만 이런 꿈들이 현실에 눌리고 일상에 치이어, 서서히 질식되고 퇴색되어 가는 일이 얼마나 허다한가. 그런데 많은 사람들이 일상의 굴레를 인생의 당연한 의무쯤으로 여기며, 햇볕 따뜻한 곳에 온전한 자기만의 자리가 있는 것을 잊고 사는 건 아닐까!

너나 할 것 없이 우리는 너무 쉽게 자신을 '희생하는 인생'에 가둔다. 이런저런 타협 속에 미처 자신을 돌아볼 겨를도 없이 세월은 흐르고, 어느 순간 문득 정신을 차리고 보면, '내 인생 어쩌다 여기까지 흘러왔나'하는 탄식밖에 남는 것이 없다. 그때야 비로소 사람들은 그놈의 돈이 '웬수'라며 자신이 바라는 인생을 살지 못하는 모든 책임을 경제적 상황에 돌려버린다.

나는 돈과 성공, 그리고 행복의 문제를 십여 년이 넘게 연구하며, 돈을 다른 각도에서 다르게 보는 법을 터득하게 되었다. 즉, 돈은 우리가 가진 가능성이 완전히 소진되지 않도록 지켜주는 보루이며, 나아가서는 우리의 가능성을 최고로 끌어 올려 주는 도르래도 될 수 있다는 것이다.

이제 당신은 이 책을 읽으며, 나를 당신의 재정 담당 멘토로 적극 활용하기를 바란다. 나는 내가 배우고 경험한 것을 함께 나누고, 당신이 돈을 몰고 다니는 사람이 되도록 돕고 싶다. 긴말할 것 없이, 돈이 있다는 것, 그것은 그만큼 자유롭고 독립적인 삶을 영위할 수 있다는 뜻이다. 그것을 깨달은 후, 나는 이 깨달음을 다른 사람들과 나눠야 한다는 사명감 같은 것을 느끼게 되었다. 나와 만나는 모든 사람들이 경제적 독립으로 가는 올바른 길을 하루 빨리 찾도록 도와야 할 의무가 생긴 것이다. 물론 그 바탕에는, 우리가 비행하는 법이나 잠수하는 법, 컴퓨터 프로그램을 만드는 법을 배울 수 있는 것과 마찬가지로, 몇 가지 중요한 기본원리만 익히면 누구나 부를 쌓는 법을 배울 수 있다는 신념이 깔려 있다.

'10억 원'이라는 첫 번째 목표를 달성하는 길은 여러 가지가 있다.

이 책에 소개될 다음 4단계 전략 역시 그 가운데 하나이다.

1. 일정한 비율의 돈을 저축한다.
2. 저축한 돈을 투자한다.
3. 수입이 늘어난다.
4. 그렇게 늘어난 수입의 일정 비율을 저축한다.

이것만 제대로 실천하면, 당신이 지금 서 있는 위치가 어디든, 15년에서 20년 사이에 10억 원의 재산을 손에 쥘 수 있다. 이 목표가 너무 약소하다고 느낀다면, 그래서 좀 더 빨리, 예를 들어, 늦어도 7년 안에 10억 원을 모으겠다는 생각이 있다면, 이 책에 소개되는 전략들을 가능한 한 많이 활용해야 한다. 전략 하나를 쓸 때마다 목표에 그만큼 빨리 다가갈 수 있기 때문이다.

'어떻게 하면 7년 안에 큰돈을 모을 수 있는가?' 당신도 이미 짐작하겠지만, 여기서 중요한 것은, 단순히 7년 후 내 수중에 돈이 얼마 있느냐가 아니라, 그때 내가 어떤 마음과 모습으로 살고 있느냐는 것이다.

돈으로부터 자유를 얻는 길은 분명, 마냥 쉽기만 한 길이 아니다. 하지만 경제적인 문제에 매여 사는 인생은 훨씬 더 고단하다. 이 책에 나와 있는 도움말들을 하나하나 실천에 옮기다 보면 당신은 어느새 목표에 가깝게 다가서 있는 자신을 발견하게 될 것이다. 그동안 나의 세미나에 참여한 수천 명의 사람들이 이런 방법들을 통해 도움을 받았고, 또 이러한 새로운 지식이 말 그대로, 사람을 어떻게 변화시키는지 수없이 봐 왔다.

하지만 단지 이 책을 한 번 읽는 것만으로 금방 부자가 될 수 있다는 생각은 하지 말아야 한다. 당신은 이 책을 반복해서 공부하고, 그래서 그것을 자신의 일부로 만들어야 한다. 그렇게 될 때, 당신 내면에 숨어있던 보석들이 비로소 찬란한 빛을 발하게 될 것이다.

자, 이제 함께 우리의 길을 떠나자, 먼저 당신이 경제적으로 어떤 위치와 상태에 있는지 면밀히 점검하는 것이 그 첫걸음이다. 다음 페이지에 자기진단을 위한 질문들이 준비되어 있다. 이를 통해 자신의 위치와 상태를 정확히 파악한 다음 분문으로 넘어가기 바란다.

이 책이 당신에게 단순히 돈 모으는 법만 알려주지 않고, 차제에 더 깊고 본질적인 문제들을 되짚어 보는 기회도 함께 제공했으면 하는 것이 나의 바람이다. 나는 이 책을 읽는 당신이 누구인지 모른다. 하지만 이것 하나는 분명하다. 이 책을 손에 들고 있다는 사실 하나만으로도 당신은 현재 주어진 상황에 만족하는 평범한 사람이 결코 아니다. 당신은 자신의 인생을 스스로 개척하려는 사람이다. 스스로 미래를 설계하고, 어디에 내놓아도 당당한 인생의 자취를 남기고자 하는 사람이다. 그 일에 이 책이 작은 도움이라도 되기를 진심으로 바란다.

보도 섀퍼

[자기진단 : 당신의 경제적 상황은 어떤가?]

반드시 다음 질문들에 대한 답을 표기한 후 책을 읽기 바란다.

1. 자신의 수입을 어떻게 평가하는가?
      (　　) 최상이다
      (　　) 아주 많다
      (　　) 많은 편이다
      (　　) 적정 수준이다
      (　　) 적은 편이다
      (　　) 보잘것없다
      (　　) 거의 없다

2. 자신의 순수 재산은 어느 정도라고 생각하는가?
      (　　) 최상이다
      (　　) 아주 많다
      (　　) 많은 편이다
      (　　) 적정 수준이다

( ) 적은 편이다

( ) 보잘것없다

( ) 거의없다

3. 자신의 투자액은 어느 정도라고 생각하는가?

( ) 최상이다

( ) 아주 많다

( ) 많은 편이다

( ) 적정 수준이다

( ) 적은 편이다

( ) 보잘것없다

( ) 거의 없다

4. 돈이나 자금에 대한 자신의 지식은 어느 정도라고 생각하는
가?

( ) 최상이다

( ) 아주 많다

( ) 많은 편이다

( ) 적정 수준이다

( ) 적은 편이다

( ) 보잘것없다

( ) 거의 없다

5. 돈에 대한 구체적이면서도 분명한 계획이 있는가? 즉, 자신이 무엇을 원하는지, 거기에 돈이 얼마나 드는지, 그 돈을 어떻게 마련할 것인지 하는 것을 정확하게 알고 있는가?

    (   ) 아주 분명하게 안다

    (   ) 잘 안다

    (   ) 잘 아는 편이다

    (   ) 대략 감은 잡는다

    (   ) 잘 모른다

    (   ) 거의 모른다

    (   ) 관심 없다

6. 경제적인 문제를 상의할 만한 사람이 주변에 있는가?

    (   ) 있다   (   ) 없다

7. 주변 사람들의 경제적인 형편은 어떤가?

    (   ) 대체로 나보다 낫다

    (   ) 나와 비슷하다

    (   ) 나보다 못하다

8. 매달 수입에서 적어도 10~20%는 저축을 하는가?

    (   ) 그렇다

    (   ) 항상 그렇지는 않다

(   ) 아니다

9. 정기적으로 기부하는 돈이 있는가?
(   ) 있다   (   ) 없다

10. 자신이 아주 큰 부자가 될 만한 사람이라고 생각하는가?
(   ) 그렇다   (   ) 아니다
(   ) 생각해 본 적 없다

11. 만약 이제부터 수입이 끊긴다면 지금 있는 돈으로 얼마나 버틸 수 있는가?
_____ 개월

12. 자신이 가진 돈에서 나오는 이자만으로 살 수 있는 날이 올 거라고 생각하는가?
(   ) 그렇다   (   ) 아니다

13. 앞으로 5년이 더도 덜도 말고 지난 5년만 같으면 더 바랄 게 없다고 생각하는가?
(   ) 그렇다   (   ) 아니다

14. 자신이 정말로 돈을 어떻게 생각하는지 알고 있는가?

（　　）정확히 알고 있다

（　　）어느 정도는 안다

（　　）잘 모르겠다

15. 현재 자신의 경제적 상황이 어떤지 한 번 짧게 적어보라.

_____

16. 돈을 버는 것과 관련해서 자신은 어떤 사람이라고 생각하는가?
(예를 들어, 돈하곤 인연이 없는 사람, 제 밥그릇도 못 챙기는 사람, 뒤로 자빠져도 코가 깨지는 사람, 돈에 한이 맺힌 사람, 돈밖에 모르는 사람, 돈 모으는 게 낙인 사람, 돈줄이 보이는 사람, 돈을 몰고 다니는 사람, 장사를 해도 잘할 사람 등등 ……)

_____

17. 자신의 인생에서 돈이란 무엇이라고 생각하는가?
（　　）자신을 받쳐주는 힘이다

（　　）근심덩어리다

18. 주식에 대해 얼마나 알고 있는가?
（　　）전문가 수준이다

（　　）많이 안다

（　　）많이 아는 편이다

( ) 기본적인 건 안다

( ) 잘 모른다

( ) 거의 모른다

( ) 관심 없다

19. 펀드에 대해선 얼마나 알고 있는가?

      ( ) 전문가 수준이다

      ( ) 많이 안다

      ( ) 많이 아는 편이다

      ( ) 기본적인 건 안다

      ( ) 잘 모른다

      ( ) 거의 모른다

      ( ) 관심 없다

20. 기초적인 투자원칙을 알고 있으며, 이을 활용할 줄 아는가?

      ( ) 그렇다　( ) 아니다

21. 자신에게 돈이 얼마나 중요한 것이라고 생각하는가?

      ( ) 전혀 중요하지 않다

      ( ) 크게 중요하지 않다

      ( ) 꽤 중요하다

      ( ) 아주 중요하다

(　　) 가장 중요하다

22. 돈 버는 것, 쓰는 것, 그리고 재산이라는 것에 대해 어떤 생각을 갖고 있는가?

_____

23. 질문에 답하고 난 지금, 자신의 경제적 상황이 전체적으로 어떻다고 생각되는가?
(　　) 최상이다
(　　) 아주 좋다
(　　) 좋은 편이다
(　　) 적정 수준이다
(　　) 좋지는 않다
(　　) 나쁘다
(　　) 아주 형편없다

24. 질문에 답하고 난 지금, 기분이 어떤가?

_____

기본 생각부터 바꾸자

1

이제는 찾는 법을 배워라

당신은 이미 찾을 만큼 찾았다.
이제 찾는 것을 그만두고, 찾는 법을 배워라
하인츠 쾨르너의 《요하네스》에서

문제는 예나 지금이나 아주 단순하다. 우리가 마음속 깊이 느끼는 것과 실제로 사는 모습이 서로 다른 것이다. 어떻게 살아야겠다는 생각과 우리가 처한 현실은 밤과 낮처럼 다를 때가 많다.

우리는 모두 성장하고 행복해지고자 하는 욕구가 있다. 세상에 무언가 도움이 되는 일을 하고 싶다는 소망 또한 마음속 깊은 곳에 있다. 그리고 나에게도 행복한 인생을 살 자격이 충분히 있다고 믿는다.

부자가 되는 길이 있을까?

그러면, 우리가 꿈꾸는 인생을 살지 못하도록 우리 발목을 잡고 있는 것은 무엇일까? 무엇이 우리가 바라는 것을 이루는 데 방해가 되고 있을까? 사실, 오늘날 우리는 우리의 꿈을 실현하는데 그다지 도움이 되지 않는 세상에 살고 있다. 우선 정부부터 우리에게 모범을 보이지 못하고 있다. 나랏빚은 해마다 늘어나고, 그에 따른 이자 부담은 고스란히 국민에게 떠안겨진다.

우리는 학교에서 시시콜콜 많은 것들을 배우지만, 우리에게 가장 중요한 문제인 '어떻게 하면 행복하게 살 수 있는가', '어떻게 하면 부유하게 되는가', '어떻게 하면 하루빨리 10억 원을 모을 수 있는가' 같은 것은 배울 수 없다. 그러면 우리는 어디서 부자가 되는 법을 배워야 할까? 부모님한테서? 우리 가운데 부자 아버지 어머니를 부모로 둔 사람이 얼마나 될까? 어쩌면 돈 많이 모으는 법에 대한 조언이 진짜로 필요한 사람은 바로 우리 부모님들인지도 모른다. 게다가 우리 사회는 과소비에 들떠 있고, 주변 친구나 친지를 돌아봐도 모두 돈을 쓸 줄만 알지, 모을 줄 아는 사람은 그리 많지 않다. 그렇게 해서 많은 사람들이 행복하고 부유하게 살 권리를 포기한 채 힘겨운 인생을 살아간다. 그것은 분명, 우리가 태어나면서부터 갖고 있는 기본 권리인데 말이다.

오늘날 내 인생을 돌아볼 때, 나는 그저 감사한 마음뿐이다. 나는 내가 꿈꾸었던 바로 그 인생을 살고 있고, 경제적으로 완전히 자유롭기 때문이다. 물론 처음부터 항상 좋기만 했던 건 아니다. 다른 사람들과 마찬가지로 나에게도 깊은 절망과 혼돈에 몸부림치는 시간이 있었다.

특별한 체험이 우리를 새롭게 한다

우리는 살면서 자신의 인생에 큰 영향을 끼치는 상황을 몇 차례 겪게 된다. 이런 상황들은 우리 삶의 방향을 뒤바꿔 놓기도 하고, 사람과 기회, 돈과 세상에 대한 생각과 믿음을 바꾸어 놓기도 한다. 그것들은 우리 인생을 좋은 쪽으로 바꿀 수도 있고, 나쁜 쪽으로 바꿀 수도 있다.

내가 처음으로 돈에 대해 진지하게 생각할 기회가 온 것은 바로 여섯 살 때였다. 그때 우리 아버지는 간경변으로 병원에 입원하게 되어, 꼬박 열두 달을 그곳에 있었다. 아버지는 절대 안정이 필요한 상태여서 책 읽기 같은 것도 삼가라고 할 정도였다.

그러던 어느 날, 의사 선생님 한 분이 어머니에게 하는 말을 듣게 되었는데 우리 아버지처럼 방문객이 많은 환자는 처음 본다는 것이었다. 아버지한테는 무엇보다 안정이 중요한 상태였음에도, 하루 방문객이 최소 여섯 명은 되었다. 그러니까 아버지는 병원에서도 계속 일을 했던 것이다. 변호사인 아버지는 일상적인 변호사 업무 외에 가난한 사람들을 돕는 일로 인생의 보람을 찾고 있었다. 돈이 없는 가난한 사람들한테 무료 상담을 해 주었던 것이다.

어머니는 이제 제발 그만하라고 아버지에게 사정했다. 이러다간 정말 평생 병원에 있게 될 수도 있다고 했다. 의사들 역시 '이제는 쉬어야 한다'고 계속 설득했다. 하지만 고집불통인 아버지는 꿈쩍도 하지 않고, 자신이 옳다고 믿는 일을 계속했다.

때때로 나는 몇 시간이고 아버지 침대 곁에 앉아서, 사람들이 아버지에게 하는 이야기를 듣곤 했다. 사람들이 아버지를 붙들고 한 이야기가 뭐였는지 아는가? 항상 돈 이야기였다. 그리고 항상 땅이 꺼져라 한숨 쉬고 앓는 소리를 했다. 법률적인 문제야 내가 알 리 없었지만, 이야기 자체는 항상 똑같은 것처럼 보였다.

돈, 돈, 돈 걱정 …….

처음에는 이야기를 듣는 것이 흥미 있었지만, 조금 지나고 나니 짜증만 났다. 그때부터 나는 가난을 혐오하게 되었다. 가난은 사람을 불행하게 한다. 가난은 사람들로 하여금 몸도 성치 않은 아버지를 찾아 연신 굽실거리고 도움을 구걸하게 만든다. 그래서 나는 부자가 되겠다고 생각했다. 그리고 서른 살에 백만장자가 되겠다고 굳게 마음먹었다.

결심만으로 부자가 되지는 않는다

물론 내가 그렇게 결심했다고 그 순간부터 모든 성공의 문이 활짝 열린 것은 아니다. 내가 마음먹은 대로 서른 살에 나의 목표를 이루기는 했지만, 그 5년 전만 해도 나는 빚을 진 채무자였고, 표준보다 18kg의 과다 체중과 끊임없는 자기 회의에 시달리던 사람이었다. 아슬아슬하기만 한 재정 상태로 인해 당시 나에게는 돈이 인생의 전부처럼 보였다.

돈은 언제나 우리가 부여하는 만큼의 의미를 갖는다. 그리고 우

리가 돈 문제로 곤란을 겪는 동안 돈은 필요 이상 중요한 것이 되어
버린다.

그럼에도 당시 나에게는 모든 것이 금방 좋아진다는 희망이 있었
다. 어떻게든 일이 잘 풀릴 거라는 믿음이 있었다. 하지만 우리가
단순히 희망하고 믿기만 한다고 바뀌는 것은 아무것도 없다. 희망
은 정신적인 안정제이며, 아주 지능적인 자기기만이다. 우리는 누
구에게, 그리고 무엇에 희망을 거는 걸까? 하나님, 아니면 운명?
하나님은 손 하나 까딱하지 않는 사람들까지 먹여주고 입혀주는 보
모가 결코 아니다. '바보 멍청이들의 공통점은 그들이 하나같이 희
망과 기다림 속에 살고 있다는 것이다'라는 옛말은 그래서 틀린 말
이 아니다.

가치와 목표가 일치해야 한다

당시 나에게는 이런 절망감도 있었다. 비교적 많은 돈을 버는데
도 빚은 빚대로 늘어가는 게 도대체 말이 되느냐는 거였다. 이 의문
에 대한 답을 마침내 찾아낸 나는 크게 놀랐다. '돈은 좋은 것'이라
는 믿음이 내 마음 어디에도 없었기 때문에 결국 나 스스로 나의 성
공을 방해하고 있었던 것이다.

아버지는 끝내 병을 이기지 못하고 8년 뒤에 돌아가셨다. 사람들
은 입을 모아 아버지가 '일에 치여 죽었다'고 했다. 나는 결단코 죽
도록 일만 하지는 않겠다고 결심했다. 하지만 그렇다고 변호를 구

걸하러 아버지 병실을 찾던 사람들처럼 가난뱅이가 되고 싶지도 않았다. 그러니까 부자가 되더라도, 가능하면 쉽게 아무것도 하지 않으면서 되고 싶었다.

어머니는 아버지가 돌아가신 뒤 종교에 귀의했다. 어머니는 '부자가 천국에 들어가는 것은 낙타가 바늘구멍을 통과하는 것보다 어렵다'는 말씀을 굳게 믿었다. 그래서 나도 선한 사람이 되고 싶었기 때문에 가난은 좋은 것이라고 생각했지만, 다른 한편으론 가난을 혐오했기 때문에 부자가 되고 싶었다.

이렇게 서로 다른 가치들이 대립하는 동안 내가 갈피를 잡지 못하고 헤맨 것은 너무나 당연했다. 이런 대립을 먼저 해결하지 않는 한 나는 한 걸음도 앞으로 나아갈 수가 없었다.

어쨌거나 나는 부자가 되려는 시도를 하기는 했다. 우리가 무언가를 '시도한다'는 것은 곧 우리에게 구체적인 행동이 부족하다는 뜻이기도 하다. 전면에 나서지 못하고 뒤에서 얼쩡거릴 뿐이라는 얘기다. 무언가를 시도하는 사람은 실제론 변화를 피할 구실만 찾는 사람에 불과하다. 변화가 좋은 것이고, 변화를 일구어낼 능력이 자신에게 충분하다는 확고한 믿음이 없기 때문에 그것을 피할 구실만 찾는 것이다.

낙관주의와 자신감을 혼동하지 말라

우리 잠시 모든 낙관주의를 옆으로 밀쳐두기로 하자. 이런 요구를 하는 데는 그럴 만한 이유가 있다. 낙관주의에는 분명 긍정적인 속성이 있다. 그것은 우리가 모든 일의 긍정적인 측면을 보도록 도와준다. 그러나 오직 낙관주의만 있고, 다른 속성들과 연결되지 않으면, 그 낙관주의는 쓸모가 없어진다.

낙관주의는 얼토당토않게 자주 자신감과 혼동된다. 낙관주의가 사람들로 하여금 모든 일의 긍정적인 면을 보도록 하는 반면, 자신감은 그 어두운 면까지도 감당할 수 있다는 확신을 준다. 삶은 아름답고 밝은 음뿐 아니라, 어둡고 난해한 음도 섞여 있는 심포니다. 하지만 자신감을 지닌 사람은 어려운 상황을 겁낼 필요가 없다.

또한 자신감이 있는 사람은 과거 경험을 토대로 '나는 문제없어'라고 스스로 말할 수 있는 사람이다. 자신감이 있는 사람은 자신이 모든 어려움을 극복할 수 있으리란 사실을 알기 때문에 어떤 일에도 주저하지 않는다. 벌써 여러 차례 이런 사실을 몸소 입증한 바 있기 때문이다. 어떻게 하면 짧은 시간 내에 이런 자신감을 쌓을 수 있는지에 대해선 3장에 가서 자세히 설명하겠다.

한 사람의 재정 상태는 그의 자신감 형성에 아주 결정적인 작용을 한다. 자고로 돈이란 근거 없는 낙관주의를 용납하지 않는다. 은행 잔고는 항상 화폐의 최소단위까지 적나라하게 까발리고, 거기엔 과장이나 미화가 끼어들 틈이 전혀 없다. 어떤 상황에도 오그라들지 않을 당당한 자신감을 쌓고 싶으면, 먼저 자신의 돈 문제를 잘 조절할 수 있어야 한다. 당신이 어떤 어려움에도 흔들리지 않을 사람이라는 사실을 당신의 재정 상태가 증명해 줄 수 있어야 한다.

돈 문제로 당신의 자신감이 훼손당하는 상황을 만들어서는 안 된다. 자신감이 없는 사람은 인간으로서 최소한의 삶을 살 뿐이다. 그렇게 되면 자기 안에 어떤 능력이 숨어있는지 영영 알 수 없게 된다. 조금이라도 위험한 일은 절대로 하려 들지 않을 테니까. 자신의 개성을 키우는 것은 고사하고, 자기 능력으로 충분히 할 수 있는 일조차 하지 않게 된다. 그러는 사이 자신의 진짜 잠재력은 영원히 사장되어 버린다. 자신감이 없는 사람은 아무것도 하지 못하고, 아무것도 갖지 못하며, 결국 아무것도 아닌 사람이 되고 만다.

이 모든 것이 낙관주의와는 다르다. 은행 통장을 보는 것만으로도 돈이 당신의 삶을 견고하게 떠받치고 있다는 사실을 확인할 수 있어야 한다. 그리고 자신의 재정 상태를 한 번 되짚어 보는 것만으로 내 능력이 아깝게 썩고 있는 것은 아닐까 하는 불안감을 단숨에 날려 버릴 수 있어야 한다.

이 책은 바로 이런 문제들을 다루고 있다. 이 책은 돈이 당신의 발목을 잡지 않고, 당신에게 도움이 되도록 관리하는 법을 알려줄 것이다. 돈은 당신의 삶을 피곤한 것으로도 즐거운 것으로도 만들 수 있다.

생각부터 바꾸는 것이 돈 벌기의 첫걸음이다

자신이 좀 더 나은 일을 해야 한다고 생각하는가? '이게' 전부는 아니라고 생각하는가? 지금보다 더 많이 벌어야 정상이라고 생각하는가? 부자가 되는 것은 단지 시간문제일 뿐이라고 믿는가? 그러면 이제 모든 낙관적 생각을 잠시 옆으로 밀어두고 대답해 보자. 지난 7년간 당신의 개인 재산은 얼마나 늘었는가? 지난 7년간 자기 재산이 얼마나 늘었는지, 또한 얼마나 줄었는지 정확한 액수를 적어 보라.

정확한 액수를 적고 난 지금 갑자기 살 기운이 없어진 분들도 있겠지만 어쨌거나 이것은 당신에게 아주 의미심장한 금액이다. 당신이 계속 지금처럼 산다면, 7년 후에도 당신은 비슷한 액수를 또다시 적어 넣게 될 것이다. 그리고 해가 갈수록 그것은 점점 확고한 경향으로 굳어질 것이다. 그러므로 어떻게든 다른 결과를 얻고 싶다면, 당연히 무언가를 해야 한다. 당신은 새로운 길을 가야만 하며, 생각부터 바꾸는 것이 그 첫걸음이다.

당신의 생각하는 방식이 현재의 당신을 만들었다. 같은 방식으로 생각하는 한 당신은 당신이 가고자 하는 곳에 절대 다다를 수 없다. 정말 솔직히 돈에 대해 어떻게 생각하는가? 사람들은 끊임없이 자신과 대화하며 살아간다. 만약 당신 무의식 가운데 돈은 나쁜 것이라는 생각이 있다면, 당신이 부자가 되기는 애초에 틀린 일이다. 자, 당신의 솔직한 생각은 어떠한가? 이 문제는 5장에서 다시 다루도록 하겠다.

5장에서 당신은 자신의 마음 속 깊은 곳에 자리 잡고 있는 돈에 대한 생각과 느낌이 진짜 어떤 것인지 분명히 알게 될 것이다. 그리고 어떻게 하면 돈을 대하는 당신의 자세를 바꿀 수 있는지도 알 수 있을 것이다.

돈은 좋은 것이다

나는 26살 때, 내게 부의 원칙을 가르쳐준 스승을 만났다. 그리고 나는 그로부터 4년도 채 지나지 않아 내가 가진 돈의 이자만으로 살 수 있을 정도가 되었다. 내가 그렇게 짧은 시간 안에 큰돈을 모을 수 있었던 것은 내가 가진 꿈, 내가 추구한 가치와 목표, 그리고 내가 사용한 전략이 서로 잘 맞아떨어졌기 때문이다.

당신이 믿든 안 믿든, 돈은 인생의 많은 것들을 바꾸어 놓는다. 물론, 돈이 인생의 모든 문제를 해결해 주지는 않는다. 그리고 돈이 인생의 전부가 아닌 것 또한 분명하다. 그러나 돈 문제라는 먹구름이 인생에 끼어있는 한, 당신은 결코 행복할 수 없다. 돈은 인생의 여러 문제들을 좀 더 잘 다스릴 수 있는 기반이 된다. 아울러 돈이 있으면 더 많은 사람을 만나고, 멋있는 곳에 가고, 자신이 좋아하는 일에 매달릴 수 있다. 뿐만 아니라 돈은 큰 자신감을 갖게 하고, 남들에게 더 많이 인정받게 하며, 인생의 여러 가능성을 누릴 수 있게 한다.

우리 인생엔 다섯 영역이 있다

나는 우리 인생에 대략 다섯 영역이 있다고 생각한다. 건강, 돈, 인간관계, 감정, 그리고 인생의 의미, 이렇게 다섯 가지이다. 이 다섯 가지는 모두 똑같이 중요하다.

건강이 없으면, 다른 모든 것은 아무 소용이 없다. 감정을 다스리지 못하면, 자기가 계획한 일을 실행에 옮기는 데 어려움을 겪는다. 좋은 인간관계는 수프에 치는 소금과 같다. 인생의 의미는, 자신이 정말 좋아하고, 자기 능력에도 맞고, 또 그러면서 다른 사람에게도 도움이 되는 일을 할 때 생겨난다. 그리고 돈은 이 모든 것을 하는 데 필요하다. 단지 돈 때문에 스스로 원하지도 않는 일을 해야 하는 상황을 만들지 마라. 경제적 자유란 그래서 필요한 것이다.

인생의 다섯 영역 하나하나는 우리 다섯 손가락에 비유할 수 있다. 예를 들어. 돈이 당신의 가운뎃손가락이라고 해보자. 그리고 누군가 그 손가락을 망치로 세게 내리쳤다. 이때 당신은 '괜찮아. 손가락 하나 다친 건데 뭐. 아직 손가락이 네 개나 있잖아'라고 태연히 말하겠는가, 아니면, 온 신경을 아픈 손가락 하나에 쏟겠는가?

인생의 다섯 영역이 서로서로 조화를 이루는 것이 중요하다. 그러기 위해선 당신은 이 다섯 영역을 모두 잘 관리해야 한다. 돈 문제를 갖고 있는 사람은, 결국 다섯 영역을 균형 있게 관리하지 못한 것이다. 돈 문제는 언제나 다른 영역에 그림자를 드리운다. 돈은 균형 잡힌 삶을 위해 매우 중요한 것이다.

짧은 시간 내에 부자가 된 사람들한테는 어떤 비결이 있었을까? 그들은 자신을 위해 쓸 수 있는 돈을 가능한 한 많이 갖고 싶어 했던 사람들이다. 그들은 평생 돈 버는 기계로 살기보다 돈 버는 기계를 갖고자 했던 사람들이다. 그리고 그들은 어느 한쪽으로도 치우치지 않는 균형 잡힌 인생을 살기 위해 충분한 돈을 갖기 원했던 사람들이다.

그러면, 많은 사람들이 자신이 정말 좋아하는 일을 하지 못하는 이유가 뭔지 아는가? 돈이 없기 때문이다. 말 그대로 악순환이다. 많은 사람들이 자신이 원하는 일을 하지 못한다. 왜냐하면 원하는 일을 하면서 돈 버는 방법을 모르기 때문이다. 하지만 자신이 원하지도 않는 일을 하면서 제대로 돈을 벌기란 거의 불가능하다. 결국, 돈이 없기 때문에 좋아하지도 않는 일을 하게 되고, 그런 일을 계속하는 한 돈도 벌 수 없는 것이다.

해결책은 이렇다. 당신이 지금 몰두하고 있는 취미가 무엇인가? 이를 바탕으로 경력을 쌓아라. 즉, 당신의 취미를 활용해 돈을 벌라는 얘기다. 물론 그러기 위해서는 먼저, 자신이 그 일에 정말 재미를 느끼는지, 또 그 일에 재능은 있는지 냉철하게 돌아보는 시간을 가져야만 한다. 나는 몇 년 전 뉴욕에서 아주 돈 많은 부자를 만난 적이 있다. 그 사람 책상 위에는 이런 격언이 걸려 있었다. '하루 종일 일하는 사람은 돈을 벌 시간이 없다.' 모름지기 사람은 생각할 시간이 있어야 한다는 것이다. 도대체 무엇을 생각해야 하느냐는 나의 질문에 그 사람은 이렇게 대답했다.

"먼저 자신이 어떤 사람인지 생각하고, 자신이 좋아하는 일이 무엇인지 생각하시오. 그다음에는 그것으로 어떻게 돈을 벌 수 있을지 생각해 보시오. 가장 좋은 방법은 이 질문을 매일매일 자신에게 던지고, 하루하루 더 나은 대답을 찾아가는 것이오."

삶을 최적화할 것인가, 최소화할 것인가?

우리가 자신을 냉철히 돌아보고, 자신이 어디서 기쁨을 느끼는지 알아내려면 시간이 필요하다. 사람은 누구나 열정과 기쁨을 느낄 수 있는 일을 할 때만 정말로 그 일을 잘할 수 있다. 그러면 돈은 저절로 굴러들어 오게 되어 있다. 또 자신의 재능을 찾아내고, 이 재능에서 직업적 능력을 끌어내는 데는 시간이 필요하다. 자신의 인생에 대한 시나리오를 쓰고, 그것을 걸작품으로 완성하는 것 역시 시간을 필요로 한다. 이런 시간을 내지 않는 사람은 인생을 헛되이 소모하는 것이다. 아울러 인생의 근본적인 문제들을 결정하고, 그 결정에 따라 책임 있게 행동하는 데도 시간이 필요하다. 그 가운데 우리는 자신의 삶을 최적화할 것인지, 아니면 최소화할 것인지 분명하게 결정해야 하는 순간을 언젠가는 맞게 된다.

삶을 최적화한다는 것은, 자신이 가진 시간과 가능성, 재능과 돈, 그리고 주변 사람들을 유효적절하게 활용하는 방법을 배우는 것을 말한다. 쉽게 말해, 자신이 현재 가진 자원에서 최선의 성과를 얻어내는 것이다. 자신의 삶을 최적화하기 원한다면, 자신이 될 수 있는 최선의 존재가 되기 위해 끊임없이 노력해야 한다.

그런데 많은 사람들이 이와는 반대로 아무 계획 없이 인생을 살면서 자신을 최소화한다. 그런 사람들은 그냥 하루하루를 흘려보내며 인생을 낭비한다. 그들에게 일하는 날은 휴일 사이에 끼어있는 힘들고 짜증 나는 날들일 뿐이다. 그들은 단순히 돈을 벌기 위해 일을 하며, 자아 성취는 그저 배부른 소리일 뿐이라고 생각한다. 그들은 자신의 능력이 정말 어디에 있는지 알지 못하며, 기회가 와도 이를 알아차리지 못한다.

계획은 모든 것의 시작이며 끝이다

많은 사람들이 휴가를 자신의 인생보다 더 철저하게 계획한다. 그런데 인생의 계획에는 단 두 가지 가능성만 있다. 당신 스스로 자신의 인생을 설계하든지, 아니면 다른 사람에 의하여 설계되든지 둘 중 하나이다.

대부분의 사람들이 몇 번씩 인생 설계를 시도하고, 또 실패도 경험한다. 누군가 이런 말을 했다.

"계획을 많이 세울수록 그에 따른 좌절의 고통만 더 커질 뿐이야. 그래서 이제 난 아무 계획도 세우지 않아. 따라서 좌절의 고통도 더 이상 겪을 필요가 없지."

많은 사람들이 계획을 실천에 옮기지 못하는 이유는 사실 아주 단순하다. 꿈과 목표와 가치와 전략을 한데 묶지 못했기 때문이다.

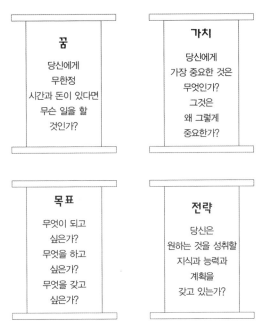

미국 조지아 주립대학의 토마스 스탠리 교수는 장장 12년에 걸쳐 부자들의 삶을 연구했다. 그 결과 그는 부자들이 이 세상에서 가장 만족스러운 삶을 살고 있다는 사실을 확인했다. 그들은 자신의 꿈과 목표와 가치와 전략을 서로 잘 조화시킨 사람들이기 때문이다.

꿈, 목표, 가치, 전략 – 이 네 가지 기둥 위에 기본 행동양식이 다져지고, 그 바탕 위에 당신은 자신의 부를 차곡차곡 쌓아갈 수 있다. 인생을 성공으로 이끄는 행동은 기본적으로, 엄격한 규율에서 만들어져 나오는 것이 아니라, 바로 꿈, 목표, 가치, 전략, 이 네 가지에서 자연스럽게 흘러나오는 것이다.

이제 이 네 가지 기둥을 좀 더 체계적으로 살펴보려 한다. 바로 이 네 가지가 당신이 7년 안에 부자가 될 수 있는 기반이다. 이 네 가지 힘을 잘 조화시킬 수만 있다면, 당신은 지금으로선 도저히 믿기 어려운 뛰어난 능력을 발휘하게 될 것이다.

당신의 꿈은 무엇인가?

꿈은 당신을 행복하게 만들 좋은 징후이다. 당신에게 충분한 시간과 돈이 주어지면 무엇을 하고 싶은지 한번 잘 생각해 보라. 분명 당신은 자신이 꿈꾸는 일의 대부분이 돈을 필요로 한다는 사실에 놀라게 될 것이다.

당신의 목표는 무엇인가?

꿈은 목표로 구체화되어야 한다. 그러기 위해선 자신감 있는 결단력이 필요하다. 스스로 확신하지 못하면, 그리고 스스로 의무를 부여하지 않으면 모든 것은 단순한 꿈으로 끝나고 만다. 그러므로 자신이 무엇이 되고 싶은지, 무엇을 하고 싶은지, 또 무엇을 갖고 싶은지 끊임없이 묻자. 이제 이 책을 끝까지 읽다 보면 크게 애쓰지 않아도 자신의 목표가 또렷하게 보이고, 항상 자신감 있는 결단력을 발휘하게 될 것이다.

당신에게 소중한 가치는 무엇인가?

이제 아주 근본적인 문제로 들어가자. 당신의 꿈과 목표는 당신이 소중하게 여기는 가치와 잘 조화를 이뤄야만 한다. 내가 정말로 원하는 것이 무엇인지, 나에게 정말 중요한 것이 무엇인지 자신에게 물어보라. 5장에서 당신은 돈이 정말 자신에게 어떤 가치와 의미가 있는지 확인하게 될 것이다. 가치란 유일무이한 것이 아니라, 여러 가능성 가운데 선택된 하나이다. 가치부여에 앞서 선택이 있었던 것이다. 물론 그 선택에는 우리 부모님이나 주변 환경이 지대한 영향을 끼친다.

그러나 이젠 당신 스스로 선택해야 한다. 당신은 자신에게 소중한 가치를 스스로 선택할 자유가 있다. 하지만 가치는 절대 궁극적인 것이 아니다. 내 경우에서도 보듯이, 상황에 따라선 여러 가치가 서로 모순되고 부딪치기도 한다. 내가 한편으로는 부자가 되길 원했으면서도, 다른 한편으론 그러려면 죽도록 일해야 할지 모른다고 생각했던 것을 기억할 것이다. 이처럼 여러 가치가 우리를 서로 다른 방향으로 이끌어 가면 우리는 앞으로 나아갈 수가 없다. 그러므로 가치를 자신의 목표에 맞추는 것이 중요하다. 그러기 위해 구체적으로 어떻게 해야 하는지는 5장에 가서 자세히 설명하겠다. 어떤 가치를 따를 것인지 먼저 분명하게 결정한 뒤에야 비로소 당신은 자신의 삶을 컨트롤할 수 있다.

부자가 되기 위해선 무엇이 필요한가?

당신의 꿈과 목표와 가치가 서로 일치되면, 이제 이를 성공적으로 수행할 행동 지침을 세워야 한다. 바로 이 책은 당신을 부자로 만들 그 지침들을 소개하기 위해 쓰였다. 우선 어떤 순서로 이야기를 풀어갈지 잠시 설명하겠다.

만약 당신이 지금 빚을 지고 있다면, 이를 어떻게 해결해야 하는지 6장을 보면 된다.

계획을 세우고 실천에 옮기는 데는 지식과 능력이 필요하다. 돈을 벌기 원하는 사람은 자신이 원하는 만큼의 돈을 벌어들일 수 있는 방법을 알고 있어야 한다. 어떻게 하면 자신의 수입을 크게 늘릴 수 있는지 7장에서 그 비결을 배워보자.

8장에선 당신이 벌어들인 돈을 관리하는 방법을 설명한다. 단순히 수입이 많다고 부자가 되는 것은 아니다. 들어온 돈을 잘 지켜야 부자가 될 수 있다.

이를 바탕으로 9, 10, 11장에선 돈을 증식하는 방법을 알려준다.

12장에는 세부적인 경제 목표를 어떻게 세워야 하는지 설명한다.

이런 과정을 거쳐 당신은 자신의 계획을 끝까지 관철할 수 있다는 확신을 갖게 된다.

6장 이후의 구체적인 전략 설명에 앞서, 부자가 되기 위해선 무엇이 필요한지 먼저 알아본다. 3장에서는 당신도 기적을 일으킬 수 있다는 사실을 알게 된다.

알고 보면, 부자가 되는 것은 쉽다. 그런데도 실제로 부자가 되는 사람이 얼마 되지 않은 것은 왜일까? 4장에 그 이유가 나온다.

그다음 5장에서는 부와 행복을 쌓아가는 데 있어 가장 중요한 기본 요건을 짚고 넘어가려 한다. 자신의 삶을 완전히 컨트롤하는 방법을 알지 못하는 한, 우리는 나약한 희생자가 될 뿐이다. 모든 것은 자신의 삶을 완전히 손에 쥐고 있다는 자신감에서 출발한다.

책을 계속 읽어나가기에 앞서 책의 목록을 다시 한번 잘 살펴보라. 그리고 특별히 관심이 가는 주제들을 표시하라. 중요한 것은, 당신이 이 책을 갖고 무엇을 하려는가 하는 것이다. 책을 읽으면서 자신에게 끊임없이 물어보라. '이 말은 나에게도 해당하는 말인가? 어떻게 하면 이를 곧바로 행동에 옮길 수 있을까?' 이 책의 내용을 마음에 잘 새기고 실천하라. 책 중간 중간에 나오는 직접 글로 적어보는 연습 역시 가볍게 생각하지 마라. 절대 잊지 말아야 할 것은, 책을 읽는 것만으로 부자가 되지 않는다는 사실이다. 단순히 안다고 모두 힘이 되는 것은 아니다. 실제 활용할 수 있는 지식만이 힘이다.

그럼, 이제 부와 행복을 쌓는 길로 함께 들어가 보겠다. 7년 안에, 아니 어쩌면 그보다 훨씬 빨리, 당신은 부자가 될 수 있다.

*당신에게 꼭 필요한 파워 아이디어

● 돈은 언제나 우리가 부여하는 만큼의 의미를 갖는다. 돈 문제로 곤란을 겪는 동안 돈은 필요 이상 중요한 것이 되어버린다.
● 가치와 목표가 서로 일치해야 한다. 그렇지 않으면 우리는 앞으로 나아갈 수 없다.
● 낙관주의는 모든 일의 긍정적인 면만 보게 한다. 자신감은 그

러나 어두운 면까지도 감당할 수 있다는 확신을 준다.

● 자신감이 있는 사람은 과거 경험을 토대로 '나는 문제없어'라고 스스로 말할 수 있는 사람이다.

● 당신이 생각하는 방식이 현재의 당신을 만들었다. 같은 방식으로 생각하는 한 당신은 당신이 가고자 하는 곳에 절대 다다를 수 없다.

● 성공은 자신이 이룰 수 있는 최고의 존재가 된다는 것이다. 행복은 자신이 이룬 것에 만족하는 것이다.

● 경제적 어려움은 항상 인생의 다른 모든 영역을 그늘지게 한다.

● 평생 돈 버는 기계로 살아갈지, 아니면 스스로 돈 버는 기계를 소유한 사람이 될지 결정하라.

● 현재 자신이 몰두하고 있는 취미를 찾아, 이를 바탕으로 경력을 쌓아라.

● 하루 종일 일하는 사람은 돈을 벌 시간이 없다.

● 어떤 가치를 따를 것인가를 먼저 분명하게 결정한 뒤에야 비로소 자신의 삶을 컨트롤할 수 있다.

● 인생을 성공으로 이끄는 행동은 기본적으로, 엄격한 규율에서 만들어져 나오는 것이 아니라, 바로 꿈, 목표, 가치, 계획, 이 네 가지에서 자연스럽게 흘러나온다.

2

스스로 책임지는 사람만 부자가 된다

누군가에게 책임을 미루는 것은
그에게 권한을 넘기는 것이다
웨인 다이어 박사의 ≪한계를 모르는 사람이 되는 법≫에서

모든 책임은 항상 나 자신에게 있다는 사실을 제대로 인식하지 못하면 재산을 모으는 것은 불가능하다. 책임은 국가에, 주변 여건에, 배우자에, 교육에, 건강에, 그리고 경제적인 상황에 있지 않고, 바로 나 자신에게 있다.

이 대목에서 당신은 이렇게 항변하고 싶을 것이다. "아니 그럼, 원치 않는 질병, 자신의 힘으로 어쩔 수 없는 재앙은 무엇이란 말인가? 또 내가 사기를 당해도, 내 잘못이 없는 사고를 당해도 다 내 책임이란 말인가? 그럴 때도 책임은 항상 나한테 있다는 말인가?"

그럼, 이런 경우는 어떠한가? 마른하늘에 날벼락이라고, 얌전하게 잘 주차해 놓은 차를 누가 와서 왕창 긁었다고 하자. 이것도 당신 책임인가? 다른 사람이 저지른 행동에 대한 책임이 당신에게 있는 것은 아니다. 하지만 그에 따른 대응에 대해선 책임이 있다. '도대체 운전을 어떻게 하는 거냐, 멀쩡한 차를 이렇게 해 놓으면 어떻게 하느냐고 길길이 뛰며 화를 낼 수도 있고, '그렇지 않아도 조금 찌그러졌던 부분인데 이제 보험 처리하면 되겠다'라는 계산을 순식간에 하면서 속으로 쾌재를 부를 수도 있을 것이다. 경우에 따라선 오히려 돈을 버는 수도 있다.

그러므로 모든 사건에 대한 책임이 당신에게 있는 것은 아니지만, 그 사건을 어떻게 해석하고 대응하느냐에 대해선 항상 책임이 있다.

책임은 나에게 있다

물론, 우리를 육체적, 경제적으로 힘들게 하고, 우리에게 근심을 가져다주는 것들이 있다. 하지만 정작 문제가 되는 것은 우리에게 '무슨 일이 일어났느냐'가 아니라, 우리가 그것에 '어떻게 대응하느냐'이다. 우리는 무슨 일이 어떤 식으로 닥치든, 결국 우리 안에 들어 있는 것을 내보일 수밖에 없다.

여기 오렌지가 하나 있다. 이 오렌지를 부드럽게 누르면 안에서 뭐가 나올까? 물론 '오렌지즙'이다. 뭐 그런 싱거운 질문이 다 있냐고? 그러면, 그 오렌지를 짓밟으면 뭐가 나올까? 오렌지즙이다. 만약 그 오렌지를 벽에 던지면 뭐가 나오나? 역시 오렌지즙이다.

이때 오렌지는 자신에게 가해진 일련의 행동들에 대해선 책임이 없다. 하지만 스스로 무엇을 내놓았느냐에 대해선 책임이 있다. 오렌지는 항상 자신이 안에 갖고 있는 것으로 응답하는 것이다. 그와 마찬가지로 우리도 우리 안에서 생겨나온 것들에 대한 책임이 있다. 우리의 자세와 우리가 내보인 반응에 대한 책임 말이다.

책임은 '잘 응답할 수 있다'는 뜻이다. 상황을 어떻게 해석하고 어떻게 대응했느냐에 대한 책임은 항상 우리에게 있다. 물론, '어차피 사람은 누구나 자신의 대응을 완전히 통제할 능력이 없다. 따라서 모든 책임을 혼자 뒤집어쓸 수는 없다'는 변명을 할 수도 있다. 특히 스스로 선택한 대응이 좋지 않은 것이었을 땐 이런 변명의 유혹이 더 강해진다. 하지만 다른 사람이 먼저 시비를 걸었다는 이유만으로 싸우는 것은 아무 의미가 없다. 분명 멱살 잡고 싸우는 것 말고도 다른 대응 방법이 있었을 것이다. 독사한테 물렸을 때, 그 독사를 잡아 죽인다고 쫓아가는 것은 오히려 독을 더 빨리 퍼지게 할 뿐이다. 그럴 땐 지체하지 말고 독을 뽑아내는 게 상책이다. 얼굴 붉히고 싸울 힘이있으면, 사태를 어떻게 해결할 것인지 조금이라도 더 생각하는 게 상수이다. 예컨대, 지금 상대방의 태도가 내가 전에 했던 좋지 못한 태도에 대한 반작용은 아닌지 생각해 보는 것도 한 방법이다.

우리의 대응이란 곧 어떤 사건에 대한 대답이다. 그리고 그 대답에 대해서 우리는 책임이 있다. 책임은 영어로 'responsibility'이다. 이 단어에는 '대답(response)'과 '노련한 능력(ability)'이란 의미가 들어 있다. 이렇게 보면, 책임이란 영어로 '노련하게 대답하는 능력'이 된다. 결코 '주먹엔 주먹으로, 도발엔 전쟁으로' 대응하는 것만이 분명 능사는 아니다.

많은 사람들이 책임을 미룬다. 사람들이 그건 내 책임이 아니라고 할 때, 흔히 들먹이는 말은 대략 다음 세 가지이다.

"태어나길 원래 그렇게 태어난 걸 ……."
"나도 좋은 부모 만났으면 ……."
"너도 내 처지가 되면 ……."

한 청년이 두 사람을 칼로 찔러 죽인 사건이 있었다. 기자들이 그 청년에게 살아온 과정과 범행 동기를 물었다.

그 청년은 자신이 도저히 구제 불능인 문제 가정에서 자랐다고 했다. 어린 시절에 대한 기억이라곤, 항상 술에 취해 어머니를 두드려 패는 아버지의 모습밖에 없었다. 식구들은 아버지가 훔쳐 온 물건들로 연명했고, 그런 환경에서 자란 청년이 여섯 살 때 도둑질을 시작한 것은 어찌 보면 당연한 일이었다. 이미 살인미수로 복역한 전과도 있는 그는 이제 두 사람을 진짜로 죽인 살인자가 되었다. 청년은 자신의 이야기를 이런 말로 맺었다.

"이런 환경에서 자란 내가 달리 무엇을 할 수 있었겠습니까?"

그런데 그에게는 쌍둥이 형제가 있었다. 이 사실을 안 기자들이 그를 찾아갔는데, 놀랍게도 그는 완전히 다른 위치에 있었다. 유능한 변호사가 된 그는 주변의 신망도 높고, 지역사회와 교회에서도 큰일을 하는 사람이었다. 뿐만 아니라 그는 결혼 후, 두 아이를 낳고, 누가 보아도 행복한 가정을 꾸리고 있었다.

기자들은 어리둥절할 수밖에 없었다. 도대체 어떻게 이런 성공을 일구어낼 수 있었는가 하는 질문에 그는 살인한 청년과 조금도 다르지 않은 이야기를 들려주었다. 그리고 다음과 같은 말로 이야기를 맺었다.

"그런 것들이 어떤 결과를 초래하는지, 그렇게 오랫동안 몸소 체험한 내가 달리 무엇을 할 수 있었겠습니까?"

똑같은 유전인자, 똑같은 부모, 똑같은 가정교육, 똑같은 환경에 있었지만, 그 해석은 달랐고, 그 대응 또한 정반대였다. 같은 환경에서 자란 두 사람이 어떻게 그렇게 전혀 다른 길을 가게 되었을까? 아마도 두 사람은 자신들의 인생에 좋은 영향을 줄 수 있는 사람을 한 번쯤은 만났을 것이다. 한 사람은 그의 말에 귀를 기울였고, 다른 사람은 그렇게 하지 않았을지 모른다. 또한 두 사람한텐 책 한 권쯤 손에 들고 읽을 기회가 있었을 것이다. 한 사람은 끝까지 읽었고, 다른 사람은 그렇게 하지 못했을지 모른다. 진짜로 그랬는지 지금 확인할 길은 없다. 하지만 분명한 것은 두 사람의 인생이 전혀 다른 방향으로 흘렀다는 사실이다.

아무리 싫다고 버둥거려도 우리는 책임을 피할 수 없다. 우리는 주어진 상황을 어떻게 해석하고 대응할 것인지 결정해야 한다. 만약 오늘 모든 사람들의 전 재산을 몰수하고, 각자에게 3백만 원씩 공평하게 나눠준다고 가정하면 어떤 일이 벌어질까? 벌써 저녁 무렵이면 여러 가지 이유로 일부 사람들의 주머니는 2백만 원 정도가 다른 사람들 주머니로 소비되어 흘러 들어가 있을 것이다. 그리고 몇 주만 지나면, 다시 부자와 가난한 사람이 생겨날 것이다. 전문가들의 연구에 따르면, 돈의 분포가 이전과 같은 상태로 되돌아가는 데는 1년 정도밖에 걸리지 않는다고 한다.

책임은 잘 응답할 수 있다는 뜻이다

우리는 지금 책임에 대해서 말하고 있다. 나에게는 이 책에 어떤 내용을 담을 것인지에 대한 책임이 있다. 당신한테는 이 책에서 무엇을 얻을 것인지에 대한 책임이 있다. 이것은 나의 세미나에서도 마찬가지이다. 나는 사람들이 세미나에 참석한 이후 수입이 늘었다는 얘기를 자주 듣는다. 수입이 두 배 이상 늘어난 사람도 많고, 자신이 수입에서 최소 20% 이상을 저축하면서 돈 모으는 재미를 알기 시작했다는 사람도 많다.

또 운동에 취미를 붙이고, 건강한 식생활의 효과를 보기 시작했다는 사람도 많고, 세미나에서 배운 명상법을 일상생활에서도 매일 15분씩 실천하여 온갖 스트레스를 해소한다는 사람도 많다. 세미나에서 배운 투자법을 활용해 몇 년째 계속 한해 12~20%의 수익을 올리고 있다는 사람들의 전화도 받았다. 그중에서도 특히, 돈에 관한 생각이 바뀌었고, 늘어난 재산을 좋은 일에 쓰고 있다는 소식을 들으면 기쁘기 그지없다.

이제 당신도 만족에 들떠있는 이 사람들의 목소리를 한번 들어 보기 바란다. 빚이 완전히 청산되고, 추가 수입원이 생기고 ……, 하지만 무엇보다 중요한 것은 대부분의 사람들이 돈을 좋아하는 법, 돈과 더불어 행복을 느끼는 법을 배웠다는 것이다.

하지만 그럼에도, 나의 세미나에 참석만 했을 뿐, 그 이후 아무 노력도 하지 않는 사람들도 더러 있다. 아마도 그 사람들은 내가 요술 지팡이로 자신들의 인생을 바꾸어 주고, 창고에 금은보화를 채워주기를 바랐던 모양이다.

책임이 있는 사람에게 권한도 있다

3년 전 '경제적 성공으로 가는 길'이라는 나의 세미나에 참여했던 한 청년을 얼마 전 다시 만나게 되었다. 그 사람은 나를 보자마자 이런 말로 인사를 건넸다.

"별 효과가 없었어요. 선생님 말씀은 제게 아무런 도움도 안 되더군요."

진심으로 그 사람에게 도움이 되고 싶었고, 또 그사이 긍정적인 변화가 있기를 기대했던 나로서는 당혹스러운 말이었다. 이어 청년은 그간의 상황을 설명했다.

"처음엔 좋았죠. 벌써 첫해에 1천 5백만 원이나 수입이 늘었고, 수입에서 25%나 저축을 했지요. 그다음 해에는 4천만 원이 모여 빚을 모두 갚았습니다. 그리고 저는 선생님이 가르쳐주신 대로, 친구 두 명과 투자모임을 만들어 함께 돈을 굴렸어요. 그 결과, 한 해 평균 17.3%의 수익을 올릴 수 있었죠. 그런데 언제부턴가 일이 꼬이기 시작했고, 나는 돈 모으는 것을 그만두었습니다. 그럼, 그동안 모은 돈으로 뭘 했느냐고요? 지금 저 문밖에 서 있는 포르셰를 샀지요."

이 청년은 신념을 바꾸었다. 그는 2년 동안 돈 관리를 잘해서 부를 쌓기 시작했다. 그는 배운 대로 일이 돌아가는 것도 직접 눈으로 보았다. 그런데 그 이후 태만해지기 시작했고, 자동차를 사기 위해 '황금알을 낳은 거위'의 배를 가른 것이다. 그러고도 자신은 아무 잘못이 없다고 말한다.

그럼, 그게 누구 책임인가? 남에게 책임을 미루는 게 오히려 인간적이 아닌가? 하지만, 남에게 책임을 미루는 것은 그 사람에게 권한을 넘기는 것이라는 사실을 잊지 말아라. 다른 사람 탓을 하기는 아주 쉽고도 유혹적이다. 또 그러고 나면 한결 마음이 가벼워지는 것도 사실이다. 회사에 책임이 있다, 내 힘으로 어쩔 수 없는 일이었다, 내 동료한테 책임이 있다, 몸이 아픈 걸 어쩌란 말이냐 등등 …. 그렇다면 당신은 회사나 동료, 건강 문제 등으로 자신의 권한을 넘기기 원하는가? 책임이 있는 사람한테는 권한도 있다는 생각은 안 하는가? 바로 이 때문에 나는 모든 책임을 기꺼이 나 자신에게 돌린다. 내 삶에 대한 권한을 나 스스로 행사하고 싶기 때문이다.

실수와 그 결과에 권한을 주지 말라

하지만 과거에 실수 한 적이 있다면 어떻게 할까? 그러면 책임은 또 어떻게 될까? 과거의 실수가 현재에 어떤 영향을 미치는지 예를 들어 보겠다. 이혼하고 전처에게 계속 생활비를 대주어야 하는 사람이 있는가 하면, 건강을 돌보지 않아 지금 건강식품만으로 연명해야 하는 사람이 있다. 또 빚을 많이 지고 파산선고를 목전에 두고 있는 사람이 있는가 하면, 죄를 짓고 교도소에 들어가 있는 사람도 있다.

우리의 모든 행동에 자동적으로 그 결과가 따르는 것은 너무도 자명하다. 지팡이 한쪽 끝을 잡은 사람은 다른 한쪽도 잡은 것이다. 이런 이치를 깨달으면 우리는 좀 더 책임감 있는 삶을 살게 될 것이다.

하지만 이미 벌어진 일은 어떻게 할까? 우리는 과거 한 번의 실수로 인한 결과를 이제 더 이상 컨트롤할 수 없다는 얘기를 자주 듣는다. 아무리 그렇다고 해도, 과거에 책임이 전가되는 것은 결코 아니다. 우리는 실수의 결과를 대하는 자신의 해석과 대응에 대한 책임을 져야 한다. 실수의 결과에 대한 대응은 이후 삶의 질에 영향을 미친다. 문제는 바로 이것이다. 이후 삶에 대한 권한을 자신이 갖기를 원하는가, 아니면 실수와 그 결과에 이후 삶에 대한 권한을 넘겨줄 것인가 하는 것이다. 우리가 책임을 스스로 떠안는 순간, 모든 상념들은 그 권한을 잃게 된다.

당신은 미래에 대한 권한을 갖고 있다

미래를 준비하는 최선의 방법은 미래를 만드는 것이다. 당신은 그렇게 할 능력이 있다고 믿는가? 만약 믿지 못한다면, 당신은 자신의 10년 후 모습에 대한 확신이 없는 대부분의 사람들과 같아지고 만다.

미래를 만들어 갈 수 있다는 자신감은 당신의 과거에서 나온다. 그것은, 당신이 이미 과거에도 많은 변화를 일구어냈다는 사실을 깨달을 때 비로소 싹이 튼다. 우리는 자신이 겪은 미세하면서도 점진적인 변화를 보지 못하는 경우가 많다. 대개 이런 변화들은 밀리미터 간격으로 진행되기 때문에 알아차리지 못하는 것이다.

10년 전 당신의 모습은 어떠했는지 한번 떠올려 보라. 한 인간으로서, 또는 한 개인으로서, 그리고 전문가로서, 또는 동료로서 당신은 어떤 사람이었는가? 당시 당신이 지니고 있던 경험과 목표, 그리고 노하우는 무엇이었는가? 당시 대인관계나 경제적 상태는 어떠했는가? 이런 것들을 직접 글로 적어보자.

_____

_____

곰곰이 따져보면 볼수록 당신은 자신에게 모든 책임이 있다는 사실을 더 분명히 깨닫게 될 것이다. 새로운 자신감은 이 바탕에서 생겨난다. 당신이 지난 10년 동안 많은 것을 변화시킬 수 있었다면,

앞으로 10년 동안 역시 많은 것을 할 수 있지 않겠는가?

10년 전 당신은 현재 자신의 모습을 상상할 수 있었는가? 현재 자신의 모습, 그러니까 지금 무엇을 하고 있고, 무엇을 얼마나 가졌는지에 대한 책임은 과거 당신이 내린 어떤 결정에서 비롯되었는지 생각해 보라.

───────────────────────────

───────────────────────────

과거 당신은 이런 결정들을 했다. 당신은 자신이 원했던 것을 결정했다. 바로 이것이 당신이 지닌 권한이다. 이제 당신은 이 권한을 다시 행사할 수 있다. 우선 10년이라는 기간을 7년으로 한번 줄여보자. 이제 7년 후 자신의 모습을 결정하라. 그리고 갖고 싶은 것, 하고 싶은 일을 정해라. 가능한 한 아주 구체적으로 생각하기 바란다. 이 책을 읽고 활용하는 당신은 그것을 꼭 이룰 수 있기 때문이다.

───────────────────────────

───────────────────────────

이런 비전들이 실현될 수 있을까? 그것을 믿게 할 자신감을 과거에서 끌어 올려라. 그리고 그 비전들을 글로 적음으로써 자신의 긍정적인 체험과 성과들을 확장해라. 그럼으로써 당신은 더 깨인 생각과 한층 튼튼해진 자신감을 갖게 될 것이다.

책임을 미루는 순간 권한도 넘어간다

　당신이 직접 관리하고 영향력을 행사할 수 있는 것들이 있고(나는 이것을 관리 영역이라 부른다), 관심은 있지만 영향력이 미치지 않는 것들이 있다. 주차해 놓은 차를 망가뜨린 낯선 사람을 한번 떠올려 보자. 그 사람은 분명 당신과 어떤 식으로든 관계가 있는, 당신의 개인적 세계 안에 있는 사람이지만, 그렇다고 당신이 관리할 수 있는 영역 안에 있는 사람은 아니다.

　당신의 개인적 세계 안에서 무슨 일이 벌어지든, 그것에 어떻게 반응하고, 그 결과를 어떻게 해석하느냐는 전적으로 당신 책임이다.

　하지만 우리는 현재의 관리 범위 크기에 안주해서는 안 된다. 이 범위가 확장될 수 있다는 사실은 경험을 통해서 누구나 알고 있다.

우리가 어린아이였을 때 이 관리 범위는 아주 작았지만, 스무 살이 되었을 때만 해도 이 영역은 엄청나게 커져 있다. 그리고 이 범위는 지금까지도 계속 커져 왔다. 부나 행복은 우리가 관리할 수 있는 범위가 커지는 과정에서 생긴다.

문제는 외부에서 발생하고, 그래서 자신은 관리할 수 없다고 계속 믿는다면, 바로 그런 생각 자체가 가장 큰 문제이다. 상황이나 다른 사람에게 책임을 미루는 순간, 언제나 권한도 함께 넘어간다. 투덜거리거나 원망하는 태도는 자신의 약점만 확인시켜 줄 뿐이다. 그러면 자신이 처한 상황에 긍정적인 영향을 끼치는 능력은 점점 위축되다가, 결국엔 완전히 사라져 버리게 된다.

자신의 상황을 개선하겠다는 확고한 의지만 있으면 우리는 당장이라도 그것을 실행에 옮길 수 있다. 해결책은 외부에서 오는 것이 아니라, 내부에서 나온다. 우리는 자신의 개인적 세계 안에서 일어나는 모든 일에 대해 책임질 수 있어야 한다. 그럼으로써 우리의 관리 영역도 함께 확장된다. 우리는 이미 과거에 관리 영역을 넓힌 경험이 있으므로 미래에도 당연히 그렇게 할 수 있다.

나는 열여섯 살 때 캘리포니아로 건너가, 거기서 살기로 마음먹었다. 그런데 그곳에 도착하고 보니 모든 것이 생각했던 것과 달랐다. 나는 절망적인 심정으로 호텔 방 침대에 걸터앉아 생각했다. 미국 사람들이 쓰는 영어는 도무지 알아들을 수가 없었고, 따라서 내 영어는 아무짝에도 쓸모가 없었다. 도대체 학교는 어떻게 다니고, 돈은 어떻게 벌 것인지 막막하기만 했다. 문제도 이만저만한 문제가 아니었다. 처량한 생각에 눈물이 나면서 내 처지가 한심하게 느껴졌다. 하지만 서서히 절망감이 사라지며, 오기가 생기고 자존심이 살아났다. 어차피 싸워보자고 이 캘리포니아에 온 것이 아니었던가, 그리고 그것이 쉽지 않을 거란 것도 이미 알고 있지 않았던가 하는 생각이 든 것이다.

자기 관리 영역을 넓히는 데에는 네 가지 길이 있다.

안전지대에서 나와라

편안하고 안전한 느낌을 주는 안전지대에서 나와야 한다. 캘리포니아 호텔 방 침대에 쪼그리고 앉아있었을 때 나는 안전지대에서 한참 벗어나 있었다. 그러나 그 도시에 적응하기 시작하면서 나의 관리 영역은 눈에 띄게 넓어졌고, 금방 나는 어느 나라에 가도 불안하지 않을 자신이 생겼다. 그것은 아주 환상적인 일이었다. 즉, 안전지대를 벗어나 있을 때도 편안함을 느낄 수 있게 된 것이다.

여행을 많이 하는 사람들은 이미 이런 경험을 해 보았을 것이다. 여행은 익숙한 환경에서 벗어나는 것이다. 그리고 우리가 여행을 즐기는 것도 결국 이 때문이다. 새로운 것, 뭔가 다른 것을 겪어보는 것이다. 그러므로 우리는 여행을 통해 안전지대 밖에서도 편안함을 느끼는 방법을 이미 배운 셈이다.

이렇게 안전지대를 벗어나는 것이 자연스러워지고, 그래서 우리에게 다가오는 모든 도전을 더 크고 새로운 도전으로 받아들일 줄 알게 되면, 우리의 관리 영역은 급속도로 확장된다. 나는 이것이 인간의 천성과 소명에 가장 부합하는 원리라고 믿는다. 우리는 새로운 영역에 들어가 모든 것을 쏟아부은 뒤, 그에 합당한 성과를 얻을 때 가장 큰 활력을 느낀다. 배는 항구에 있을 때 가장 안전하다. 하지만 항구에만 머물러 있으려고 배가 만들어진 것은 아니다. 마찬가지로 우리에게도 안전에 대한 욕구가 있지만, 모험과 변화에 대한 욕구 또한 있다.

우리는 새로운 일을 결행하고, 새로운 도전에 맞서야만 하는 시대에 살고 있다. 관리 영역이 큰 사람들은 거의 늘 자신의 안전지대에서 벗어나 있다. 하나의 위기를 이겨내고 또 다른 위기를 찾아내지 않으면 좀이 쑤시는 사람들이 바로 그들이다. 운동선수가 계속 움직여야 사는 느낌이 드는 것처럼, 우리에게도 계속 새로운 도전이 필요하다.

모든 문제는 성장의 기회를 동반한다

문제가 생기는 것 역시 관리 영역을 넓힐 좋은 기회가 된다. 문제는 그것이 우리의 개인적 세계 안에는 있되, 관리 영역을 벗어나 있기 때문에 힘든 것이다.

모든 문제는 성장의 기회를 동반한다. 우리가 '이 문제를 어떻게 풀어야 하나'라고만 묻는 것은 별 소용이 없다. 아울러 우리는 '이런 문제가 더 이상 생기지 않도록 하려면 어떤 상황을 만들어야 하나'라고도 물어야 한다. 이 새로운 상황이란 곧 관리 영역의 확장을 의미한다.

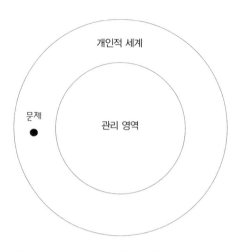

예를 들어보겠다. 파티에서 집에 돌아와 그사이 도둑이 들었던 사실을 알게 되었다. 문은 활짝 열려있고, 쓸만한 물건은 모조리 없어졌다. 사람들은 문제를 해결하기 위해 우선 열쇠 가게와 보험 회사에 전화할 것이다. 하지만 이런 일이 다시 생기는 것을 미리 막으려면, 그 정도론 부족하다. 경보장치를 설치하거나, 개를 들이거나 하는 것 같은 조치를 추가로 취해 도둑이 들어올 틈을 아예 주지 말아야 한다. 그럼으로써 당신의 관리 영역이 확장되는 것이다. 그렇게 되면 이제 집은 당신이 없어도 안전하게 된다.

문제를 피해서는 부와 행복을 얻을 수 없다. 남보다 돈을 더 많이 갖고 싶은 사람은 그만큼 더 많은 문제와 싸워야 한다.

'내가 할 수 있는 일이 무엇인가'라고 자신에게 물어라

질문의 질이 삶의 질을 결정한다는 것은 이미 말한 바 있다. 그런데 왜 그럴까? 우리는 끊임없이 자신과 내적인 대화를 한다. 우리 머리엔 스스로 대답해야 하는 질문들이 꼬리에 꼬리를 물고 이어진다.

'내가 이 일을 해낼 수 있을까'라는 질문엔 포기 가능성이 담겨있다. 다른 것은 다 그만두고 단지 이 질문 때문에라도 의심의 찌꺼기는 없어지지 않는다. 더 나은 질문은 '어떻게 이 일을 해야 하는가'이다. 이 질문은 실패 가능성을 배제하고 있다. 이 일은 어차피 할 수 있는 일이고, 단지 어떻게 하느냐가 문제일 뿐이다. 이 '어떻게'는 당신으로 하여금 자신의 관리 영역 밖에 있는 가능성을 찾아보게 한다.

우리가 제일 먼저 던져야 하는 질문은 '왜'가 아니라 '어떻게'이다.

'어떻게'는 해결을 찾고, '왜'는 변명을 찾는다. 사람은 자신이 찾는 것을 얻을 뿐이다. 변명을 찾는 사람은 자신의 관리 영역을 넓힐 필요를 느끼지 않는다. 그에게는 책임이 없기 때문이다. 따라서 그는 자신의 권한도 포기하는 사람이다. '어떻게'라고 묻는 사람은 그 대답을 찾는 과정에서 자신의 관리 영역을 뛰어넘게 된다. 이 질문은 '왜'라는 질문도 포함하기 때문이다. 반대로 '왜'라는 질문은 '어떻게'를 포함하지 않을뿐더러 해결을 찾도록 하지도 않는다.

'내가 할 수 있는 것은 무엇인가'라고 묻는 것 역시 중요하다. 캘리포니아에서 '내가 할 수 없는 것은 무엇이고, 내가 알지 못하는 것은 무엇인가'라는 질문에 매달렸다면 어떻게 되었을까? 나는 집으로 하루빨리 되돌아가야만 하는 오만가지 이유를 찾아냈을 것이다. 열여섯 살짜리 소년이 낯선 나라에서 할 수 없는 것은 한두 가지가 아니다. 거기에 매달렸다면 나는 돈을 벌 수 없었을 것이다.

하지만 나는 '내가 할 수 있는 것이 무엇인가'를 생각했다.

제대로 된 질문은 '나는 무엇을 할 수 있는가, 무엇을 아는가, 어떤 가능성을 갖고 있는가' 이다. 예를 들어, 나는 독일어를 할 수 있었다. 결국 나는 독일어 가르치는 일을 찾았다. 물론 내 영어 실력은 형편없었고, 영어로 설명하려 들면 5분 이상 가르칠 수도 없었다. 그래서 나는 독일어로 그냥 밀어붙였다. 때문에 처음에는 상당히 고전했지만, 나중엔 배우는 사람들도 오히려 빨리 독일어를 배워갔다. 이제 와 보니, 실제로 그것은 외국어를 가르치는 가장 좋은 방법이었다.

'누구 책임인가'라고 묻는 것은 구실을 찾는 것에 불과하다. '당신 책임'이라고 말하는 순간 긍정적인 변화의 여지는 모두 사라지고 만다. 게다가 책임소재를 따지는 것은 항상 우리를 과거로 몰아간다. 문법적으로도 '누구 책임이었나'라는 과거형이 정확한 표현이다. 하지만 관리 영역은 소급해서 확장할 수 있는 게 아니다. 우리에게는 현재를 위한 에너지가 필요하다. 우리의 질문 역시 현재 무엇을 할 수 있는가에 당연히 초점을 맞추어야 한다.

당신의 관리 영역을 넓힐 수 있는 질문에 어떤 것이 있는지 하나만 더 예를 들어보겠다. 대부분의 사람들은 '어떻게' 라는 질문과 '할 것인지 말 것인지' 라는 질문을 던지는 시점을 혼동한다. 발 빠른 결정이 중요하다는 것은 누구나 알고 있다. 그런데도 많은 사람들이 그것을 힘들어한다. 왜 그럴까?

그것은 사람들이 '이건 어떻게 하고, 저건 또 어떻게 할 것인가'라는 질문을 너무 미리 던지기 때문이다. '어떻게'는 좋은 질문임이 분명하지만, 결정을 내려야 하는 시점에 던져서는 안 된다. 캘리포니아 시절의 예를 다시 보겠다. 만일 그때 내가 '이제 그곳에 간다고 했을 때 그곳에서 벌어질 일들을 모두 어떻게 처리할 것인가'라는 질문이 앞섰다고 생각해 보라. 내가 과연 캘리포니아로 출발이나 할 수 있었다고 생각하는가?

결정의 시점에선 '할 것인지 말 것인지' 먼저 물어라. 거기에는 '왜'라는 질문도 포함되어 있다. 왜 그것을 해야 하는가? 그럴 만한 충분한 이유가 있는가? 이 시점에서 '어떻게'는 중요하지 않다. 그것은 나중 문제다.

하지만 일단 결정을 한 다음에는 '할 것인지 말 것인지'에 대한 미련을 버려야 한다. 조금 문제가 생겼다고 '내가 결정을 제대로 하긴 한 걸까, 차라리 다른 쪽으로 가야 하지 않았을까'라는 방정을 떨어서는 안 된다. 그렇게 되면 문제를 해결할 방법은 생각나지 않고, 맨 처음 질문인 '할 것인지 말 것인지'에서 벗어나지 못한다. 우리는 종종, 결정을 하기까지 한없이 시간을 소비하고, 그 결정은 또 누구보다 빠르게 바꾸는 사람들을 볼 수 있다. 질문의 올바른 순서는 다음과 같다.

1. 나는 그것을 왜 해야 하는가? 할 것인가 말 것인가, '예스'인가 '노'인가?

2. 어떻게 그것을 할 것인가? 다음 문제를 어떻게 해결할 것인가?

그리고 포기하지 말아야 하는 이유는 무엇인가?

우리가 어느 방향으로 가게 되는지는 자신의 내면에 던지는 질문에 의해 결정된다. 그 질문들은 우리의 관리 영역을 오그라들게 하기도 하고, 넓히기도 한다.

개인적 세계를 확대하라

당신의 개인적 세계에는 당신이 접촉하는 모든 것이 담겨 있다. 중요한 것은 자신이 과연 '무엇에 관심이 있는가'이다. 무언가가 당신에게 중요하다면, 당신은 그것에 대해 영향력을 행사하려 할 것이다. 그러면 당신은 누가 시키지 않아도, 자신의 관리 영역을 어떻게 확장할지 생각하게 된다. 왜냐하면, 자신의 개인적 세계 안에 있는 많은 것을 가능한 한 당신의 취향에 맞게 정리할 필요가 생겼기 때문이다.

예를 하나 들면 어느 세계적인 기업의 같은 부서에 '빈치히'라는 사람과 '리지히'라는 사람이 있었다. 스케일이 작은 빈치히는 오로지 자기 부서 일에만 관심이 있을 뿐이고, 그래서 그의 관리 영역은 그리 넓지 않다.

반면 스케일이 큰 리지히는 회사의 기본 방향은 물론, 고객관리나 마케팅 같은 것에까지 늘 관심을 기울인다. 그는 자신의 영향력을 넓히기 위해, 회사의 다른 여러 부서와의 관계도 잘 다져놓았으며, 경쟁사의 동향도 훤히 꿰뚫고 있다. 또 그는 본사에 들어갈 일이 없는 날은 왠지 불안하고 답답해한다. 이러니 리지히의 관리 영역은 당연히 커질 수밖에 없다.

전문가들에 의하면, 한 기업이 확보하고 있는 고객의 범위는 그 기업이 정해 놓은 자기 세계의 크기에 비례한다고 한다. 많은 회사들이 주로 자사의 고객에게 관심을 기울여, 이들이 자기네 물건을 사는 이유를 분석한다. 반면 자기네 물건을 사지 않는 사람들에게 더 큰 관심을 갖는 회사가 있다. 이런 회사는 '사람들이 우리 물건을 사지 않는 이유는 무엇인가', '사람들이 우리 물건을 사도록 하려면 어떻게 해야 하나'에 대해 고민한다. 결론은 후자 쪽 회사가 점유하고 있는 자기 세계가 훨씬 크며, 따라서 머지않아 더 많은 고객을 확보하게 되리라는 것은 충분히 짐작할 수 있는 일이다.

책임지지 않는 삶은 무기력하다

우리는 자신이 한 일뿐 아니라, 하지 않은 일에 대해서도 책임을 져야 한다. 때때로 책임을 회피하고픈 유혹 또한 적지 않다. 책임이 하나도 없으면 살기 쉽고 편할 것 같은 생각이 들 때도 많다. 하지만 그 대신 치러야 하는 대가는 아주 크다. 그러기 위해선 항상 다른 사람의 노리개가 되어야 하고, 다른 사람이 다 짜놓은 각본에 따라 살 수밖에 없기 때문이다.

우리는 자신의 잠재력을 발휘할 때 가장 큰 만족을 얻을 수 있다. 나에게 있어 성공이란, 자신이 갖고 있는 최고의 능력을 발휘하는 것이다. 나는 나의 모든 것을 쏟아부었을 때 가장 큰 활력을 느낀다.

돈에 대해 스스로 책임을 져야 한다

대부분의 사람들은 돈 문제에 있어 매우 경솔하다. 하기야 그것은 어디서도 배울 수 없었던 문제이기는 하다. 부모도 대개 좋은 모범이 되지 못하고, 학교에도 '돈 모으는 법' 같은 과목은 없다. 우리 사회는 더 많이 사라고만 부추기고, 사람들은 과소비에 젖어 있다.

주변에도 모범을 삼을 만한 사람은 거의 없다. 돈이 없다고 불평하는 것이 현대인의 특징이 되어 버렸다. 사람들은 '지금 있는 돈으로 몇 달은 살 수 있어' 같은 말을 즐겨한다. 그러면서도 돈에 대해 얘기하는 것은 삭막하다며 불편해한다. '돈은 소유의 대상이지, 언급의 대상이 아니다', '돈이 전부가 아니다' 같은 말은 더 이상 반박의 여지가 없는 진리처럼 떠받들어진다.

이미 앞에서 우리는 돈이 아주 중요한 것이라는 사실을 알았다. 당신이 돈에 전혀 신경을 쓰지 않아 어려운 상황에 몰리게 되면, 그때야말로 돈은 필요 이상으로 중요한 것이 되어버린다. 다시 말해서, 돈이 당신 삶에서 너무 높은 위치를 차지하지 않도록 주의해야 한다는 뜻이다. 바로 그 때문이라도 당신은 평소에 돈에 대해 책임을 져야 한다.

물론 돈이 모든 문제를 해결해 줄 거라고 기대하는 것은 어리석은 일이다. 그러나 돈이 있으면 더 많은 사람들을 만나고, 멋있는 곳에 가고, 자신의 능력을 키우고, 여러 가지 일을 경험할 수 있다는 사실을 무조건 부정하는 것도 똑같이 어리석은 일이다.

우리가 돈을 가지고 무엇을 하든 그 결과는 미래에 나타난다. 마찬가지로 우리가 돈을 위해서 한 모든 일은 미래에 영향을 끼친다. 우리는 마치 디자이너와 같이 우리의 미래를 재단한다. 내일 살아갈 모습을 오늘 디자인하는 것이다. 고대 바빌로니아 사람들도 벌써 이러한 진리를 깨닫고 있었다. '우리들의 현명한 행동은 삶의 동반자가 되어 우리를 기쁘게 하고 도와준다. 마찬가지로 우리들의 어리석은 행동 역시 우리를 쫓아 다니며 괴롭히고 고통스럽게 한다.'

당신은 이제 돈이 많은 사람들이 생각보다 훨씬 아름답다는 걸 보게 될 것이다. 돈을 모은 것 또한 많은 사람들이 생각하는 것보다 훨씬 간단하다. 하지만 그러기 위해서 당신은 책임을 떠맡아야 하고 잘 지켜야 한다. 가난은 저절로 생겨난다. 가난은 책임을 거부할 때 생겨난다. 행복해지고 싶다면, 이제부터 자세히 설명하는 기본적인 일 몇 가지는 해야 한다. 하지만 모든 것은 결국 당신 머릿속에서 시작된다. 7년 후 당신이 얼마나 많은 돈을 갖게 되는가 하는 것은 다른 누구도 아닌 바로 당신 자신의 책임이다.

자신의 힘으로 어쩔 수 없는 일들이 분명 있다. 하지만 당신은 최소한, 그런 일들을 어떻게 해석하고, 거기에 어떻게 대응할 것인지는 결정할 수 있다. 그럼으로써 당신은 항상 '권한'을 갖게 된다.

당신의 본성을 변화시킬 수 있는 것은 아무것도 없다. 당신은 자신의 본래 모습만을 내보일 뿐이기 때문이다. 어떤 삶을 살 것인지는 당신 스스로 정할 수 있다. 이런 생각과 태도가 있어야 만족스러운 삶을 살고 최고의 능력을 발휘할 수 있다. 당신이 모든 책임을 스스로 떠맡으면 당신은 7년 안에 부자가 될 수 있다.

*당신에게 꼭 필요한 파워 아이디어

● 모든 일의 책임이 당신에게 있는 것은 아니다. 그러나 그 일을 해석하고, 거기에 대응하는 것에 대한 책임은 항상 당신에게 있다.

● 누군가에게 책임을 미루는 것은 그에게 권한을 넘기는 것이다.

● 어제 내린 결정이 오늘을 만들고, 오늘 내린 결정이 미래를 만든다.

● 바람은 훗날의 삶을 위한 선구자이다. 우리는 자신이 바라는 것을 결정한다. 그럼으로써 우리는 훗날 자신이 갖게 될 것을 결정하는 것이다.

● 자신의 관리 영역을 넓히는 데에는 네 가지 길이 있다.

  1. 안전지대에서 벗어나라.

  2. 문제를 성장의 기회로 삼아라. 그리고 자신에게 이렇게 물어라. '이런 문제가 더 이상 생기지 않도록 하려면 어떤 상황을 만들어야 하나?'

3. 질문을 제대로 던져라.

　　4. 자신의 개인적 세계관을 넓혀라. 그러면 자연히 관리 영
　　　역도 함께 넓어진다.

● 나이가 들면 당신은 오직 한 가지만을 후회하게 될 것이다. 그
것은 당신이 하지 않은 일들이다.

● 책임지지 않는 삶을 사는 것은 자기 자신을 무력한 희생자로
격하시킨다는 의미이다. 그것은 남이 다 짜놓은 각본에 따라
사는 것에 지나지 않는다.

● 우리가 책임을 스스로 떠맡는 바로 그 순간 모든 부정적인 상
념들은 힘을 잃게 된다.

● 7년 후 당신이 얼마나 많은 돈을 갖게 되는가 하는 것은 다른
누구도 아닌 바로 당신 자신의 책임이다.

3

부자가 되는 것은 기적이 아니다

사람들은 대부분 자신이 1년 안에 할 수 있는 것은
과대평가하고, 10년 안에 할 수 있는 것은 과소평가한다
짐 론의 ≪야망의 힘≫에서

앞으로 6개월 후에 3천만 원이 생기는 것과 7년 후에 7억 원이 생기는 것 가운데 하나를 골라야 한다면 당신은 어떤 선택을 하겠는가? 그리고 3천만 원을 현금으로 받겠는가, 아니면 3천만 원에 해당하는 '능력'을 원하는가? 짧은 기간에 돈을 조금 더 벌기 위해선 그냥 조금 더 뭔가를 하면 되지만, 7년 안에 10억 원을 모으려면 '뭔가 조금 더 하는 것'으로는 부족하다.

변화가 생기는 다섯 단계에 주목하라

변화는 복잡한 단계와 과정을 거쳐 일어나지만, 여기서는 다섯 단계만 언급하려고 한다. 정말로 근본적인 변화가 생기는 것은 이 다섯 단계가 모두 변화할 때만 가능하다.

첫 번째 단계 당신의 현재 상태를 둘러보자. 온통 만족스럽지 못한 것들뿐이다. 변화를 위해선 무언가 해야 한다.

예 : 책상 위에 마무리해야 할 서류가 산더미처럼 쌓여 있다. 당신은 이것들을 모두 처리할 때까지 절대 일에서 손을 떼지 않겠다고 생각한다.

두 번째 단계 일을 붙들고 있는 것만으로 일이 되지 않는다는 것을 깨닫는다. 일을 하되 일을 해결하는 방향으로 해야 한다고 생각한다. '어떻게 해야 더 좋은 결과를 얻을 수 있을까? 고되게 일하는 대신 효과적으로 일을 하려면 어떻게 해야 하나?'라고 자신에게 묻는다.

예 : 끊임없이 일을 하고 또 일했지만, 월말에 보면 결과가 여전히 만족스럽지 않다.

이럴 때는 새로운 기술과 전략이 문제를 해결하기도 한다. 그 관련 서적을 읽으며 성과를 높이는 공식을 배우려고 애를 쓴다. 하지만 지속적이고도 결정적인 변화는 더 높은 단계에서 일어난다.

세 번째 단계 새로운 기술이 별로 도움이 되지 않는다. 성공한 다른 사람들과 자신을 비교해 보면 그들은 크게 힘들이지 않고 목표에 도달한 것처럼 보인다. 기회를 열어줄 영향력 있는 친구들이 필요한 시점이다.

예 : 때로 예기치 못한 문제가 생기기도 한다. 사업에 쏟아야 할 시간과 노력을 이제 이 문제를 해결하는 데 낭비하게 생겼다. 모든 것이 뒤죽박죽이다.

해결 방법은 그리 간단하지 않다. 자아를 발전시키고 개성을 키워야 한다. 그리고 지금은 자신이 늘 바라왔던 그런 사람이 스스로 되기 위해 시간을 투자해야 하는 시점이다. 그 방법은 이렇다. 누구에게나 평소 자신이 감탄해 마지않는, 자신에게 모범이 되는 사람이 한 사람쯤은 있을 것이다. 당신도 자신의 삶을 그와 같이 잘 디자인하면 얼마든지 남의 모범이 될 수 있다.

| 네 번째 단계 | 자신을, 그리고 다른 사람을 대할 때 기준이 되는 세상을 보는 눈에 문제가 있다. 사람들이 세상을 바라 볼 때 끼는 안경은 아름다운 세상을 약육강식의 정글로 바꾸어 놓기도 한다.

예 : 아무도 믿지 않는 사람들이 있다. 이들은 몇 차례의 '실망'을 경험한 후 세상과 사람을 경계하게 된 사람들이다. 이런 사람들은 모든 사람과 모든 일을 회의적으로 바라보면서 감추어진 문제점을 찾아내는 데 열심이다. 하지만 정작 문제는 이런 사람들이 스스로 만들어 내는 경우가 많다. 이들은 인간적 매력이나 호감을 느낄 수 없는 사람들이어서 가까이하려는 사람이 없기 때문이다.

해결 방법은 세상을 다르게 볼 수 있는 새로운 안경, 새로운 렌즈를 끼는 것이다. 세상엔 하나의 현실만 있는 게 아니다. 우리가 받아들이는 현실이 단지 하나일 뿐이다. 새로운 안경을 통해 보면 세상은 전혀 다른 모습으로 우리에게 다가온다.

분명 세상에는 흑백만 보여주지 않고, 모든 이들을 행복하게 하는 다른 색깔의 안경도 있다. 그리고 세상에는 우리에게 실수와 실패를 감추어 주고 기회를 보여주는 안경도 있다.

　돈을 보여 주는 안경도 마찬가지이다. 돈이란 무기를 사고, 전쟁을 일으키고, 헛된 욕심을 갖게 하고, 사람을 고독하게 만드는 것으로 보이게 하는 안경이 있는가 하면 병원을 세우고, 배고픔을 해결하고, 생명을 지키는 약을 만드는 데 쓰이는 것으로 보도록 하는 안경도 있다. 그러면 어떤 안경을 껴야 돈이 좋아 보이고 돈 때문에 행복하게 될까요?

　<u>다섯 번째 단계</u> 가장 강력한 변화는 자신의 정체성을 바꿀 때 생긴다. 자기 자신을 바라보는 시각을 바꿔야 한다.
예 : 자신을 세일즈맨으로 보느냐, 아니면 전문가로 보느냐에 따라 결정이 달라진다. 우리가 자신을 바라보는 상은 결국 우리 스스로 실현해 가는 예언이 되는 것이다.

　예전에 나는 자신을 '희생자'로 여기는 사람과 함께 일을 한 적이 있다. 그는 자기만큼 사기당하고 속는 데 이력이 난 사람은 없다는 확신을 갖고 있었다. 말하자면, '세상에 믿을 놈 하나 없다'는 안경을 끼고 있었던 셈이다.

　실제로 그는 한 회사로부터 감쪽같이 세 번이나 속고 많은 돈을 잃었다. 그래서 그는 자신에게는 잘 속는 징크스가 있다고 믿었다. 그는 자신이 이 험한 세상을 살기에는 너무 착하다고 생각했다.

　그는 자신의 부정적 태도에 나를 끌어들이려고 했다.

　"보도 섀퍼씨, 아주 조심해야 해."

얼마 후 나는 나도 모르는 사이에 불필요한 '방어 자세'를 취하고 있다는 사실을 깨달았다. 적어도 이것은 새로운 사업을 향해 내딛는 첫걸음으로는 그다지 현명한 처사가 아니었다. 방어망을 짜려면 먼저 방어해야 할 수익이 있어야 하는 법이니 말이다.

그리고 그것은 나의 자아상에도 전혀 맞지 않았다. 나는 어떤 종류의 실패에서든 긍정적인 요소를 찾아내려는 사람이다. 세상 모든 일에는 긍정적인 측면이 있다고 확신하기 때문이다.

그래서 나는 책상을 내리치면서 말했다.

"그만둡시다. 나는 그런 쪽으로 생각하고 싶지 않소. 차라리 당신이 세 번 속은 것에서 좋은 점을 찾아봅시다."

그 사람은 얼굴을 붉히면서 목소리를 높였다.

"좋은 점? 당신 지금 정신 나갔소?"

하지만 우리는 그의 실패 경험에서 좋은 점을 찾아보았고, 그것을 발견했다. 그를 속인 회사 사람들은 과거 자신들이 한 일 때문에 우리에게 아주 호의적인 태도를 보였고, 우리는 단 한 번의 상담으로 큰돈을 벌 수 있었다.

기적은 다섯 단계에 걸쳐 실현된다

당신이 한두 가지 테크닉을 배워서 빠르고 손쉽게 10억 원을 벌 생각이었다면 분명 책 내용에 실망할 것이다. 이 책은 전자레인지에 넣어 데우기만 하면 되는 인스턴트식품이 아니다. 책을 읽는다고 바로 부자가 되는 게 아니란 얘기다. 그렇게 될 수 없는 까닭은, 변화가 다섯 단계 전체에 걸쳐 대대적으로 일어나야 하기 때문이다. 당신이 이 다섯 단계를 모두 감안하면서 변화를 시도하면 기적은 실현된다.

하루는 베드로가 예수께 와서 말했다.

"주님, 문제가 하나 생겼습니다. 내일 세금을 내야 하는데, 가진 돈이 하나도 없습니다."

그러자 예수께서 대답했다.

"그건 문제가 아니다."

베드로는 예수님의 말이 무슨 뜻인지 알 수 없었다. 그래서 다시 말했다.

"주님, 그게 아니라, 제 말씀은 우리가 내일 세금을 내야 하는데 가진 돈이 하나도 없다는 것입니다. 그게 문제입니다."

예수께서 다시 말씀하셨습니다.

"그건 문제가 아니다."

문제가 생겼을 때, 그것을 해결할 수 있는 사람을 만나는 것은 기분 좋은 일이다. 그들은 대개 아침 일찍 일어나서 밤늦게까지 일을 한다.

그들은 도움이 되는 기사와 책을 많이 읽고, 도움이 되는 사람들에게 자꾸 묻는다. 그들은 문제가 풀릴 때까지 이 일을 계속한다. 또 그들은 '문제'라는 말을 절망의 사슬에 끼워 넣어 고민하는 사람들이 아니다. 그들은 '이런 일이 하필 왜 나에게 생겼는가'하고 불평하지 않는다.

예수께선 이 문제를 아주 간단하게 해결하셨다. 베드로에게 가서 물고기를 잡으라고 명한 것이다. 베드로는 원래 어부였으므로, 그것은 어찌 보면 아주 당연한 생각이었다. 그런데 기적이 일어났다. 세금은 베드로가 잡은 첫 번째 물고기의 입속에 있던 한 세겔의 은전으로 해결되었다.

교훈은 간단하다.

단계 1 기적은 우리가 무언가를 시도할 때 생긴다.

단계 2 고기를 잡을 때 고기 잡는 기술을 알고 있다면 큰 도움이 된다.

단계 3 다른 사람이 자신에게 오도록 하는 사람이 되어야 한다. 그러려면 당신이 강하고 능력 있는 사람으로 알려져야 한다. 베드로가 곧장 예수께로 온 것은 '그분께로 가면 무슨 좋은 수가 있을 것'이라고 믿었기 때문이다.

단계 4 세금은 문제가 되지 않는다. 국가는 당신의 고혈을 짜내기 위해서만 존재하는 것이 아니다.

단계 5 '그것은 문제가 아니다'라고 말하는 사람으로 자신의 정체성을 세워야 한다.

세상에는 기적을 일으키는 수많은 사람이 있다. 기적이란 우리의 경험과 배치되는 시간과 공간 속에서 벌어지는 일을 말한다. 현재 당신의 경험에 비추어 상상할 수 없는 것은 모두 기적이다. 일정 수준 이상의 재산이나 수입은 많은 사람에게 기적으로 보인다. 대부분의 사람들은 자신의 한 달 수입이 두 배로 불어나는 것은 얼마든지 가능한 일로 생각하지만, 다섯 배, 열 배로 불어나는 것은 기적으로 생각한다.

한 달에 1천만 원을 버는 것이 기적으로 생각되던 때가 나에게 있었다. 3천만 원은 상상조차 할 수 없는 금액이었다. 2년 반 뒤에 나는 처음으로 6천만 원이 넘는 돈을 한 달 동안 벌었다. 되돌아보니 그것은 전혀 기적으로 생각되지 않았다. 내가 그것을 어떻게 해냈는지 알고 있기 때문이다. 그때 나는 현금으로 지불되는 기적을 위해 열심히 일한 것이다.

세 번째, 네 번째, 다섯 번째 단계에 변화가 일어나면 기적은 실현된다. 그리고 이러한 변화는 우리 스스로 준비할 수 있다.

앉아서 기적을 기다리는 것은 운동선수가 집에서 텔레비전으로 올림픽 경기를 보면서 금메달을 꿈꾸는 것만큼이나 어리석은 일이다. 기적은 우리를 찾아오지 않는다. 우리 스스로 기적을 불러일으켜야 한다.

기적을 불러일으키기 위해 꼭 해야 하는 것 네 가지가 있는데, 나는 이것을 끊임없이 배우고 성장하기 위한 4종 경기라고 부른다.

끊임없이 배우고 성장하기 위한 4종 경기는 이제 나의 생활방식이 되었다. 우리는 더 이상 성장하지 않으면 죽는다. 성장이 곧 삶이다. 끊임없이 배우고 성장하는 것은 자신이 살아있음을 가장 확실하게 느끼는 길이다. 그리고 그것이 바로 당신이 도달할 수 있는 최고의 존재가 되는 길이기도 하다.

제 1경기 : 책 읽기

혹시, 부자들 집에는 예외 없이 개인 도서관이 있는 것을 눈여겨 본 적이 있는가? 이를 어떻게 생각하는가? 부자이기 때문에 도서관을 차릴 만큼 책을 많이 사 모았다고 생각하는가? 아니면, 일찍이 그만큼 책을 많이 읽었기 때문에 부자가 되었다고 생각하는가?

어느 현자가 이런 말을 했다. "한 인간은 그가 읽은 책의 총합이다." 왜 책을 읽는 것이 중요할까? 우선 그것이 곧 아이디어로 이어지기 때문이다. 우리가 습득하는 새로운 단어는 모두 새로운 아이디어를 의미한다. 아이디어야말로 돈으로 환산할 수 없는 재산이다. 책 읽기가 중요한 또 다른 이유는, 우리의 수입이 우리가 책을 읽는 양에 비례해서 늘어나기 때문이다.

현대에는 책이 곧 생활의 일부이기 때문에, 우리는 책 읽기에 더 없이 좋은 세상에 살고 있다. 언제는 안 그랬느냐고 생각한다면 그건 큰 오산이다. 당신이 19세기에만 살았어도 자기 책을 한 권도 가져보지 못한 채 세상을 떠날 수도 있었다. 다른 사람이 수년 동안 경험하고 연구한 정수를 단 몇 시간 안에 읽을 수 있다는 건 정말 대단한 행운이다. 우리는 모든 실수를 더 이상 몸소 되풀이할 필요가 없다. 우리에게 필요한 모든 지식이 어딘가에 적혀있는 것이다.

물론 그것을 찾는 것은 우리의 몫이다. 우리는 정보를 찾아 나서야 한다. 우리에겐 생각과 표현의 자유가 있으며, 잘 발달된 인쇄술이 있다.

당신은 이런 기회를 어떻게 이용하겠는가? 당신은 앞서 말한 삶의 다섯 영역에 관련된 책을 읽고 있는가? 일주일에 두 권씩만 책을 읽으면 1년에 100권을 읽게 된다. 7년이면 700권이다. 700권의 책이면 당신을 충분히 변화시킬 거로 생각하지 않는가?

'말도 안 된다. 7년 동안 책만 읽고 있으라는 말이냐'라고 되묻는 사람이 있을지도 모르겠다. 그런 생각을 한다면 맨 먼저 속독법 관련 책부터 읽어라. 어차피 시간은 금이다. 세 시간만 연습해도 독서 속도를 눈에 띄게 끌어올릴 수 있다. 일 분이면 간단하게 1천 개의 단어를 읽을 수 있고, 300쪽짜리 책도 두 시간이면 읽을 수 있다.

추가로 시간을 절약하는 방법도 있다. 당신이 좋아하고 관심 있어 하는 사람을 만났을 때 잡담으로 시간을 허비하지 말고 그 시간을 이용해라. 그 사람에게 재미있게 읽은 책 두세 권을 말해 달라고 해라. 나아가 왜 그 책이 좋았는지 물어라. 당신은 곧 유능한 독자가 전해 주는 훌륭한 다이제스트를 공짜로 얻게 된다. 아울러 당신은 자신이 이 책을 직접 읽어야 할지 금방 판단할 수 있게 된다. 이런 식으로 나는 책에 담긴 수많은 보물을 캐낼 수 있었다.

제 2경기 : 자기만의 성공일지 쓰기

이것은 백지로 된 책이다. 그 내용은 당신이 적어 넣는다. 이 책은 오직 당신만을 위한 책이다. 누구나 자신의 성공일지를 매일 기록할 필요가 있다. 그날그날 당신이 올린 성과를 하나도 빠짐없이 기록해라. 약속을 잘 지켰거나, 업무를 성공적으로 완수했거나, 다른 사람을 기쁘게 해서 당신이 받은 칭찬과 감사를 모두 기록해라.

우리의 뇌는 유감스럽게도 그리 믿을 만하지 못하다. 우리 뇌는 우리가 저지른 실수와 실패를 성공보다 10배 정도는 더 쉽게, 그리고 오래 기억한다. 그래서 우리는 자기 자신에 대해 전체적으로 실제보다 훨씬 나쁜 이미지를 갖게 된다. 또 우리의 주변 환경과 우리가 받은 교육은 이런 부정적 경향을 더욱 부채질한다. 어린아이들은 열두 살이 될 때까지 어른들로부터 '된다'는 말보다 '안 된다'는 말을 일곱 배나 더 많이 들으며 자란다고 한다. 또한 모든 언론매체가 전하는 기사의 최소 80%가 부정적 기사라고도 한다. 따라서 우리는 거기에 대항해, 최소한 자기 자신에 대해서 만이라도 긍정적으로 보려고 하는 것이 중요하다.

우리는 위대한 사람들이 남겨놓은 일기들을 자주 본다. 흥미로운 것은, 이런 사람 대부분이 자신이 큰 업적을 남기고 유명하게 되기 훨씬 전부터 일찌감치 자신의 삶에 대한 기록을 시작했다는 점이다. 그들도 처음 기록을 시작할 무렵에는 자신들이 나중에 그렇게 유명한 사람이 될 줄 몰랐을 것이다. 혹시 이런 매일 매일의 기록들이 그들을 훗날 그렇게 크게 성공하도록 만든 것은 아닐까? 어쨌거나 이런 기록들은 그들의 긍정적인 생각들이 오래 유지되도록 해주었을 것이다.

자기 자신에 대해 기록하는 것이 중요하다는 사실을 절대 잊지 말아라.

나는 하루 일을 시작하기 전에 나의 성공일지를 기록하며, 자신감을 체계적으로 내 속에 불어넣는다. (자신감이 성공과 직결되는 이유는 7장에 나와 있다)

몇 년이 지나지 않아 그것은 나의 모든 아이디어들이 기록된 아이디어 사전이자, 내가 만나서 반가웠던 모든 사람들을 기록한 인물사전이자, 실패를 통해 내가 몸소 배운 모든 것을 담고 있는 지식사전이 되었다.

자신감은 우연히 얻어지는 것이 아니며, 그 중요성은 아무리 강조해도 지나치지 않다. 우리가 멈춰 서느냐, 아니면 계속 나아가느냐는 항상 다음 단계로 나아갈 자신감을 갖고 있느냐에 달려있다.

우리는 경험을 통해 다음과 같은 사실을 잘 알고 있다. 자신감이 적은 사람은 언제나 위험을 회피함으로써 자신을 보호한다. 하지만 위험을 감수하지 않는 사람은 아무것도 하지 못하고, 아무것도 갖지 못하며, 결국 아무것도 아닌 사람이 되고 만다.

어느 한 사람을 다른 사람과 다르게 만드는 것은 언제나 그 사람의 자신감이다. 그리고 가장 체계적이고도 효과적으로 자신감을 갖는 방법이 바로 성공일지를 쓰는 것이다.

당신이 어제나 오늘 올린 성과를 지금 당장 떠올려 보라. 무슨 일을 끝냈고, 누구를 도와주었으며, 누구한테서 칭찬을 들었는가?

당장 떠오르는 것이 별로 없는 사람은 자기 가치 의식을 좀 더 키울 필요가 있다. 지금 쓸 것이 적으면 적을수록, 한시바삐 성공일지 쓰는 것이 그만큼 절실하다는 뜻이다.

이미 충분한 자기 가치 의식을 갖고 있다고? 물론, 그런 분들 수준에 맞는 질문도 따로 준비되어 있다. 어떤 질문이 와도 자신 있는가? 자, 그럼 당신의 자기 가치의식이 진짜인지 자신에게 다음과 같은 질문을 한 번 던져보라.

자신이 틀림없이 성공한다는 사실을 알고 있다면, 당신은 과연 어떤 목표를 향해 매진하겠는가? (대통령, CEO, 작가, 사업가, 환경운동가, 건물주, 어떤 사람의 배우자 등등 ……)

우리는 가끔씩 자신이 편안함에 안주하거나, 또는 일종의 자족감 때문에 다음 단계로 결정적인 발걸음을 내딛지 못한다고 생각한다. 그러나 사실은 그렇지 않다. 편안함은 핑계에 불과하며 실제로 우리는 자신의 성공을 믿지 못하는 것이다.

제 3경기 : 세미나 참석하기

세미나는 책에 비해 몇 가지 장점이 더 있다. 재무 관련 세미나에서는 듣고 보고 느끼고 체험하는 것을 동시에 할 수 있다. 더 많은 감각을 사용할수록 더 잘 배우는 건 당연하다. 게다가 강사와 직접 대화를 나눌 수도 있다. 내 경우, 아무리 큰 세미나라도 트레이너와 개인적으로 인사하고 사귀는 것이 대부분 가능했다.

뿐만 아니라, 세미나에 참여하는 것은 일상 업무에서 완전히 벗어나, 일정한 거리를 갖고 자신을 관찰할 수 있는 기회가 된다. 이것은 소위 '발상의 전환'을 가능하게 한다. 다시 말해, 일을 뒤집어 생각하거나, 기발하고 새로운 방향으로 생각할 수 있다. 때때로 우리는 자신의 직감에 더 강하게 끌리기도 한다.

그리고 우리는 생각이 비슷한 여러 사람과 함께 있기 때문에 학습에 더 집중할 수 있다. 이러한 만남은 우리에게 소중한 인적자원이 되기도 한다.

좋은 세미나는 참가비도 비싸기 때문에 보통 사람들은 참가할 엄두를 내지 못한다. 나는 일찍이 돈이 별로 없던 시절에도 한해 최소한 4번 정도는 세미나에 참가한다는 원칙을 세웠었다. 때론 이 비용을 감당하기가 어려웠지만, 나의 발전이 그만큼 늦어지는 데 따른 손실 비용이 훨씬 크다는 것을 잘 알고 있었다. 자신의 발전을 위한 비용은 이를 소홀히 하는 데 따른 손실 비용에 비하면 아무것도 아니다. 그사이 나는 아무리 비용이 많이 들어도 그 정도는 아무것도 아닌 것으로 여기게 되었다. 나는 이제 1천 5백만 원짜리 세미나에 참가한다. 그리고 매번, 세미나가 끝나고 두세 달 안에 참가비의 두 배 이상을 추가로 벌어들인다.

우리에겐 아직 낯선 일이지만, 미국에서는 이미 일반화된 일이 있다. 미국 회사들은 직원들에게 일 년에 40일 정도 세미나 참가를 위한 휴가를 준다. 직원이 일하지 않는 이 40일 동안의 비용을 회사가 지불해야 하지만 결코 손해가 아니다. 일본에서는 더 철저하게 이런 제도를 시행한다고 한다.

세미나 사업은 미국에서만 한해 4백조 원이 넘는 시장을 형성한다. 이는 PC 시장의 두 배에 이르는 엄청난 규모이다. 우리도 이 발전 대열에서 탈락하지 않도록 주의해야 한다.

제 4경기 : 모범 찾기

우리는 태어나는 순간부터 모방을 통해 대부분의 것을 배운다. 또한 우리가 인정하는 것보다 훨씬 더 많이 주변 환경의 영향을 받는다. 어떤 책이나 공부도 우리 자아 형성에 우리 주변 사람들만큼 직접적이고 강한 영향을 주지는 못한다.

주변에 자신보다 더 나은 사람들이 많으면 우리는 발전한다. 반대로 더 못한 사람들에 둘러싸여 있으면 우리는 정체된다. 그럼에도 우리는 이런 사실을 과소평가한다. 자신을 대단히 독자적인 존재로 과대평가하기 때문이다. 나의 최근 상담원은 이에 대해 이런 말을 했다. "개와 한 침대를 써서 얻는 것은 벼룩뿐이다."

이것은 앞으로의 발전에 지대한 영향을 미치는 아주 중요한 문제임에도, 사람들은 쉽게 인정하려 하지 않는 경향이 있다.

기적을 일으키려면 용기가 필요하다

당신은 이 장의 첫머리에서 '사람들은 대부분 자신이 1년 안에 할 수 있는 것은 과대평가하고, 10년 안에 할 수 있는 것은 과소평가한다'는 말을 이미 읽었다.

정말로 많은 것을 바꾸려면 이미 말한 다섯 단계 전체에 걸쳐 근본적인 변화가 일어나야 한다. 그러려면 시간이 걸린다. 경우에 따라선 한동안 아무 발전이 없기도 하다. 하지만 그러다가 어느 순간 갑자기 '폭발적인' 발전이 이루어진다.

대나무는 이 과정을 극적으로 잘 보여준다. 대나무를 키우는 한 농부가 땅에 씨를 뿌리고 거름을 준 다음 잘 덮어준다. 씨는 4년 동안 그 자리에 잠들어 있다. 매일 아침 농부는 씨에 물을 준다. 4년을 하루같이 말이다. 4년이 다 지나갈 무렵 드디어 씨는 땅을 뚫고 올라온다. 그러고는 90일 만에 20m가 자란다.

4년 동안 농부는 싹이 아직 살아있는지 확신할 수 없다. 하지만 그는 믿음을 갖고 꾸준히 물을 준다. 오랜 기간을 두고 미래를 준비하는 사람에게는 이런 믿음이 있어야 한다. 스스로 용기를 잃지 않는 기술이 필요한 것이다. 다섯 단계의 변화를 동시에 시도하는 것 이상 큰 용기는 없다.

리스크 없이는 기적도 없다

7년 안에 부자가 되려면 리스크를 감수할 준비가 되어 있어야 한다. 당신에게 리스크란 무엇인가? 어느 유명한 투우사가 말했다. "겁이 없어서 황소와 싸운다면, 그건 아무것도 아니다. 그리고 겁이 나서 황소와 싸우지 않는다면, 그 또한 아무것도 아니다. 하지만 겁이 나는데도 황소와 싸우는 것은 대단한 일이다."

어느 돈 많은 사람도 이런 말을 했다. "내게 큰 성공을 가져다주었던 모든 일을 처음 시작할 때, 나는 차라리 죽고 싶을 만큼 두려웠다." 새로운 일을 시작하기 전 두려움이 생기지 않는다면, 그 일은 당신에게 왜소한 일이라는 뜻이다.

첫 장에서 우리는 '큰일을 이루는 것'에 대해 이야기했다. 큰일이란 무엇인가?

아마도 당신은, 자신은 쉽게 했는데 다른 사람들이 놀라는 일을 해낸 적이 있을 것이다. 하지만 이와는 정반대로, 자신은 두려운 마음을 억누르며 힘들게 했는데 다른 사람들이 대수롭지 않게 생각하는 일을 한 적도 있을 것이다. 그러므로 우리는 다른 사람들의 평가에 연연하기보다 '자신이 무엇을 할 수 있었는지'에 주목해야 한다. 다음 글을 자세히 읽고, 자신이 어느 정도 리스크를 감수할 준비가 되어 있는지 생각해 보기 바란다.

● 우리는 지금까지의 방식대로 하는 것도 때론 위험할 수 있다는 사실을 생각하지 못한다. 지금까지의 방식은 단지 더 친근하게 보일 뿐 절대 더 안전한 것이 아니다.
● 인생은 게임이다. 위험을 감수하지 않는 자는 아무것도 이루지 못한다.
● 이 세상에 확실하게 안전한 것이란 없다. 단지 기회가

있을 뿐이다.

- 모든 일을 신속히 처리하라. 어차피 성공을 사전에 완벽하게 준비할 수는 없다.
- 절대 실수하지 않는 사람은 아무것도 하지 않는 사람밖에 없다.(테오도어 루즈벨트)
- 불확실성의 고통은 고통의 확실성보다 훨씬 강력하다.
- 모든 계획에는 리스크와 그 대가가 있다. 하지만 그것은 아무 것도 하지 않으면서 편안함을 좇는 장기적인 위험과 대가에 비하면 아무 것도 아니다.(존 F. 케네디)
- 잃어버릴 지도 모른다는 두려움을 갖고 있는 한 아무 것도 얻을 수 없다.
- 리스크를 감수하라. 그런다고 맨땅에 넘어지지 않는다.(다니엘 S. 페냐)

　

무언가 바뀌기를 바란다면 먼저 자신이 바뀌어야 한다. 모든 변화는 위험을 뜻한다. 왜냐하면 변화란 어떤 식으로든 자신의 익숙한 환경을 떠나는 것이기 때문이다. 발전은 안전지대 밖에서 이루어진다. 그래서 나의 스승 가운데 한 분은 항상 이렇게 강조했다.

"안전지대를 떠나게. 문제 하나가 해결되거든 곧장 더 크고 새로운 문제에 뛰어들게."

당신은 이 책에서 이자만으로 편안하게 살 수 있는 재산을 20년 안에 모으는 방법을 배우게 될 것이다. 하지만 그것을 7년 안에 이룰 수도 있다. 기적은 변화가 있는 곳에서 일어난다. 그러려면 당신은 안전지대를 떠나 위험에 몸을 내맡길 준비가 되어 있어야 한다. 물론 행운도 필요하다.

행운은 우연이 아니다

사람은 많은 행운이 필요하다. 그러나 무엇이 행운일까? 먼저 무엇이 행운이 아닌지를 말해 보겠다. 행운은 아무런 노력도 하지 않았는데 우연히 하늘에서 떨어지는 금덩이 같은 것이 아니다.

프랭크 시내트라는 하룻밤 사이에 스타가 되었다. 텔레비전 생방송 출연 한 번으로 온 나라에 이름을 알렸다. 그가 이날 밤 거머쥔 믿기 어려운 행운을 축하하는 사람들에게 그는 이렇게 대답했다.

"우선, 나는 이 밤에 한잠도 자지 못했다. 그리고 나는 이 밤을 위해 10년을 준비했다."

프로골퍼 버나드 레인저가 친 공이 한 번은 나무를 향해 날아갔다. 공은 떨어지질 않고 높은 가지에 끼어버렸다. 경기는 이제 끝난 것이나 마찬가지였다. 그런데 레인저는 나무 위로 올라가 가지에 걸터앉아 공을 쳐 냈다. 공은 그린 가운데 제대로 떨어졌고, 레인저는 그 대회에서 우승했다. 한 기자가 그에게 물었다.

"레인저씨, 오늘 운이 참 좋은 것 같습니다?"

그 말에 레인저가 대답했다.

"예, 저는 이미 오늘 운이 좋을 줄 알고 있었습니다. 연습을 많이 할수록 점점 운이 좋아지니까요."

하늘에서 뚝 떨어진 것 같은 엄청난 행운도 자세히 들여다보면, 절대로 난데없는 것이 아니라 수년간 꾸준히 준비한 결과일 뿐인 경우가 많다.

행운은 기회로 찾아온다

우리 주변에는 소위 돈복이 있는 사람들이 있다. 하지만 이들의 행운을 좀 더 자세히 관찰해 보면, 그것이 비슷비슷한 준비 과정을 거쳐 얻어진 것임을 알 수 있다. 대개 이런 사람들은 절약하는 법을 배운 사람들이다. 그들은 어느 정도의 금액은 언제든지 동원할 수 있으며, 기회가 오면 그것을 잡는 법도 터득하고 있다.

행운은 누구에게나 기회의 형태로 찾아온다. 그런데 어떤 사람들은 행운이 찾아와서 문 두드리는 소리를 전혀 듣지 못한다. 기회를 알아볼 줄 모르기 때문이다. 먹고 사는 문제에만 머리가 복잡한 사람은 어렵게 찾아온 기회도 그냥 흘려버린다.

또 어떤 사람들은 기회를 알아차리기는 하지만 결정을 내리지 못하고, 모든 것을 뒤로 미루기만 한다. 좋은 기회는 그만큼 빨리 우리를 스쳐 간다. 그것은 사람들에게 천천히 음미할 시간을 주지 않는다. 따라서 우리는 그것을 바로 잡아야만 한다.

오직 소수의 사람들만이 기회를 포착한다. 그들은 필요한 자금을 동원할 줄 알며, 기회를 바로 낚아챌 줄 안다. 그들은 운이 좋은 사람들이다. 나아가 극소수이기는 하지만, 앉아서 기회를 기다리지 않고 스스로 찾아 나서는 사람들도 있다. 그들은 운이 아주 좋은 사람들이다.

행운의 구성요소는 다음과 같다.

- 자금을 확보하고 있다.
- 기회를 알아차린다.
- 빨리 결정하고 곧장 실행한다.

큰 행운을 잡은 사람들은 때때로 불운도 당해보고 위험도 겪어본 사람들이다. 사람들은 장미만 보고 가시는 잘 못 본다. 마찬가지로 행운은 보아도 그 준비 과정은 못 본다. 거듭된 실패 역시 보지 못한다. 소위 '행운아'로 불리는 사람들이 얼마나 치밀하게 행운을 맞을 준비를 해왔는가 알면 누구나 놀라게 된다.

우리는 자신이 이해하지 못하는 일을 기적이나 행운이라 부를 때가 많다. 하지만 기적이 '만들어지는 것'이란 사실을 이미 보았다. 행운 역시 수년에 걸친 준비 과정의 결과이다.

그러므로 자신이 설명할 수 없다고 해서 기적을 초월적 현상으로 치부하고 자신이 운이 없는 사람이라고 주장하는 것은 결국 태도의 문제일 뿐이다. 운이 없다는 것은 가장 좋은 변명인 동시에, 책임에서도 벗어날 수 있는 좋은 방편이 될 수 있다. 하지만 그럼에도 당신이 기꺼이 책임을 떠맡으려고만 한다면 행운도 미리 계획할 수 있다. 누구에게나 기회는 오기 때문이다.

가장 근본적인 질문을 해 보겠다. 모든 책임을 스스로 떠맡을 의향이 있는가? 기적이나 행운에 대한 책임까지도 말이다. 만약 그렇다면, 당신은 자신이 만들어 내는 기적에 스스로 놀라게 될 것이다. 그러나 책임을 거부하면, 당신은 언제나 '운이 없었다'고 주장하게 될 것이다.(운이 없었다는데 누가 뭐라고 하겠는가?) 하지만 책임을 떠맡으면, 당신은 자신의 행운을 설계할 수 있다.

기적은 누구나 만들어 낼 수 있다

다음 장을 읽어보면 그게 전혀 어려운 일이 아님을 알게 될 것이다. 사실 부자가 되기는 아주 쉽다. 필요한 원칙들을 이해하고 적용하기만 하면 되니까. 당신은 오늘 당장 한 시간 정도 책을 읽고, 5분 정도 성공일지를 쓸 수 있을 것이다. 석 달에 한 번 정도 세미나에 참가하는 것도 어려운 일이 아닐 것이다. 그리고 성공한 주변 사람들과의 교류에 좀 더 신경을 쓸 수 있을 것이다. 보라. 이런 것들은 전혀 어려운 일이 아니지 않는가?

그럼에도 이것이 그렇게 쉽지 않다. 아주 쉬운 일도 꾸준히 계속하는 것은 절대 쉬운 일이 아니기 때문이다. 원칙대로 하는 것과 습관을 바꾸는 것은 둘 다 간단한 일이 아니다. 실제론 거의 불가능한 일인지도 모른다. 돌아보면, 시작만 하고 중간에 흐지부지 끝내버린 일이 얼마나 많은가?

이에 대한 해결책은 5장에 나와 있다. 원칙을 지키고 습관을 바꾸는 것은 언제나 새로운 신념과 함께 시작된다. 새로운 확신 없이는 자신의 타성을 바꿀 수 없다. 반대로 새로운 신념으로 무장하면 새로운 습관을 몸에 익히는 것은 아무 문제가 아니다.

기회는 준비하는 사람에게만 온다. 그리고 모든 준비는 내적인 자세를 가다듬는 것에서부터 시작되어야 한다.

책임은 오직 나 자신한테 있다는 사실을 당신은 정말 믿는가? 모든 책임을 떠맡으려는 자세야말로 기적을 만들어 내는 근본이다. 책임을 지는 사람만이 인생을 제대로 살 수 있다.

*당신에게 꼭 필요한 파워 아이디어

● 사람들은 대부분 자신이 1년 안에 할 수 있는 것은 과대평가하고, 10년 안에 할 수 있는 것은 과소평가한다.

● 결정적 변화는 행동, 기술, 자기 계발, 세계관, 자아상, 이 다섯 단계에 걸쳐 일어난다.

● 당신은 가능성 속에서 리스크를 볼 수도 있고, 위험 속에서 가능성을 볼 수도 있다.

● 10억 원을 버는 것보다 더 좋은 일은 억만장자가 되는 기적을 만들어 낼 수 있는 사람이 되는 것이다.

● 자기 가치의식이 희박한 사람은 위험을 회피함으로써 자신을 보호한다.

● 기적을 만들어 내려면 리스크를 감수할 준비가 돼 있어야 한

다.

● 새로운 일을 시작하기 전 두려움이 생기지 않는다면, 그 일은 당신에게 보잘것없는 일이라는 뜻이다.

● 하늘에서 뚝 떨어진 것 같은 엄청난 행운도 자세히 들여다보면, 절대로 난데없는 것이 아니라 수년간 꾸준히 준비한 결과물인 경우가 많다.

● 얼마나 운이 좋은가는 결국 자기 책임이다. 마찬가지로, 자기 삶에 얼마나 많은 기적이 일어나느냐 하는 것도 자기 책임이다.

4

왜 사람들은 부자가 되지 못할까?

이기기 위해 게임하는 것과 지지 않기 위해
게임하는 것은 큰 차이가 있다
다니엘 S. 페냐의 ≪자본 늘리기≫에서

25세에 직업을 갖고 돈을 벌기 시작하는 독일 사람 1,000명 가운데, 65세에 수십억 원의 재산을 손에 쥐는 사람이 얼마나 될 거로 생각하는가?

통계에 의하면 0.2%, 즉 1,000명 가운데 단 2명에 불과하다. 그럼, 독일에서 직업을 가진 사람의 연소득 분포를 한 번 보겠다.

- 87.30%:3천만 원 이하
- 10.40%:3천만 원~6천만 원
- 1.60%:6천만 원~1억 2천만 원
- 0.50%:1억 2천만~3억 원
- 0.10%:3억 원~6억 원
- 0.05%:6억 원 이상

이 책에 나와 있는 부자가 되는 기본원칙을 배우기는 쉽다. 그런데도 세상에 부자가 그렇게 많지 않은 이유는 무엇일까? 왜냐하면 가난한 채로 사는 것도 그만큼 쉽기 때문이다. 성공일지를 매일매일 쓰는 것도 쉬운 일이지만, 그렇게 하지 않는 것도 역시 쉽다. 매달 수입의 10%를 저축하는 것도 쉽지만, 있는 대로 다 써버리는 것도 아주 쉽다. 돈을 더 버는 것도 쉽지만, 덜 버는 것 역시 쉽다. 따라서 두 가지 가운데 실제로 어느 것을 실행에 옮기느냐는 결국 우리 신념에 달렸다.

사람들이 휴가를 보내는 모습을 생각해 보자. 긴 의자에 드러누워 느긋하게 일광욕을 즐기는 사람도 있을 테고, 쉴 새 없이 움직이면서 비치볼 경기 같은 걸로 하루를 다 보내는 사람도 있을 것이다. 양쪽 모두 자기가 가장 휴가다운 휴가를 보내고 있다고 생각하면서, 다른 사람처럼 휴가를 보내는 것은 일고의 가치도 없는 일로 여길 것이다.

돈이 없는 사람들에겐 그들만의 공통적인 특징이 있다. 돈이 모이려야 모일 수 없는 그런 이유가 몇 가지 있는 것이다.

돈이 없는 사람들은 부가 무엇인지 모른다

당신은 부자가 되는 것이 무엇을 의미한다고 생각하는가? 당신은 명확한 숫자를 기준으로 한 목표를 갖고 있는가? 인생은 홈쇼핑 회사와 같다. 우리가 보내달라고 하는 것만 보내준다. '돈은 언제라도 많이만 보내달라'는 주문은 통하지 않는다. 아마 당신도 홈쇼핑 회사에 '아무거나 좋은 걸로 보내달라'는 식의 주문은 하지 않을 것이다.

당신에게 있어 어느 정도가 잘 사는 건지, 명확한 숫자를 댈 수 있어야 한다. 그러므로 언제까지 얼마의 돈을 모으기 원하는지 아래에 적어보기 바란다.

_____년에 나는 _____ 원의 돈을 갖게 될 것이다.

숫자를 명확하게 제시하지 않으면, 인생이라는 홈쇼핑 회사는 당신에게 돈을 부쳐주지 않는다. (물론 나중에 얼마든지 금액을 올려도 된다. 하지만 지금 얼마가 되었든 일단 써놓기 바란다)

부자가 된다는 게 무엇인지 분명하게 알기 위해선 세 가지를 반드시 해야 한다. 정확한 숫자를 알고 있어야 하고, 그 숫자를 종이에 적어야 하며, 그것을 그림으로 바꿔 그려야 한다.

침대를 한 번 생각해 보라. 지금 당신의 머리엔 무엇이 떠올랐는가? '침' 자와 '대' 자라는 글자인가? 아니면 어떤 '그림'인가? 그림이라면, 시트가 말끔하게 새로 씌워져 있는 침대인가, 아니면 이불이 아무렇게나 널려 있는 침대인가? 또, 비어있는 침대인가, 아니면 누군가 누워 있는 침대인가? 우리의 잠재의식은 숫자나 글자에 반응하는 것이 아니라, 그림에 반응한다. 정말로 부자가 되고 싶으면 우리의 잠재의식과 동맹을 맺어야 한다. 잠재의식이야말로 우리가 해야 할 일을 자동적으로 수행하게 하는 원동력이기 때문이다.

당신은 자신의 잠재의식에 필요한 그림들을 제대로 그려주고 있는가? 그것이 손목시계든, 자동차든, 혹은 집이든 그림으로 그려서 몸에 지니고 다닌 적이 있는가? 당신이 그 그림을 볼 때마다, 그것은 마음속에 깊이 새겨진다. 이 방법으로 나는 매번 큰 효과를 보았다.

이 정도도 하지 않으면서 무언가 이루기를 바랄 순 없는 일이다. 우리 인간의 뇌는 위치와 방향을 지속적으로 확인할 수 있는 그런 '지도'를 필요로 한다. 평범하고 일상적인 자극의 홍수에 그냥 몸을 내맡겨서는 그 어느 곳에도 이르지 못하고 부초(浮草)처럼 정처 없이 떠돌 수밖에 없는 것이다.

나는 6년 만에 평범한 기계공에서 회사의 최고경영자 위치에 오른 성공한 청년을 만난 적이 있다.

그는 이런 이야기를 들려주었다.

"나는 우리 회사에서 6억 원 이상의 연봉을 받는 사람들이 모여서 찍은 사진을 구했습니다. 나도 그 중 한 사람이 되고 싶어서였지요. 사진 가운데 한 사람의 얼굴 부분을 오려내고 그 자리에 내 얼굴을 붙였습니다. 이후 나는 하루에도 몇 번씩 이 사진을 들여다 보았습니다. 그러고는 잠깐 눈을 감고 생각했습니다. 이 성공한 사람들의 그룹에 들어가면 무엇이 달라질까? 이 사람들은 내게 무슨 말을 할까? 나는 어디에 가고, 무엇을 먹고 마시며, 무슨 생각을 하게 될까? 1년 정도가 지난 뒤 나는 이제 그것을 이뤄야겠다는 생각을 했습니다. 그냥 나 자신에게 그렇게 요구했어요. 그렇게 함으로써 생각보다 훨씬 더 큰 에너지를 끌어모을 수 있었습니다. 이 목표에 집중하고 있는 동안은 그 어떤 두려움이나 의심도 생기지 않았습니다. 내가 만든 그 사진은 내가 실제로 목표에 도달하기 훨씬 전에 이미 내 안에서 실현되어 있었던 것입니다."

6년 만에 그는 자신의 목표에 도달했다. 그리고 그가 사진에서 오려낸 얼굴의 주인은 회사를 떠났다.

당신에게 꼭 이야기하고 싶은 것이 있다. 나는 오늘 내가 10년 전 꿈꾸던 모습 그대로 살고 있다. 당시에는 기적처럼 보였던 일이다. 나는 당시 내가 바랐던 것 가운데 이루지 못한 것이 거의 없다. 이제 나는 이 방법의 효력을 확실히 알고 있다. 하지만 내가 바랐던 것 이상으로 이룬 것도 없다.

돈이 없는 사람들은 부자가 되려는 목표를 쉽게 포기한다

기분이 좋을 때 우리는 목표를 크게 잡는 경향이 있다. 반대로 기분이 좋지 않을 땐 목표도 낮추어 잡는다. 그런데 우리의 잠재의식은 지속적이고 반복되는 쪽으로 작용한다. 따라서 장기적 목표는 가능하면 자주 바꾸지 말아야 한다. 목표를 크게 잡으면 그만큼 그것이 바뀔 가능성은 줄어든다. 아마도 당신은 이미 이런 문제를 생각해 본 적이 있을 것이다. 작고 현실성 있는 목표를 세울까, 아니면 거대한 궁전을 하늘에 짓는 목표를 세울까 하고 말이다. 내 생각엔 큰 목표가 작은 목표보다 더 실현 가능성이 크다. 왜 그런지 설명해 보겠다.

우선 당신이 작은 목표를 세웠다고 가정해 보자. 당신과 목표 사이에 어떤 문제가 끼어들면 곧바로 이 문제는 목표를 바라보는 당신의 시야를 가로막을 것이다.

이렇게 되면 당신이 목표를 바라볼 때 눈에 들어오는 것은 그 문제밖에 없다. 목표는 당신 시야에서 완전히 사라져 버린다. 우리가 목표를 제대로 바라볼 수 없게 되면 회의와 두려움이 생긴다. 이때 문제를 바라보지 않으려고 사람들이 대부분 어떻게 하는지 아는가? 새로운 목표를 찾는다.

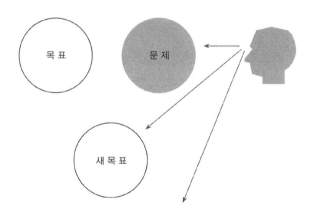

물론 그들과 새 목표 사이에도 언젠가는 문제가 끼어들게 된다.

그러면 이 문제에서 벗어나기 위해 그들은 또다시 새로운 목표를 찾아 나설 것이다. 이제 반대로, 당신이 작은 목표 대신 아주 큰 목표를 세웠다고 가정해 보자. 이 경우엔 어떤 문제가 생겨도 목표를 향한 당신의 시야를 완전히 가로막지는 않는다. 따라서 당신이 무엇을 하는지, 또 그것을 왜 하는지 목표하는 바를 놓치는 일은 생기지 않는다.

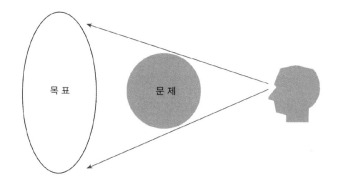

큰 목표를 세워야 하는 이유는 또 있다. 목표는 우리로 하여금 주어진 가능성을 감지하도록 한다. 그런데 사람들은 대개 자신들에게 가치가 있는 가능성에만 주목한다. 그러므로 큰 목표는 우리로 하여금 더 많은 관심을 갖게 하고, 더 많은 가능성을 발견하게 하며, 더 많은 사람들을 만나도록 한다.

커다란 부를 쌓은 사람들은 이미 일찍부터 큰 목표를 세웠던 사람들이다. 어떤 문제든 그것은 항상 목표와 상대적 관계에 있다. 그러므로 당장은 극복할 수 없어 보이는 문제도 목표가 더 컸더라면 상대적으로 작은 문제에 불과했을 수 있다.

CNN 창시자인 테드 터너의 예를 들어보겠다. 그는 어렸을 때 아버지로부터 이런 기본원칙을 배웠다고 한다.

"네가 살아있는 동안 다 이룰 수 없을 만한 목표를 세워라."

그래서 그는 세계에서 가장 큰 TV 방송사를 세우기로 결심했다. 이 목표를 향해 가는 동안 어떤 문제가 발생했다고 생각해 보라. 테드 터너는 이렇게 말한다.

"설사 어떤 문제가 생겨도 그것들은 내 목표에 비하면 작은 문제에 지나지 않았지요. 그래서 나는 문제로 인해 내가 가야 할 목표를 잃어버리는 일이 결코 없었습니다."

돈이 없는 사람들은 꼭 부자가 되려는 생각이 없다

예를 들어, 당신이 숲속을 지나는데 가파른 벼랑을 만났다고 하자. 벼랑 한 5m 아래 지폐 몇 장이 삐져나와 있는 지갑이 떨어진 게 보인다. 그래서 조심스럽게 벼랑 아래로 내려가는데, 그만 발을 헛디뎌 미끄러진다. 다행히 밑으로 굴러떨어지기 일보 직전 나무 넝쿨을 잡는다. 상황이 이쯤 되면, 아마도 당신은 다칠 위험이 너무 크다고 판단하고 다시 위로 기어 올라가 가던 길을 계속 갈 것이다.

그런데 만약 벼랑 아래에 있는 것이 돈지갑이 아니라 어린 소녀라면 상황이 어떻게 달라질까? 다리를 다친 소녀는 꼼짝도 못하고 앉아서 엉엉 울고 있다. 이때 당신 머릿속엔 조금 전과는 다른 생각이 즉각 떠오를 것이다. 당신은 더 이상 '아래로 내려갈까, 말까'를 두고 고민하지 않는다. 다친 아이를 저렇게 그냥 내버려 둘 수 없다는 건 분명하니까. 이제는 '어떻게 하면 저 아이를 끌어올릴 수 있을까' 라는 새로운 질문만 앞에 있을 뿐이다. 아이를 구하는 것은 당신이 반드시 해야만 하는 일이 된 것이다.

성공한 사람들은 의도적으로 자신이 반드시 해야만 하는 상황을 만드는 것을 자주 본다. 그들은 공식적으로 자신에게 의무를 부여 한다. 주변의 모든 사람들이 자신의 목표를 알도록 상황을 조성하 는 것이다. "나는 이 절벽을 오르겠다. 너희들은 내가 정상에 오른 모습이나 벼랑 아래 떨어져 죽은 모습, 둘 중에 하나를 보게 될 것 이다."

거대한 부를 쌓은 사람들이라고 모두 철통같은 원칙에 따라 모범 적인 생활만 하는 것이 아니다. 단지 그들은 반드시 해야 하는 일을 하는 것뿐이다. 그들에게는 다른 방도가 없기 때문이다. 그들은 가 난하게 살거나, 그냥 평범하게 사는 것을 참지 못하는 것이다.

당신이 자신의 모든 목표를 반드시 이루어 내느냐 아니냐는 전적 으로 당신에게 달려 있다. 자신만의 꿈의 앨범을 만들어 그것을 항 상 펼쳐보라. 눈을 감고 원하는 삶을 산다는 게 어떤 모습일지 그려 보라. 석 달 정도만 이것을 계속 되풀이해 보라. 그러면 자신의 잠 재의식이 무언가 중요한 것을 받아들이기 시작했다는 사실을 느끼 게 될 것이다. 자신의 목표를 달성하기 전에 당신은 결코 행복할 수 없다고, 아무것도 바꿀 수 없으면 당신은 무척 고통스러울 거라고, 그러므로 당신은 무조건 이 목표를 달성해야만 한다는 소리가 들려올 것이다. 그렇게 되면 당신은 부자가 되는 것을 공식적인 자신의 의무로 삼기 시작한다. 그리고 이제 모든 사람들에게 이 사실을 분명하게 공표한다.

만약 당신이 부자가 되지 못하면 주변 모든 사람들은 평생 당신을 조롱하게 될 것이다. 당신에겐 이제 빠져나갈 길이 없다. 너무 심하다는 생각이 드는가? 그렇다면 당신은 아직도 자신이 정말 부자가 되고 싶은지에 대한 확신을 갖지 못한 것이다. 다음 장에서 당신은 그것을 분명히 선언하게 될 것이다. 다시는 돌이킬 수 없게 말이다.

돈이 없는 사람들은 끝까지 참아내지 못한다

윈스턴 처칠이 말년에 고향 근처에 있는 대학으로부터 강연 요청을 받았다. 그것은 곧 영국 전체에 화제가 되었고, 이 위대하고 유명한 영국인의 실제 모습을 보기 위해 전국에서 많은 사람들이 몰려들었다. 그가 역사에 남을 연설을 준비하고 있다는 소문도 돌았다. 자신의 오랜 삶을 통해 축적된 지혜를 전하려 한다는 것이었다.

수천 명의 사람들이 그 대학 대강당에 빽빽이 들어찼고, 모두 이 위대한 인물의 힘 있는 연설을 숨죽여 기다렸다. 마침내 처칠은 자리에서 일어나 마이크 앞으로 다가가 말했다.

"절대로, 절대로, 절대로, 절대로 포기하지 마십시오."

그러고는 다시 돌아가 앉았다. 그것으로 끝이었다. 그는 다시 일어나지 않았다. 서서히 사람들은 처칠의 연설이 정말 그것으로 끝이라는 것을 눈치채기 시작했다. 왜냐하면 그에게 이 이상 중요한 말은 없었기 때문이다. 포기하지 않는 것이 그의 인생 주제였던 것이다. 그런데, 그가 말을 짧게 하고 싶었다면, 그냥 '절대로 포기하지 말라'고 해도 됐을 텐데, 왜 '절대로'를 네 번이나 반복했을까? 그것은 처칠이 인간의 본성을 너무나 잘 알기 때문이었다. 인간은 스스로 한계를 그으려는 성향을 갖고 있다.

포기할 이유를 찾기는 쉽다. 자신에게 한계를 그어놓으면 언젠가는 그 한계에 도달할 것이다. 하지만 목표를 설정하면 우리를 제한하는 것은 아무것도 없다. 아무것도, 절대 아무것도 없다. 당신이 무언가에 한계를 부여하면, 그 한계도 언젠가는 당신을 제한하게 될 것은 당연한 이치이다. 그러므로 한계 같은 것은 아예 생각지도 말고, 그 에너지를 다른 유용한 곳에 쓰는 것이 더 현명한 일이다.

독일 비행기들이 런던을 폭격할 때 처칠의 주변 사람들은 그에게 항복할 것을 종용했다. 그들은 처칠을 둘러싸고 말했다.

"폭탄 하나가 떨어질 때마다 우리 영국인 네 명이 죽어 나가는 걸 모르십니까? 항복하십시오. 어차피 독일이 이기게 되어 있습니다. 무고한 인명이 지금 의미 없이 희생되고 있습니다. 당신 책임입니다. 당신 고집에 대한 대가를 국민들이 처참하게 치르고 있다는 사실을 알아야 합니다. 제발 이성적으로 판단하십시오."

그날 밤 처칠은 독일 폭격기들을 향해 주먹을 휘두르며 고함쳤다고 한다.

"너희들은 나를 이길 수 없어. 나는 절대로 포기하지 않아. 절대로, 절대로, 절대로!"

대부분의 사람들에게 이런 상황은 넘을 수 없는 한계로 여겨질 것이다. 주변 사람들이 모두 당신한테서 등을 돌린다. 지금까지 도움과 힘이 되어주던 사람들이 당신을 떠나고, 당신 잘못이라고 말하며, 당신을 정신 나간 사람 취급하는 것이다.

마틴 루터의 '한계'는 그를 거부하고 추방했던 카톨릭 교회가 아니었다. 그를 회의에 빠지게 했던 것은 오히려 그의 친구들과 동지들이었다.

"네가 옳지 않다면 어떻게 할래? 그러면 그 수많은 사람들을 죄에 빠뜨린 양심의 가책은 또 어떻게 하려고? 그런 위험을 감수할 만큼의 확신은 너한테도 없을 거야. 이 많은 사람들이 영원한 고통에 신음하게 되면 그건 결국 네 책임이야."

물론 당신은 어떤 목표에 자신을 헌신하기 전에, 당신이 그것을 정말 이룰 수 있는지 확인해야 한다. 경우에 따라선 목표를 달성해도, 만족스럽기는커녕 실망만 하는 수도 있다. 많은 사람들이 커다란 정원이 딸린 집을 갖고 싶어 하지만 막상 그런 집에 살게 되면, 그 집을 가꾸기 위해 너무나 많은 일을 해야 한다는 것을 깨닫게 된다. 잔디 깎고, 청소하고, 수리 보수하는 등의 일이 끊이지 않는다. 어쩌면 그냥 깨끗한 아파트에 사는 것이 더 편하고 행복했을지 모른다.

당신이 세운 목표가 정말로 당신을 행복하고 만족스럽게 할지 알고 싶지 않은가? 까딱 잘못하면 힘들게 목표를 이루고 나서도 마지막엔 '이게 아닌데…' 하면서 실망할지 모른다. 하지만 절대적 확신만 있다면 그것은 당신에게 더 큰 힘과 자극이 되어줄 것이다. 그렇다면 한번 시험해 보라. 방법은 간단하다.

큰 목표를 하나 적어 보라. 그것이 집이든, 자동차든, 직장이든, 일이든, 배우자든, 여행이든 아무것이나 좋다. 그것을 세부적인 것까지 빠뜨리지 말고 최대한 구체적으로 적어 보라.

이제 눈을 감고 당신이 이런 집, 이런 자동차, 이런 일을 갖게 되면 어떨까 상상해 보라. 이때 당신의 하루는 어떻게 흘러갈지 생각하라. 어떤 기분이 드는가? 당신이 해야 하는 일은 무엇인가? 어떤 일들을 부수적으로 처리해야 하는가? 또 어떤 어려움이 생길 수 있는가?

이런 상상을 10분 정도 계속하고 난 뒤에도 편안한 기분이라면, 지금 당신이 세운 목표를 달성했을 때 만족을 느낄 확률이 상당히 크다고 하겠다. 그렇다면 포기하지 말고 그 목표를 달성하기 위해 노력할 가치가 있다.

돈이 없는 사람들은 책임을 지지 않는다

'왜'라는 질문에 온통 힘을 쏟았을 때 찾을 수 있는 것은 변명이다. 그것은 이제 더 이상 소급해서 바꿀 수 없는 과거에서나 찾을 수 있는 것이다. 반면 '어떻게'라는 질문을 던지는 사람들은 해결책을 찾는 데 힘을 모은다. 그들은 현재나 미래에 가야 할 길을 찾는 것이다.

무언가 제대로 풀리지 않는 것에 대한 책임은 항상 우리에게 있다. 자신의 삶에 대한 책임은 결코 의사나 변호사나 세무사 같은 사람들에게 위임될 수 없다. 이런 사람들은 특정한 문제에 대해 우리에게 도움을 줄 수 있는 전문 관리자 정도로만 생각하는 것이 좋다. 하지만 책임은 여전히 우리에게 있다. 우리는 모든 것을 컨트롤해야 하며 우리의 관리자들을 관리해야 한다. 당신의 책임을 면제해 주는 어떤 상위의 존재가 당신 삶에 들어오는 것을 절대 허락하지 마라. 건강하게 살 수 있는가, 소송에서 승리할 수 있는가, 세금 문제를 잘 처리할 수 있는가는 전적으로 당신 책임이다. 전문가는 단지 당신을 어시스트해 주는 사람에 불과하다. 보스는 당신 자신이다.

이상하게도 많은 사람들이 성공에 대한 책임을 자신에게 돌리지 않는 것이 미덕이라고 한다. 간단한 질문 두 개를 던져 보겠다.

● 지금부터 '있는 힘을 다한다'면 앞으로 12개월 동안 최고 얼마

를 벌 수 있겠는가? _____

● 이 금액은 어떻게 산출한 금액인가?

_____

이런 계산을 어떻게 생각하는가? 생애 최고의 수입을 올린 달을 선택하라. 그리고 이 금액에 12를 곱해라. 그리고 추가로, 이 최고 수입을 매달 10%씩 늘려라. 이런 계산이 영 탐탁지 않은가? 이것이 비현실적으로 생각되는가?

그렇다면 당신이 자신의 성공에 대한 책임을 완전히 떠맡을 수 있기까지는 아직 시간이 걸릴 것이다. 당신이 그런 성과를 거둔 것은 특별히 유리한 주변 여건 때문도 아니었고, 그달이 특별한 달이었기 때문도 아니다. 그것은 행운 때문도, 다른 사람 때문도, 운세 때문도 아니다. 오로지 당신 혼자 만들어 낸 성과이다. 당신 책임 아래 이룬 성과이다. 그리고 당신은 이런 성과를 언제고 되풀이해서 얻을 수 있다. 그에 필요한 여건도 스스로 만들어 낼 수 있다. 당신은 이미 한 번 그런 성과를 올린 경험이 있기 때문에 다음에도 그렇게 할 수 있다.

매번 이런 성과를 올릴 수 없다고 생각한다면 당신은 최고의 자기 가치 의식을 세울 기회를 스스로 무산시켜 버리고 마는 것이다. 그렇기 때문에 최고의 성과를 빠른 시일 안에 다시 반복하는 것이 아주 중요하다. 그렇게 되면 그 성과는 우연히 여건이 잘 맞아떨어져서 이룬 성과가 아니라, 당신 자신의 힘으로 이룬 성과라는 게 입증

되는 것이다. 자신이 매우 뛰어난 사람이란 것을 자신에게 납득시
켜라. 그리고 최고 성과에 대한 책임을 자신에게 돌려라.

돈이 없는 사람들은 110%를 쏟아부을 준비가 되어 있지 않다

변명을 찾는 사람은 어떻게 해서든 변명을 찾아낸다. 여기 가장
위험한 핑계와 변명이 있다. 이 두 가지는 마치 그것이 삶에 대한
태도인 것처럼 위장하고 있기 때문에 특히 위험하다. 하지만 실제
론 망상이나 핑계에 불과하다.

"나는 앞으로도 지금 내가 가진 것에 만족할 것이다."
"내가 제대로만 했으면, 나도 최고가 될 수 있었다."

이 두 가지 주장 뒤에는 종종 자기기만이나 두려움, 자기 가치의
식의 결여 같은 것이 감추어져 있다.

만족은 아주 숭고한 목표이다. 우리가 하는 모든 행위는 행복하
고 만족스럽게 되기 위한 것이다. 그렇다면 우리를 행복하게 만드
는 것은 무엇일까? 우리가 자신의 인간적 본성과 조화를 이루며 살
수 있다면, 바로 그것이 우리를 행복하게 한다. 그리고 성장하고
성공하려는 것은 우리 본성 안에 깊이 자리 잡고 있는 것들이다. 따
라서 우리는 성장과 발전 속에서 궁극적인 만족을 얻는다.

당신 스스로 정말 자랑스럽게 여기는 것이 있다면 무엇인가? 누가 보아도 놀라운 성과를 올린 적이 있는가? 돌이켜 생각만 해도 기분 좋고 만족스러운 일이 있다면 그것은 또 무엇인가? 혹시 당신이 그런 성과를 올릴 수 있었던 것은, 그렇게 하지 않고는 도저히 자신에 대해 만족할 수 없었기 때문 아니었는가?

현재 우리가 가진 것에 감사하는 것은 꼭 필요한 일이다. 하지만 내일도 그것에 만족한다면 그것은 성장 발전하고자 하는 인간적 욕구를 거스르는 것이다. 나무는 살아있는 한 계속 자란다. 성장 발전이 멈춘 인간은 죽어가기 시작한다. 가장 큰 만족은 모든 것을 쏟아부었을 때 얻어진다.

뛰어난 재능을 지닌 많은 사람들이 변명을 앞세우고 평생을 살아간다. "내가 제대로 노력했으면 나는 정말 잘할 수 있었어." 이게 무슨 변명이란 말인가? 한번 잘 생각해 보라. 이 사람들이 정말 열심히 했는데도 아무런 성과도 거두지 못하면 어떻게 될까? 이들은 바로 그 점이 두려운 것이다. 모든 것을 쏟아붓는 사람은 또한 아무런 핑곗거리도 남겨두지 않으며 오로지 성공만을 획득할 뿐이다. 이런 사람은 약삭빠른 인생살이 기술 뒤로 몸을 숨기지 않는다. 당신이 능력을 110% 발휘할 때만 자기 삶에 대한 책임을 온전히 떠맡을 수 있다. 그렇게 되면 당신은 핑계를 대려 하지도 않고 그럴 필요도 없게 된다. 그냥 성과만 올리면 되는 것이다.

110%를 발휘한다는 것은 곧 성장을 의미한다. 예를 들어, 당신이 근육을 단련하려고 역기를 열 번씩 들어 올린다고 하자. 그럼 이

열 번 가운데 몇 번째가 가장 중요할까? 그리고 언제 근육이 가장 많이 발달할까? 올림픽 역도 경기에서 가장 많은 메달은 딴 불가리아 사람들 말에 의하면, 열한 번째라고 한다. 많은 사람들이 100%에 초점을 맞춘다. 그리고는 80%밖에 이루지 못한다. 당신이 만약 목표를 110%에 맞춰 잡으면 비교적 수월하게 100%를 달성할 수 있다. 100%는 상대적이라는 것을 금방 알게 된다.

돈이 없는 사람들에게는 좋은 멘토가 없다

부자가 되는 가장 중요한 초석은 좋은 멘토를 만나는 것이다. 멘토란 당신보다 훨씬 성공한 사람이면서, 당신을 자신의 보호 아래에 두고 당신의 발전을 도와주는 그런 사람이다. 부자들과 대화해 보면 한결같이 그들에겐 좋은 멘토가 있거나, 최소한 믿고 의지하면서 좋은 모범으로 삼을 만한 사람을 아주 가까이 두고 있다는 사실을 발견하게 된다.

내가 아는 부자들은 모두 남부럽지 않은 자신감을 갖고 있다. 때때로 이 자신감이 너무 지나쳐 자신의 실패를 인정하길 꺼려할 정도다. 이들은 끊임없는 자기 관리를 통해 자신에 대해 회의가 들 때도 의연하게 행동할 줄 아는 사람들이다. 또 그들은 성공의 책임을 자신에게로 돌리는 데 조금도 주저함이 없다. 오히려 그들은 자신감을 더 키우기 위해 스스로 일을 더 어렵게 만드는 것도 서슴지 않는다.

하지만 이런 그들도 한 사람에게만은 자신들의 월계관을 기꺼이 양보한다. 바로 자신들의 멘토다. 그들은 자신들 성공의 80%, 혹은 그 이상을 멘토에게 빚지고 있다고 스스로 말한다. 로스 페로나 리처드 브랜슨(버진그룹 회장) 같은 사람들조차 그렇게 말한다.

정상급 운동선수들의 예를 보자. 어째서 그들에겐 모두 코칭 멘토가 있을까? 그리고 그들이 세계 정상을 차지한 다음에도 멘토는 왜 필요할까? 그 이유는, 오직 멘토만이 자신의 경험을 토대로 최단기간에 당신의 능력을 극대화해 줄 수 있기 때문이다. 그러므로 당신은 모든 실수를 몸소 되풀이할 필요가 없다. 또 당신은 멘토가 갖고 있는 인간관계를 활용할 수 있다.

당신이 이제 막 산림 관리인이 되기 위한 4년짜리 이론 과정을 마쳤다고 가정해 보자. 그러고 나서 일자리를 얻어 캐나다로 떠났다. 하지만 당신은 그곳 산림이 안고 있는 문제나 동식물의 특성은 전혀 모르는 상태이다. 이런 상태에서 당신은 5천 헥타르가 넘는 산림을 맡았다. 정말 어디서부터 어떻게 시작해야 할지 막막한 상태다.

그런데 이때 이 지역에 67년이나 살아서, 모든 산길, 모든 동식물을 속속들이 알고 있는 노인 산지기를 찾아냈다고 하자. 그는 산사태나 눈사태가 잘 일어나는 지역, 그리고 맹수들이 잘 나타나는 지역에서 뱀 굴의 위치까지 훤히 꿰고 있다. 한 반년 정도만 이 산지기의 상담 지도를 받을 수 있다면 얼마나 큰 도움이 될지 한번 생각해 보라. 67년의 경험을 반년 만에 배우는 것이다.

게다가 좋은 멘토는 장기적인 안목으로 잘 계산된 과제를 적절하게 부과할 것이다. 그래서 당신이 110%의 능력을 발휘하도록 채찍질할 것이다. 우리가 하는 모든 행위는 고통을 피하고 기쁨을 얻기 위한 것이다. 하지만 이 둘 중에 더 강한 추진력은 고통을 피하는 것에서 나온다. 예를 들어, 지금 방 안에서 당신이 가장 좋아하고 기뻐하는 일을 하고 있다고 칩시다. 그런데 갑자기 방에 불이 났다. 분명, 불이 난 방에서 빠져나와 고통을 피하려는 '바램'이, 기뻐하는 일을 계속하려는 '바램'보다 더 클 것이다.

좋은 멘토는 고통과 기쁨의 방법을 적절하게 활용하여 당신한테서 최선의 동기유발을 끌어내는 방법을 안다. 고통은 가장 강력한 원동력이지만 너무 강한 고통은 우리 몸을 마비시킨다는 것도 그는 잘 알고 있다.

그 밖에도 멘토는 당신의 발전 상태를 당신 자신보다 훨씬 더 객관적으로 감독한다. 당신이 계획을 제대로 실천하지 못하면 당신 자신뿐 아니라 멘토에게도 실망시키게 된다. 말하자면 당신은 좀 더 큰 부담을 갖게 되는 것이다. 그러면 반드시 해내야 한다는 의무감도 커질 것이다. 성공을 향해 노력하는 사람은 이런 종류의 컨트롤을 피하지 않는다. 오히려 환영한다.

멘토는 당신 자신보다 당신에 대해 더 많은 것을 기대한다. 기대는 나침반과 같아서 인생에서 우리가 가야 할 길을 결정해 준다. 멘토라는 측량대가 세워지면 당신은 좀 더 멀리 나아가야 한다.

당신은 이 책에서 받은 자극을 확실하게 행동에 옮기고자 하는가? '멘토의 원칙'은 그것을 보장하는 가장 확실한 수단이다. 한 사람의 좋은 멘토만큼 많은 성과를 빨리, 그리고 효과적으로 올릴 수 있게 하는 것은 없다.

돈이 없는 사람들은 자신의 약점에 몰두한다

당신이 부자가 될 수 있는 요인과 그것을 가로막는 요인을 한번 적어 보라. 당신의 강점과 약점은 무엇인가?

강점	약점

당신이 어느 칸부터 쓰기 시작했는지 기억하는가? 약점에 먼저 주목하는 사람은 절대 부자가 되지 못한다. 그렇다고 자신의 약점을 그냥 무시하라는 게 아니다. 다만 강점과 약점 중에 어떤 것이 먼저 당신 머리에 떠오르는지를 문제 삼는 것이다. 그리고 무엇이 당신을 부자로 만드느냐가 문제인 것이다.

자신의 약점을 모두 없애야 부자가 될 수 있다는 말을 한 번쯤 들어본 적이 있을 것이다. 하지만 요즘은 그런 생각이 큰 공감을 얻지 못하고 있다. 약점을 없애버린다고 곧 부자가 되는 게 아니란 것을

우리는 알고 있다. 자신의 약점을 상대로 싸우는 사람은 기껏 평균
에 도달하기 위해 많은 에너지를 소모하는 사람이다.

당신의 강점이 당신을 부자로 만든다

당신을 부자로 만드는 것은 당신이 지닌 강점들이다. 테니스의
예를 들어보겠다. 슈테피 그라프는 포핸드에 아주 강한 선수였다.
그리고 기회가 올 때마다 이 포핸드를 사용했다. 자신이 상대적으
로 약한 백핸드를 보강하는 데 몰두하는 대신 빠른 걸음으로 부지
런히 움직여 자신의 강점인 포핸드를 사용할 기회를 만들고자 노력
했다.

때문에 상대 선수들은 가능한 한 슈테피의 백핸드 방향으로 공을
치려고 했다. 슈테피도 이에 맞서 약한 백핸드를 보강하는 쪽으로
연습의 방향을 바꾸었다. 그 결과, 슈테피는 경기에 흥미를 잃어버
렸다. 경기에 이기는 데 주력하기보다는 패하지 않는 데 주력하게
된 것이다.

이기기 위해 게임을 하는 것과 지지 않기 위해 게임을 하는 것은
큰 차이가 있다.

얼마나 많은 사람들이, 자신의 약점을 없애기 위해 필사적으로
노력하는 과정에서 삶에 대한 흥미와 부자가 될 기회를 함께 잃어
버리는지 모른다. 그것은 정말 모든 흥미를 앗아가는 가망 없는 싸
움이 될 때가 많다. 자신의 약점을 그냥 무시해 버릴 수는 없지만

약점에 맞서 싸울 필요도 없다. 그것이 당신을 부자로 만들어 주지는 않기 때문이다. 그러므로 자신의 약점을 위한 해결책을 찾아라. 당신이 아직까지도 장부 정리를 잘하지 못한다면 그것은 결코 당신의 강점이 될 수 없다. 이 사실을 받아들여라. 그리고 나서 해결 방법을 찾아라.

당신의 강점을 그냥 우연에 맡겨놓지 말아라. 당신이 가진 능력을 잘 활용하기 위해선 멘토가 필요하다. 능력을 체계적으로 키우고 강점이 확연히 눈에 띄도록 알려줄 사람이 있어야 한다. 무언가 눈에 확 띄는 것은 돈을 가져다준다. 자신의 약점을 위해서는 해결책을, 그리고 강점을 위해서는 멘토를 찾아라.

부자가 되기 위한 대가는 얼마나 큰가?

부자가 되기 위해 지불해야 하는 대가에 대해 무시무시한 이야기들을 당신도 많이 들어보았을 것이다. 돈 버는 데 매달려 있는 동안, 몸은 다 망가지고, 가정은 파탄 나고, 결국은 돈밖에 모르는 정신병 환자가 된다는 등, 부자가 되기 위해 치러야 하는 대가는 엄청나게 커 보인다.

하지만 건강한 삶을 누리고, 행복한 가정생활을 영위하는 문제는 당신 태도에 달려 있다. 게다가 건강과 가족에 미치는 돈의 일차적인 영향력을 무시할 수 없다면, 돈이 없는 것이 오히려 여러 문제를 야기할것이다. 돈 문제가 주기적으로 찾아오는 반갑지 않은 손님이 되면, 돈이 많아 생기는 그늘보다 훨씬 더 큰 그늘을 건강과 가정 생활에 드리우게 된다. 범죄에 대한 충동도 돈이 없기 때문에 생긴다.

부자가 되기는 비교적 쉽다. 이 책에는 부자가 되는 방법이 단계별로 알기 쉽고 배우기 쉽게 잘 설명되어 있다.

물론 당신은 그 대가를 지불해야 한다. 그것은 즉 이 책을 탐독하기 위한 몇 시간과 당신의 경제적 상황을 근본적으로 점검하고 재정비하기 위한 며칠의 시간이다. 그 이후에도 매달 몇 시간 정도는 투자해야 한다. 하지만 이것은 앞으로 당신이 벌게 될 시간에 비하면 아무것도 아니다.

돈이 있는 사람은 자유롭다

당신이 5년에 한 번, 1년간의 안식년을 갖게 된다고 상상해 보라. 1년 동안 당신이 원하는 것을 할 수 있고, 그러면서도 수입은 그대로 유지되는 것이다. 여행을 할 수도 있고, 평소에 관심이 있었으면서도 일 때문에 할 수 없었던 것들을 마음껏 할 수도 있다.

이 아이디어는 구약시대에 생긴 것이다. 그 시대 셈족들은 항상 9년을 일하고 한해를 쉬었다. 그들은 이 한 해 동안 일상에서 벗어나 자신을 돌아보는 시간을 가질 수 있었다. 차분히 자기 삶의 행로를 검토하고 다음 10년을 계획했다. 여행을 해도 좋았고, 그냥 아무 일도 하지 않고 쉬어도 좋았다.

내 경우도 9년을 일하고 나니, 돈은 더 이상 나를 구속하는 것이 아니라 내 삶을 뒷받침해 주는 것이 되었다. 돈이란 의당 그래야 하는 것이지만 말이다. 나는 저축한 돈에서 나오는 이자로 생활할 수 있었고, 그래서 1년을 쉬었다. 첫째 주에는 거의 아무 일도 하지 않았다. 그리고 나서 여행을 떠났다. 많은 곳에 가 보고 세미나에도 참가했다. 그곳에서 명상하는 방법을 배웠고, 마음의 평안을 찾았다. 일과 관계된 책 대신 나의 삶을 풍부하게 하는 책을 읽었다. 나의 내면의 소리를 듣는 법도 배웠다. 그때 미래를 설계하면서 내가 찾아낸 것은 해답이 아니라 질문이었다.

계속해서 새로운 질문이 생겨났다. 끝에 가서 나의 질문들은 두 개의 근본적인 핵심 명제로 압축되었다. '나는 누구인가?', '나는 왜 여기에 있는가, 내 삶의 의미는 무엇인가?' 알고 싶었다. 해답을 얻기 위해 나는 글을 썼다. 나는 카리브해로 떠나 야자수 아래 앉아, 이 두 개의 질문에 대한 답을 찾는 데 몰두했다.

이 시간들이 내게 얼마나 유익했을지는 당신도 충분히 짐작할 수 있을 것이다. 열하루 동안 엄청나게 많은 글을 쓰고 나자, 내가 해야 할 일이 무엇인지 또렷하게 보였다. 자기 삶의 의미를 분명하게 깨달았을 때 솟아나는 에너지와 열정은 엄청난 것이었다. 나는 그렇게 내 삶에 대한 정열을 발견했다.

아마 당신도 뒤로 미뤄놓은 일이 몇 가지 있을 것이다. 조용히 시간을 갖고 생각해야 하는 그런 일들이 누구한테나 있지 않은가. 당신이 만약 안식년을 갖게 되면 무엇을 하겠는가? 오직 자신만을 위한, 그리고 돈 걱정을 할 필요가 없는 1년이 주어진다면 말이다.

물론 경제적 자유가 있어야만 삶의 의미를 발견할 수 있는 것은 아니다. 그러나 적어도 경제적 자유가 그것에 도움이 된다는 사실은 인정했을 것이다. 아주 많은 사람들이 삶의 본질적인 문제를 진지하게 생각하고 싶어도 먹고살기에 바빠 그럴 여유가 없다고 생각한다.

바로 그 때문에 당신이 부자가 되지 못하면 그 대가가 더 크다는 말이다. 당신의 자기 가치 의식에 상처가 나게 된다. 건강을 위해서도 경제적 안정은 꼭 필요하다.

이 책을 통해서, 효과적으로 부를 쌓는 법을 배우는 데 시간을 투자해라. 이 투자는 몇 배로 불어서 되돌아온다. 그렇게 되면 당신은 1년의 안식년은 물론 더 많은 시간을 자유롭게 누릴 수 있다.

나는 돈이 많은 것이 좋다고 주장했다. 부자이면서 건강한 것이 가난하고 병든 것보다 훨씬 더 낫다. 돈이 있는 것이 없는 것보다 훨씬 더 인간 본성에도 어울린다. 성장하는 것은 자연스러운 일이다. 거기에는 돈이 늘어나는 것도 포함된다.

우리는 지금까지, 경우에 따라선 거북하게 들릴 수도 있는 문제 몇 가지를 다루어 보았다. 어쩌면 그것은 당신의 뿌리 깊은 확신과 신념에 어긋나는 것이었을 수도 있다. 그러므로 이제 당신이 돈에 대해 진정 어떻게 생각하는지 알아보는 시간이 필요하다.

● 큰 목표가 작은 목표보다 실현 가능성이 더 크다. 큰 목표를 세우면 문제가 끼어들어도 목표를 바라보는 당신의 시야를 완전히 가리지 못하기 때문이다.

● 성공한 사람들은 항상 '반드시 해야만 하는 상황'을 스스로 만들 줄 안다. 그들은 목표에 도달하기 전에는 결코 만족하지 않는다.

● 자신에게 한계를 그어놓으면 언젠가는 이 한계에 도달하게 된다.

● 실패에 대한 책임뿐 아니라 성공에 대한 책임도 자신에게 돌려라. 자신이 거둔 최고의 성과가 언제든 되풀이해서 올릴 수 있는 것이 아니라고 생각한다면 당신은 최고의 자기 가치 의식을 세울 기회를 스스로 무산시켜 버리는 것이다.

● 110%를 쏟아부은 사람은 마지막 핑계도 함께 쏟아내 버렸기 때문에 그에겐 이제 성공하는 것만 남아있다.

● 당신에게는 좋은 멘토가 필요하다. 그는 자신의 경험을 토대로 당신이 자신의 재능을 최대로 발휘할 수 있도록 해 준다.

● 자신의 약점에 몰두하는 사람은 결코 부자가 되지 못한다.

● 지지 않기 위해 게임을 하는 것과 이기기 위해 게임을 하는 것은 큰 차이가 있다.

● 많은 사람들이 자신의 약점을 없애기 위해 필사적으로 노력하는 과정에서 삶에 대한 흥미와 부자가 될 수 있는 기회를 모두 잃어 버리고 만다.

● 부자가 되기 위해 당신이 지불해야 하는 대가는 시간이다. 하지만 이 시간은 당신이 부자가 됨으로써 얻게 되는 시간에 비하면 아무것도 아니다. 부자가 되면 돈 걱정 없이 삶의 의미에 대해 차분히 생각할 여유가 생긴다.

5

당신에게 돈이란 정말 무엇인가?

한 인간의 현재 상태는 그가 지닌 신념을 그대로 반영한다

앤소니 로빈스의 ≪힘의 원리≫에서

만약 당신에게 '지금보다 돈이 많았으면 좋겠느냐'고 묻는다면, 당신은 분명 이렇게 대답할 것이다. "무슨 그런 바보 같은 질문이 다 있나? 당연히 돈이야 많으면 좋지."

맞다. 당연히 당신은 자신이 더 많은 돈을 갖기 원한다고 생각한다. 하지만 당신의 잠재의식은 어떤가? 4장에서 얘기한 홈쇼핑 카탈로그 비유를 기억하는가? 당신은 거기에서 꼭 필요하다는 확신이 드는 물건만 주문할 것이다. 마찬가지로, 오늘 당신은 자신에게 꼭 필요하고 좋다고 믿는 것을 갖게 될 것이다.

당신이 돈에 대해 지금 믿는 바 그대로 계속 믿으면 당신은 언제나 똑같은 주문을 하게 될 것이다. 당신이 돈을 더 갖고 싶다고 원하는 것만으로는 상황이 바뀌지 않는다. 마치 그것은 어떤 물건을 주문해 놓고, 배달원이 주문한 것과 다른 것, 또는 주문한 것보다 더 많은 것을 가져다주기를 바라는 것과 같다. 언제나 똑같은 것을

주문하면서 다른 것이 배달되기를 바라는 것은 아무 의미가 없다.
다음 질문에 대답해 보자.

● 당신이 생각했던 것보다 돈을 더 많이 쓴 적이 있는가? 있다면, 왜 그랬는가?

● 살을 빼야겠다고 생각했는데 '성공' 하지 못 한 적이 있는가? 있다면, 왜 그랬는가?

● 저축을 해야겠다고 마음을 먹었는데 제대로 못 한 적이 있는가? 있다면, 왜 그랬는가?

● 앞으로 최소한 석 달 동안은 옷을 새로 사지 않으려고 마음을 먹었는데 제대로 안 된 적이 있는가? 있다면, 왜 그랬는가?

● 은행 잔고가 마이너스가 된 적이 있는가? 있다면, 왜 그랬는가?

● 정기적으로 저축하기 시작했다가 그만둔 적이 있는가? 있다면, 왜 그랬는가?

● 무엇을 해야겠다고 굳게 마음먹었지만 그렇게 하지 못한 적이 있는가? 있다면, 왜 그랬는가?

이와는 달리 어떤 일을 해야겠다고 결심하고, 또 실제로 실행에 옮긴 적 또한 분명히 있을 것이다. 어떻게 그렇게 할 수 있었는가? 그때는 무엇이 달랐는가?

혹시 당신 마음 깊은 곳 어딘가에 아주 높은 감독관이 들어앉아 있는 것은 아닐까? 때때로 당신의 좋은 의도와 계획을 무시하고 자기 마음대로 결정하고 명령하는 감독관 말이다.

당신이 원하는 것과 당신이 믿는 것 사이에는 차이가 있다. 어쩌면 당신은 더 많은 돈을 원하면서도, 다른 한편으론 돈이 자신의 성격을 망가뜨릴 거라고 믿고 있는지도 모른다.

이제 당신의 깊은 속마음은 돈에 대해 정말 어떻게 생각하는지 한번 알아보자. 그러면 당신의 잠재의식이 어떻게 움직이고 있는지도 알게 될 것이다. 그리고 나서 돈에 대한 당신의 태도(나는 이 태도를 신념이라 부른다)가 어떻게 생겨났는지 알아보겠다. 그럼으로써 이 개개의 신념들이 목표를 달성하는 데 어떤 도움이 되는지 판단할 수 있게 된다. 또 당신은 필요에 따라 신념을 바꾸어야 한다는 사실도 알게 될 것이다.

당신은 현금을 얼마나 지니고 있는가?

당신은 아침에 집을 나설 때 보통 돈을 얼마나 갖고 나옵니까? 평균 액수를 적어보라. _____

어째서 이만큼인가? 왜 더 많이 가지고 나오지 않는가? 1백만 원 이상 가지고 다니면 안 되는가? 대부분의 사람들은 20만 원 이상 가지고 다니지 않는다. 왜 그럴까? 내 세미나에서 항상 들을 수 있었던 대답은 이렇다.

● 대부분 카드로 결제한다.

● 잃어버릴지도 모른다.

● 다 써 버릴까 염려스럽다.

● 마음이 불안하다.

● 어차피 그렇게 갖고 다닐 돈도 없다.

이런 생각을 하는 사람들이 자신의 잠재의식에 과연 어떤 씨앗을 뿌리겠는가? 그들은 두렵다. 마음이 불안하다. 그리고 그들은 자기 자신을 믿지 못하고 있다. 그것도 '단돈' 1백만 원 때문에 말이다. 그러니 이보다 훨씬 더 큰 액수는 어떻겠는가? 부자가 되는 최선의 준비는 우선 돈에서 편안함을 느끼는 법을 배우는 것이다. 그래서 나는 이렇게 제안한다. 항상 1백만 원짜리 수표를 한 장 갖고 다녀라. 이 돈은 다른 돈과 함께 두지 마라. 이 돈은 쓰지도 마라. 이 돈은 확실한 비상금이다. 마치 아령으로 근육을 강화하듯 이 돈은 당신의 잠재의식을 단련시켜 부에 대한 자신감을 심어줄 것이다. 그리고 이에 익숙해지면 3백만 원을 갖고 다녀라. 최소 1백만 원을 그런 비상금으로 항상 지니고 다니지 않는 부자는 거의 없다. 그리고 그들은 부자가 되기 훨씬 전부터 이런 습관을 갖기 시작한 사람들이다.

돈과 부, 그리고 행복에 대해서 생각해 보라

우리 몸 안에서 일어나는 대부분의 운동과 순환은 우리가 의식하지 못하는 가운데 자동으로 이루어진다. 언제 어떻게 숨을 내쉬고 들이쉴 것인지 우리가 생각하지 않는 것처럼, 우리 마음속 깊은 곳에 뿌리내리고 있는 신념은 우리의 잠재의식을 조종한다. 이런 원리가 돈을 대하는 우리 태도에도 그대로 적용될 수 있다는 생각을 한번 해 본 적이 있는가?

자신이 돈에 대해 어떤 생각을 갖고 있는지 한번 점검해 보라. 자신에게 해당된다고 생각하면 체크해라. 그렇지 않은 항목은 자신에게 해당되도록 문장을 바꾸어 보라.

□ 돈은 많을수록 좋다.
□ 내가 부자가 되면 여자들은(혹은 남자들은) 모두 내 돈만 좋아할 것이다.
□ 나한테 돈이 들어오면 어디로 새는지 모르게 샌다.
□ 물고기는 놀든 물에서 놀아야 한다.
□ 작은 돈을 소중히 여기지 않는 사람은 큰돈 역시 그렇게 한다.
□ 돈이 사람을 망친다.
□ 돈이 있어야 좋은 일도 한다.
□ 돈이 전부가 아니다.
□ 내가 벌면 누군가는 잃는다.
□ 모질고 지독한 사람만이 큰돈을 번다.
□ 부자가 천국에 들어가는 것은 낙타가 바늘구멍 통과하는 것보다 어렵다.

- 돈은 사람을 거만하고 건방지게 만든다.
- 절약하는 사람만이 부자가 된다.
- 하나님은 가난한 사람 편에 있다.
- 돈이 성공의 척도이다.
- 돈이 많아지면 작은 일에 기뻐할 줄 모르게 된다.
- 돈이 사람을 편하게 한다.
- 돈은 아름답고 좋은 것이다.
- 돈은 곧 에너지다.
- 돈은 사람을 고독하게 한다.
- 나는 돈을 사랑한다.
- 부자에게는 진실한 친구가 없다.
- 부자에게는 시기하는 사람이 따른다.
- 부자는 다리 뻗고 잘 수가 없다.
- 돈을 무덤까지 갖고 갈 수는 없다.
- 돈이 많을수록 근심 걱정은 늘어난다.
- 돈을 많이 벌려면 건강이 상할 수밖에 없다.
- 나는 앞으로도 지금 가진 것에 만족할 것이다.
- 내가 돈을 벌 생각으로 제대로만 했으면 난 벌써 부자가 되었을 것이다. 하지만 나는 그렇게 살고 싶지 않았다.
- 돈을 벌다 보면 가족을 소홀하게 된다.
- 돈이 많으면 좋은 일이 많이 생긴다.
- 내가 가진 모든 것은 돈을 벌기 위해 고귀하고도 선한 노력을

하는 과정에서 얻은 것들이다.

☐ 돈은 사람을 행복하게 한다.

☐ 돈으로 행복을 살 수 없다고 말하는 사람은 단지 그것을 어디서 사야 할지 모를 뿐이다.

☐ 돈이 모든 것이 아니다. 그러나 돈이 없으면 모든 것이 아무것도 아니다.

☐ 돈이 없다면 나는 완전한 인생 실패자다.

☐ 모든 일은 다 미리 예정되어 있다.

☐ 가난은 악이다. 비참하고 불쌍하다.

☐ 저축은 돈 없고 무능력한 사람이나 하는 것이다.

☐ 지금 네가 가진 것에 만족하라.

☐ 돈이 많으면 나태하고 게을러진다.

☐ 돈은 필요한 만큼만 벌면 된다.

☐ 돈을 많이 벌려면 내 배우자가 나한테서 정이 떨어질 만큼 사람이 바뀌어야 한다.

☐ 착하고 똑똑한 사람이 부자가 되어야 한다.

☐ 부자가 되는 건 팔자소관이다.

☐ 겸손은 장식품에 불과하다.

☐ 돈이 지나치게 많은 것은 파렴치한 것이다.

☐ 내 사전에 저축이라는 단어는 없다.

☐ 나는 금전 운이 없다.

☐ 나한테 돈이 많으면 타락할 것이다.

□ 돈 많은 집 자식들은 유약하고 마약중독에 잘 빠진다.

□ 저렇게 가난에 허덕이는 사람이 많은 세상에서 부자가 되는 것은 옳지 못하다.

□ 세상에는 돈보다 더 중요한 것이 많다.

□ 더 벌어봤자 세금으로 다 뜯긴다.

□ 나한테 자석처럼 돈을 끌어당기는 힘이 있다.

□ _____

□ _____

당신의 신념은 어떤 영향을 끼치는가?

이제 돈에 대한 당신의 신념이 어떻게 생겨났는지 생각해 보자. 우선, 체크한 항목들을 다시 한번 읽어보라. 그런 신념들이 당신 삶에 어떤 영향을 끼쳤다고 생각하는가? 또 그런 신념들이 오늘날 당신의 경제적 상황에 얼마나 반영되고 있는지 알아냈는가?

현재 당신은 자신에게 좋은 것이라 믿는 것을 실제로 소유하고 있는 셈인가?

미래는 과거와 다르다

몇 년 전만 해도 몸무게가 96kg이나 나갔던 나는 원래 조깅을 끔찍이 싫어했다. 미련하게 도로에서 깡충거리며 뛰어다니느니, 차라리 뚱뚱한 채로 사는 게 더 낫다고 생각했다. 당시 내 생각에 조깅은 천부적으로 그렇게 타고난 사람이나 하는 것으로 여겨졌다. 인간이 저런 짓을 하려면 유전자가 단단히 꼬여있지 않고서는 안 될 거라고 말이다. 비가 오나 눈이 오나 따스하고 포근한 잠자리를 박차고 나와 엉덩이를 흔들며 뛰는 게 정말 내 머리론 이해가 안 되었다.

학교 다닐 때 체육 시간이 되면 우리는 탈의실에서부터 운동장까지 뛰어가야 했다. 하루는 체육 선생님이 바로 내 뒤에서 따라오면서 지극히 교육적인 목소리로 외쳤다.

"섀퍼, 땅바닥 꺼지겠다. 넌 달리기 좀 해야겠어. 코끼리도 너보다는 가볍게 뛰겠다. 쿵쿵 바닥 울리는 소리에 마을 사람들 모두 지진이라도 난 줄 알겠다."

이런 식으로 그는 10분이 넘게 놀렸다. 다른 아이들은 모두 재미있어했다. 하지만 당시의 나는 이럴 때 같이 웃을 수 있을 만큼 강심장이 아니었다. 그래서 나는 조깅을 싫어하게 되었다. 다른 운동들은 모두 '의미 있어' 보였고, 직접 하는 것도 좋아했다. 하지만 조깅은 정말 너무 미련한 운동 같아 보였다. 해가 거듭되면서 이런 신념은 뿌리 깊은 확신이 되었고, 그에 따라 나의 몸 상태도 썩 좋다고 볼 수는 없게 되었다.

몇 년 전 하와이에서 스튜 미들맨이라는 사람을 만나기 전까지는 말이다. 당시 40세 초반이던 그는, 1,600Km 11일간 울트라 경주, 965km 로키산맥 마라톤, 프랑스 6일 마라톤, 전미(全美)

160km 마라톤 등, 사람들이 알만한 초 장거리 달리기 대회는 거의 모두 휩쓴 경력이 있고, 세계신기록도 여럿 세운 달리기의 달인이었다.

내가 그 사람에게, 나는 조깅을 싫어한다고 했더니, 그는 금방 선교사 같은 표정을 지으며 내게 끔찍한 제안을 했다.

"운동화를 신고 나와 함께 뜁시다. 그러면 당신의 뛰는 모습을 보고, 어떻게 하면 잘 뛸 수 있는지 알려주겠소."

자신이 개발한 독특한 달리기 방법이 있는데, 그대로만 뛰면 활력도 생기고, 하루 종일 쌓인 지방도 완전히 분해된다는 것이었다. 슬그머니 호기심이 생겼다. 그래도 내키지 않는 척, 이런 뙤약볕 아래 나 같은 거구는 5분도 못 버티며, 따라서 나에겐 달리기 대신 그늘이 필요하다고 버텼다. 그러나 스튜는 어떻게 해서든 나를 설득하려고 했다.

그래서 우리는 뛰기 시작했다. 아주 천천히 힘들지 않게 뛰었다. 처음 몇 분 동안 그는 나의 뛰는 스타일을 꼼꼼하게 분석하고, 내가 현재 잘하고 있는 것이 무엇인지 알려주었다. 아울러 그는 호흡하는 법, 팔 위치, 발 자세 등도 자세히 가르쳐주었다. 그가 말해 준 방법으로 뛰니 신기하게도 하나도 힘이 들지 않았다. 우리는 그렇게 두 시간 반을 뛰었다. 뛰는 것에 재미를 느끼는 나 자신이 스스로 대견했다. 그 이후 나는 매일 뛰기 시작했다. 그리고 4년 전부터는 항상 좋은 컨디션과 78kg의 몸무게를 유지하고 있다. 지금은 사람들이 왜 조깅을 하지 않나 이상하게 생각할 정도이다. 이렇게 활기와 힘이 넘치고 건강하게 만들어 주는데 말이다.

당신이 지금 자신에 대해, 그리고 부자가 되는 것에 대해 어떤 믿음과 신념을 갖고 있든, 당신은 지금 당장이라도 그것을 바꿀 수 있다.

돈에 대한 당신의 진짜 생각을 발견하라

돈이 넘쳐난다고 하자. 아주, 아주 많은 돈이 있다. 단순히 돈이 많든, 아니면 동산, 부동산이 많든, 경제적인 풍요가 지나치게 많은 상황에서 무엇이 연상이 되는지 모두 적어보라.

돈이 아주 많을 때 좋은 점과 나쁜 점은 무엇인가? 앞에서 체크했던 항목들을 다시 한번 살펴보라.

강점	약점

강점과 약점의 비율은 어떠한가? 당신은 어쩌면 약점보다 강점을 더 많이 적었을지도 모르겠다. 하지만 신념에는 다수의 원칙이 적

용되지 않는다. 중요한 것은 정서적 강점의 원칙이다.

단 하나의 신념이 결정적이다

얼마나 많은 신념을 가졌는가, 긍정적 신념인가 부정적 신념인가 하는 것은 중요하지 않다. 지나치게 돈이 많은 것에 대해서 사람들은 대부분 부정적인 연상을 한다. 이런 부정적 생각은 경제적 자유에 대한 여타의 긍정적 생각보다 그 위력이 더 막강하다.

예를 하나 들겠다. 내가 아는 사람 가운데 돈이 많은 것이 자신의 확실한 장점이라고 생각하는 사람이 있다. 돈이 있으면 가족과 더 많은 시간을 보낼 수 있고, 더 호화롭고 편하게 살 수 있으며, 자신과 가족이 더 많은 것을 누릴 수 있다고 생각한다.

그리고 힘든 일을 손수 할 필요 없이, 믿을 만한 사람을 고용해 일을 맡기고, 자신들은 여행을 하거나 좋은 사람들을 만나는 데 시간을 사용할 수 있다고 생각한다. 하지만 기본적으로 이 사람은 돈에 대해 딱 한 가지 부정적인 생각을 갖고 있다. 돈이 사람의 성격을 망친다고 믿는 것이다.

그에게 있어 사람의 최고 덕목은 좋은 인간성과 성실함이다. 그래서 그는 좋은 인간성을 갖는 데 방해가 된다면, 돈도 기꺼이 포기할 수 있다고 생각한다.

따라서 그의 잠재의식은 '그가 좋은 성격을 유지하도록' 도와준다. 그 결과 그는 돈은 있는 대로 다 써버려야 한다는 생각으로 살며,

저축은 생각도 하지 않는다. 누가 보아도 그것은 양식 있는 사람이 사는 방식이라고 할 수 없는, 어리석은 짓이다. 실제로 그처럼 배울 만큼 배운 사람에게는 전혀 어울리지 않는 삶의 방식이다. 하지만 그는 그렇게 해서 자신의 성격을 '순수하고 깨끗하게' 유지한다.

주의 요망!

지금 이 이야기, 그리고 다음 항목들은 이 책에서 가장 중요한 것들이다. 왜냐하면 모든 것은 당신의 신념 위에만 세울 수 있기 때문이다. 자신의 신념이 무엇인지도 모르면서, 또 그것을 바꿀 생각도 하지 않으면서 부자가 되기를 바라는 것은 마치 바람을 마주보며 침을 뱉는 것이나 다름없다. 당신의 잠재의식은 당신에게 최선인 것을 추구한다. 그래서 잠재의식은 당신이 자신에게 최선이라고 믿는, 바로 그것을 당신에게 제공한다. 이 점을 잘 생각해라.

이 책을 단순히 읽기만 해도 당신은 매우 유익하고 흥미로운 정보들을 얻을 수 있다. 하지만 자신의 경제적 상태를 효과적으로 바꾸기 원한다면 다음 항목들을 직접 글로 써 가면서 따라 해야만 한다. 당신이 부자로 살든 가난하게 살든 결국 당신 인생이다. 하지만 당신이 시간과 돈을 이 책에 투자했다면 그것을 제대로 활용해서 부자가 되어야 하지 않겠는가?

돈에 대한 당신의 확고한 신념은 무엇인가?

1. _____
2. _____

3. _____

당신의 신념은 어떻게 생겨났는가?

이미 살펴보았듯이, 당신의 신념 가운데 상당 부분이 우연히 얻어졌다고 할 수 있다. 아마도 당신의 성장기에 중요한 역할을 했던 사람들의 생활 철학이 당신에게 그대로 전해진 것일 것이다. 아니면 멀리서 찾을 것 없이, 지금 당신 주변 사람들 가운데 그런 영향을 주는 사람이 있을 수도 있다. 당신은 돈에 대한 이런저런 얘기를 자주 들어보았을 것이다. 또는 자기 부모님이 돈을 어떻게 다루는지 직접 겪어보았을 것이다.

열여덟 살이 되기까지 자신에게 가장 큰 영향을 준 사람을 3명에서 10명까지 찾아내 보라. (아버지, 어머니, 친구, 친척, 선생님, 선배, 위인 등 ⋯⋯)

_____

_____

현재는 누구의 영향을 가장 많이 받는가? 힌트를 하나 드리면, 그 사람이 누구든 간에 당신과 가장 많은 시간을 함께 보내는 사람이 당신에게 가장 강한 영향력을 행사한다고 보면 거의 틀림없다. (배우자, 친구, 동료, 부모님, 선배 등 ⋯⋯)

_____

_____

이 사람들은 돈을 주로 무엇에 연결하는가? 이들은 돈을 어떻게 다루는가? 이들은 당신에게 주로 어떤 충고를 하는가?

첫 번째 사람 : _____

_____

두 번째 사람 : _____

_____

세 번째 사람 : _____

_____

성공한 사람들의 충고만 받아들여라

충고는 여러 가지 이유에서 조심스럽게 받아들일 필요가 있다. 물론 당신에게 충고하는 사람 대부분은 좋은 뜻으로 한다. 부모님이 당신에게 '우리보다는 잘 살아야 한다'고 할 때, 그 말씀은 당연히 진심이다. 다만, 부모님보다 아주 많이 잘 살기보다는 적당히 더 잘 살아야 할 것이다. 그렇지 않으면 당신의 성공이 부모님의 실패를 증명하게 될 테니까. 충고는 이렇게 길뿐 아니라 한계도 보여 준다. 그래서 당신이 성공해야 한다고 하지만, 너무 크게 성공하지는 말라고 한다.

충고를 하는 사람은 대개 그들 자신의 상황을 정당화하려고 한다. 충고를 하는 것은 자신이 실패한 상처를 드러내 보이는 것일 때가 많다. 절대로 위험을 감수하지 말라고 충고하는 사람이 있다면,

그 사람의 삶은 꼭 필요한 위험도 감수하지 않아서 처참하게 협소해진 그런 인생일 가능성이 크다. 이렇듯 충고는 충고하는 사람이 자신의 상황을 변명하기 위한 위장에 불과할 때가 많다.

게다가 충고하는 사람들은 항상 자기에게 유리한 것만 이야기한다. 자식을 곁에 두고 싶어하는 부모가, 외국에서 일할 기회가 생긴 자식에게 그 제안을 받아들이라고 하기 힘들다.

충고를 받을 때는 기본원칙이 있다. 당신이 도달하고 싶은 곳에 이미 도달해 있는 사람을 제외한 다른 사람의 충고를 절대로 받아들이지 말라는 것이다.

돈에 대한 신념을 정하라

돈에 대해 대부분의 사람들이 갖고 있는 신념으로는 부자가 될 수 없다. 그렇게 되면 자신의 성장 가능성을 스스로 가로막게 될 뿐이다.

돈에 대한 자신의 신념에 만족하는가? 돈이 아름답고 좋은 것이라고 생각하지 않는다면 아무리 돈을 많이 벌고 싶어도 부자가 될 수 없다. 그러므로 중요한 것은, 자신이 원하는 것을 얻도록 도와줄 수 있는 신념을 키우는 것이다. 돈에 대한 태도와 그 밑에 깔려 있는 확신을 30분 내로 바꾸는 간단한 기술이 있다. 이에 앞서, 아무리 자신의 문제라고는 해도, 자신의 신념을 마음대로 바꿀 권리가 우리에게 있는지 먼저 짚고 넘어가야 한다.

돈은 좋은 것인가, 나쁜 것인가?

그렇다면 돈에 대한 개개의 신념들은 옳은 것일까, 아니면 그른 것일까? 감정은 언제나 선과 악, 옳음과 그름에 대해서 반응한다.

몇 세기 전만 해도 사람들은 지구가 평평하다고 생각했다. 지구가 둥글다고 믿는 사람들은 모두 화형당할 각오를 해야 했다. 또 사람들은 식물이 녹색이라고 생각했지만, 실제론 식물이 엽록소의 작용으로 녹색만 빼고 빛의 다른 색깔은 모두 흡수하기 때문에 그렇게 보인다는 것을 알게 되었다. 즉, 물체가 흡수하지 못하는 색깔이 바로 그 물체의 색깔이 되는 것이다. 세상 모든 것은 우리 눈에 보이는 그대로가 아니다. 옳고 그름의 이분법은 그다지 도움이 되지 않는다. 그것을 제대로 판단할 능력이 우리에게 없기 때문이다.

그렇게 우리는 이런저런 이유로 옳고 그름의 판단에 어려움을 겪는다. 그 하나는 일관성에 대한 욕구이다. 우리는 자신은 물론 다른 사람을 신뢰하기 원한다. 독일의 초대 총리였던 콘라드 아데나워가 말한 다음과 같은 말을 들으면 당신은 더 헷갈릴 것이다. "어제 내가 멍청한 소리를 좀 지껄였다고 해서 그게 무슨 상관이란 말인가?" 이 내용을 좀 더 과감하게 바꾸면 이렇다. "어제 내가 가졌던 멍청한 신념이 지금 현재 나와 무슨 상관이란 말인가?" 이때 문제가 되는 것은 '일관성'이다. 하지만 마하트마 간디가 한 말을 들어보면 이 '일관성' 문제도 다른 각도에서 볼 수 있다.

"일관성은 절대적 덕목이 아니다. 오늘 내가 어제와는 다른 통찰을 했다면 오히려 방향을 바꾸는 것이 더 일관성이 있는 게 아닐까? 그러면 과거에 대해서는 일관성이 없어지겠지만, 진리에 대해서는 더 일관성이 있는 것이다. 일관성이란 자기가 인식한 진리를 따르는 것으로 지켜진다."

간디가 자신에게 주어진 과제에 몰두하기 위해 더 이상 아내와 잠자리를 함께 하지 않겠다고 결심했을 때의 신념은 결혼을 막 했을 때 갖고 있었을 결혼과 섹스에 대한 신념과는 분명 달랐을 것이다. 그는 오직 인도를 위해 살고자 했다. 그것이 옳은 것이었는지는 우리가 시비할 문제가 아니다.

우리에게 중요한 것은, 사람들이 모든 것을 옳고 그름의 잣대로만 재려는 경향이 있다는 사실이다. '선'과 '악'의 구분은 순전히 인간이 만들어 낸 것이다. 자연에는 그런 것이 없다.

자신의 신념은 바꿀 수 있다

한 농부에게 멋진 말이 있었다. 마을 사람들이 모두 그를 부러워했다. 사람들이 '그런 멋진 말이 있으니 얼마나 좋으냐'고 말하면, 농부의 대답은 그냥 이랬다.

"글쎄, 두고 봐야지."

그러던 어느 날 그 말이 사라져 버렸다. 마을 사람들이 '이 일을 어쩌면 좋으냐'고 할 때도 농부의 대답은 '글쎄, 두고 봐야지'였다.

몇 주가 지난 다음 말은 야생마 세 마리를 몰고 다시 돌아왔다.

마을 사람들이 놀라서 말했다.

"정말 재수가 좋은 사람이야."

그래도 농부의 대답은 여전히 '글쎄, 두고 봐야지'였다.

그런데 농부의 아들이 야생마에 올라타려다 떨어져 다리가 부러지고 말았다.

"재산이 늘어 좋다고 했더니 그렇지도 않구먼. 그 말만 없었으면 아들 다리가 부러지지 않았을 거 아냐."

측은해하는 마을 사람들에게 농부는 또 말했다.

"글쎄, 두고 봐야지."

얼마 지나지 않아 전쟁이 일어나고, 건장한 마을 청년들은 모두 군에 징집되었다. 하지만 다리가 부러져 집에 남게 된 농부의 아들은 자기가 군대에 가지 못한 것에 대해 투덜거렸다. 그러자 농부가 아들을 달랬다.

"글쎄, 일단 두고 봐라."

전쟁이 끝났을 때 마을로 살아 돌아온 마을 청년은 단 한 사람도 없었다. 마을 사람들은 모두 쑥덕거렸다.

"저 사람은 정말 억세게 운이 좋은 사람이야."

객관적인 현실이란 존재하지 않는다. 적어도 아인슈타인 이후 우리는 관찰자가 자기 현실을 만들어 내는 것이란 사실을 알게 되었다. 우리 눈에 보이는 것은 단지 우리가 그렇게 보기 때문에 그런 모습으로 존재하는 것이다. 이 책 역시 당신이 읽고자 하는 대로, 이해하고자 하는 대로만 존재한다. 뱀에게는 '책'이라는 현실이 전혀 다르게 보일것이다. 뱀은 적외선 영역만 볼 수 있기 때문이다.

당신이 자신의 현실을 만들어 낼 수 있는데, 하물며 신념을 만들어 내는 것은 얼마나 쉽겠는가? 당신은 지금까지 살면서 이미 여러 번 자신의 태도, 즉 신념을 바꾼 적이 있다. 당신은 누군가를 사랑했지만, 이후 헤어지기도 했다. 당신은 어떤 옷을 마음에 들어 하다가 나중에는 거들떠보지도 않았다. 그러므로 당신은 자신의 신념 또한 바꿀 수 있다. 당신이 보는 자신의 모습이 바로 당신이다. 자신과 세상에 대한 당신의 신념이 당신을 '창조'한다. 당신이 믿는 바가 당신의 상황을 결정한다.

어떤 생각을 책상의 상판이라고 하자.

이 생각이 믿음으로 발전하기 위해서는, 이 생각을 입증해 주는 경험이라는 책상다리가 최소한 세 개, 그리고 더 좋기는 네 개 이상 있어야 한다.

혹시 주식을 사본 적이 있는가? 결과가 어땠는가? 처음 주식을 살 때, 주식투자의 기본원칙 같은 것은 생각지도 않고 무작정 사들이는 사람들이 꽤 있다. 이런 사람들은 주가가 떨어지면, 더 많은 돈을 잃을까 봐 재빨리 갖고 있는 주식을 팔아버린다. 그러면서 그들은 자신이 주식 운이 없다고 생각한다. 그렇게 손해를 본 사람은 그 이후에도, 주식과 관련해서 나쁜 경험을 한 사람들에게 이런저런 것을 캐물으면서 부지런히 자신의 책상다리를 모으기 시작한다. 우리는 우리의 생각을 확고히 하기 위해 다른 사람들의 경험을 빌려온다. 그리고 자신의 생각을 입증할 사건들을 찾아다닌다.

당신은 돈을 잘 굴릴 줄 아는가? 많은 사람들이 이런 질문에 '아니다'라고 대답한다. 그러고는 이런 믿음을 뒷받침할 증거를 찾는다. 우리가 처한 상황은 우리가 갖고 있는 신념을 대변해 준다.

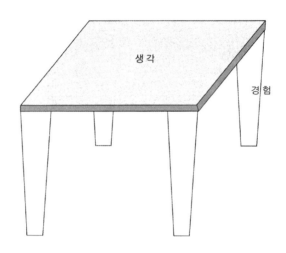

돈이 사람 성격을 버려놓는다고 생각하는가? 당신은 그렇게 믿는 사람을 많이 알고 있는가? 이들은 자기 확신에 대한 증거를 찾기 위해서 신문을 펼친다. 그런데 신문에선 돈으로 좋은 일을 할 수 있다는 증거도 얼마든지 찾을 수 있지 않을까? 물론 그렇다. 우리는 모든 것에 대한 증거를 찾을 수 있다. 그래서 그 많은 종교가 생겨나고, 서로 방향이 다른 철학과 정치 이념들이 존재하는 것이다.

돈에 대한 신념을 어떻게 바꿀 수 있는가?

　세상에 올바른 신념, 잘못된 신념이란 없다. '부자에게는 항상 시기하는 사람이 따른다'는 말을 한번 보자. 정말 모든 부자에게 시기하는 사람만 따를까? 바꾸어서 말하면, 부자들을 존경하는 사람이 더 많다는 것도 옳은 말이 될 것이다. 문제는 당신의 신념이 옳으냐 그르냐가 아니다. 중요한 것은 그 신념이 당신의 목표를 달성하는 데 도움이 되느냐 아니냐 하는 것이다.

　이제 자신의 목표를 한 번 적어보기 바란다. 어떤 사람이 되고 싶고, 무엇을 하고 싶고, 무엇을 갖고 싶은지 잘 생각해 보라. 먼저 장기적 목표를 정해라. 그러면 그것이 단기적 목표나 중기적 목표를 위한 나침반 역할을 할 것이다. 건강, 돈, 인간관계, 감정, 그리고 인생의 의미, 이렇게 다섯 영역 모두를 고려해라.

7년 혹은 그 뒤에 나는 ……

● …… 이 되고 싶다 : 당신 자신에게, 그리고 다른 사람들에게 어떻게 보이길 원하는가?

● …… 을 하고 싶다 : 당신의 일상은 어떤 모습인가? 당신은 어떤 일을 하게 되며, 어떤 일을 하지 않아도 되는가?

● …… 을 갖고 싶다 : 어느 정도의 재산, 어떤 친구, 어느 정도의

건강, 어떤 가정을 원하는가?

3년 혹은 그 뒤에 나는 ……

● …… 이 되고 싶다 : 당신 자신에게, 그리고 다른 사람들에게 어떻게 보이길 원하는가?

● …… 을 하고 싶다 : 당신의 일상은 어떤 모습인가? 당신은 어떤 일을 하게 되며, 어떤 일을 하지 않아도 되는가?

● …… 을 갖고 싶다 : 어느 정도의 재산, 어떤 친구, 어느 정도의 건강, 어떤 가정을 원하는가?

자신의 신념을 다시 한번 살펴보라, 목표를 달성해 가는 과정에서 당신에게 도움이 될 신념은 어떤 것들인가? 당신을 방해할 신념은 또 어떤 것들인가? 잘 생각해 보라. 당신은 끊임없이 자신의 믿음을 뒷받침할 증거들을 찾을 것이다. 당신은 자신의 믿음을 근거로 무엇에 몰두해야 할지 알게 될 것이다. 이렇게 당신의 세계는 당신이 믿는 대로 형성될 것이다. 그러므로 당신의 신념들 가운데 어떤 것들이 당신에게 방해가 되는지 찾아라. 그것들은 당신으로 하여금 엉뚱한 문제에 몰두하도록 강요하는 것들이다.

바꾸고 싶은 신념들을 적어보자.

1. _____
2. _____
3. _____
4. _____
5. _____

앞의 책상 그림을 생각해 보자. 믿음은 하나의 생각(책상 상판)과 그것을 받쳐주는 여러 개의 경험들(책상다리)로 구성되어 있다.

하나의 믿음을 바꾸기 위해서 당신은 먼저 책상다리를 떼어내야 한다. 모든 증거들을 무시해라. 그러고 나서 당신의 생각만 떼어내 관찰해 보라. 이 생각이 당신에게 의미가 있는지 생각해 보라. 만약 의미가 없다면 이 생각에 이의를 제기하라.

'돈이 성격을 망친다'는 생각을 예로 보자. 아무 도움도 되지 않는 이런 생각의 타당성을 따져보는 질문 몇 가지를 던져보겠다. 이런 생각을 가진 적이 있던 한 세미나 참가자가 이들 질문에 답한 내용을 아래에 소개하겠다.

1. '돈이 성격을 망친다'는 믿음이 경우에 따라선 틀릴 수도 있는 건 왜입니까?

그것은 매우 성실하고 인간성도 좋은 부자들도 있기 때문입니다. 한편 아주 성질이 고약한 가난뱅이도 있지요. 성격은 확실히 돈의 문제는 아닙니다. 성경에도 착한 부자들이 나옵니다. 또 구약 전체를 보아도 주인공들은 모두 부자입니다.

2. 당신이 그런 믿음을 갖도록 부추긴 사람들은 부자였습니까?

천만에요! 그리고 나는 그런 생각을 가진 사람들과 같은 처지가 되고 싶지 않습니다. 그들의 직업, 그들의 집, 그들의 자동차, 그들의 친구들, 어느 것 하나도 부럽지 않습니다. 나는 그런 부류에 속하고 싶지도 않고, 그들과 같은 신념을 갖고 싶지도 않습니다. 그들도 좋은 사람들이지만 그들처럼 되고 싶지는 않습니다.

3. 당신이 그런 믿음을 계속 견지한다면 결국 어떤 경제적, 정서적 손실이 당신에게 발생할 것 같습니까?

좋아하지도 않는 일을 고달프게 계속해야겠지요. 그러면서 점점 삶에 무감각해지겠지요. 가난하게 사는 것이 오히려 더 성격을 망칩니다. 무감각하게 만드니까요. 나는 나 자신에 대한 존경심을 잃고, 초라한 인생을 살게 될 것입니다. 아무런 감흥도 없는 삶을 살아가며 자신을 경멸하게 되겠지요.

4. 그것은 당신 가족과 당신이 사랑하는 사람들에게 어떤 손실을 입힐까요?

그들에게 필요한, 정상 수준의 생활을 제공하지 못하겠지요. 아니, 그보다 훨씬 나쁜 것이 있습니다. 그들은 나를 보면서, 내가 하는 말을 들으면서, 가난에 휩쓸려 갈 가능성이 농후합니다. 그리고 나는 내 상황을 정당화하기 위해 그들의 발전에 방해가 되는 말과 행동을 하게 될 것입니다.

5. 그런 믿음을 지금이라도 바꾸면 당신 삶이 나아질까요? 그러면 당신은 어떻게 될까요?

나의 삶을 풍요롭고 아름답게 하는 일에 몰두할 것입니다. 뿐만 아니라 적극적으로 내 인생의 기회를 찾아 나설 것입니다. 이제 진정한 나의 모습을 찾았으므로, 나 자신을 존중하고 사랑하게 됩니다.

그리고 개성에도 맞고 행복도 찾을 수 있는 일을 하게 됩니다. 재산이 늘 때마다 그만큼 나의 성격도 좋아지게 될 것입니다. 나는 자유로운 기분을 만끽할 수 있습니다.

이제 당신이 바꾸고 싶은 첫 번째 신념을 선택하여 아래 질문에 답해 보자.

1. 그런 믿음이 경우에 따라선 틀릴 수도 있는 건 왜인가?

2. 당신이 그런 믿음을 갖도록 부추긴 사람들은 부자였는가?

3. 당신이 그런 믿음을 계속 견지한다면 결국 어떤 경제적 정서적 손실이 당신에게 발생할 것 같은가?

4. 그것은 당신 가족과 당신이 사랑하는 사람들에게 어떤 손실을 입힐까?

5. 그런 믿음을 지금이라도 바꾸면 당신 삶이 나아질까? 그러면 당신은 어떻게 될까?

신념을 바꾸면 인생이 바뀐다

당신은 지금까지 4개의 중요한 단계를 거쳤다.

1. 당신은 자신이 돈에 대해 어떤 생각을 갖고 있는지 알아냈다. 자신의 삶에서 무언가가 바라는 대로 풀리지 않을 때는 항상 어떤 신념이 그 뒤에 숨어있는지 찾아내야 한다.
2. 당신은 그런 신념이 자신의 목표를 달성하는 데 도움이 되는지 살펴보았다. 그리고 당신은 자신의 목표를 또렷이 볼 수 있게 되었다.
3. 당신은 신념에서 관련 경험 및 증거들을 잠시 떼어냈다. 그렇게 함으로써 당신은 자신의 생각만 따로 관찰할 수 있었다.
4. 당신은 어떤 생각의 타당성을 비판적으로 따져보았다. 그렇게 해서 기존의 신념을 상당히 의심스러운 것으로 만들었다.

당신은 이제 낡은 신념을 새로운 신념으로 교체할 준비가 되었다. 그리고 필요한 경험과 증거를 수집하여 새로운 생각을 당신의 믿음으로 만들 수 있다. 당신은 혹시 지금 이렇게 생각하고 있지 않는가?

'그건 그렇게 간단하게 될 일이 아니야!'

이제 나는 그것을 직접 시험하는 일에 당신을 초대하려고 한다. 물론, 지금까지 모든 항목을 글로 써가며 따라왔어야 한다는 조건이 있다. 당신은 깜짝 놀라게 될 것이다.

낡은 생각을 새로운 생각으로 교체하라

이제 당신의 목표 달성에 도움이 되는 새로운 생각을 찾아라. 그것은 당신에게 힘을 주고, 당신이 중요한 일에 몰두할 수 있도록 도와주는 것이어야 한다. 그러고 나서 이 생각을 믿음으로 만들어 줄 수 있는 증거와 경험을 찾아라. 책상이 바로 서 있으려면 최소한 세 개, 또는 네 개의 다리가 있어야 하는 것처럼 당신의 생각도 최소한 그 정도의 경험들로 받쳐져야 한다. 이런 경험과 증거들은 다른 사람들의 인생에서 손쉽게 '빌려' 올 수도 있다. '돈은 성격을 망친다'는 낡은 생각을 다시 꺼내 새로운 믿음으로 바꿔 보라. 예를 들어, '돈이 있어야 좋은 일을 할 수 있다. 돈이 문제가 아니라 사람이 문제다' 같은 것으로 말이다. 그리고 이 생각에 대한 증거를 주변에서 찾아보라.

이제 당신의 낡은 신념을 하나 골라 새로운 신념으로 바꾸어 보라.

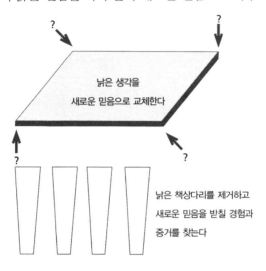

낡은 신념 : _____

새로운 신념 : _____

증거와 경험 : _____

경제적 목표에 도달하려면 세 가지 신념이 필요하다.

    1. 반드시 변해야만 한다.

    2. 내가 그것을 바꾸어야 한다.

    3. 나는 그것을 바꿀 수 있다.

자신의 상황을 효과적으로 바꾸려는 사람은 항상 '반드시 해야만 한다'는 굳은 마음을 가져야 한다. 그리고 오직 자기 혼자만이 책임을 질 수 있다는 것을 알아야 한다. 그러면 자신감이 생겨 자신에게 꼭 필요한 변화를 이뤄낼 수 있다는 믿음을 갖게 된다.

나폴레옹 힐은 성공에 대한 책 가운데 가장 유명한 '생각하라, 그러면 부자가 되리라'를 쓴 사람이다. 그의 계모는 고향을 떠나는 그에게 다음과 같은 말을 주었다.

"우리가 집이라 부르는 여기 이 초막은 우리에게 치욕이며, 우리 아이들에게는 장애물이다. 우리는 모두 사지 멀쩡한 사람들이다. 따라서 이 가난은 게으름과 태만의 결과일 뿐이며, 그 사실을 잘 아는 우리가 이 가난을 그대로 받아들일 이유가 전혀 없다. 우리가 여기 주저앉아서 지금 이 상황을 그대로 받아들이면 우리 자식들도 이런 환경에서 자라날 것이고 이런 삶을 그대로 받아들일 것이다. 나는 가난이 싫다! 나는 단 한 번도 가난을 운명으로 여기고 받아들인 적이 없었고 지금도 그렇다! 지금 나는 우리가 이 가난에서 벗어나 자유로 가는 첫걸음을 어떻게 떼야 하는지 아직 알지 못한다. 그러나 이거 하나는 분명히 안다. 그것은 우리가 이 가난에서 벗어나고야 말 것이란 사실이다. 그것이 얼마나 오래 걸리고, 또 어떤 희생을 치러야 하든지 간에 말이다. 나는 아이들이 좋은 교육을 받도록 할 생각이다. 그리고 나는 아이들에게 가난을 이길 수 있는 패기를 불어넣고 싶다. 가난은 만성이 되기 쉬운 병이다. 한 번 가난을 그대로 받아들이면 다시는 떨쳐내기 어렵다. 가난하게 태어난 것은 치욕이 아니다. 하지만 이 유산을 어쩔 수 없는 것으로 받아들이는 것은 명백한 치욕이다. 우리는 세상에서 가장 잘 살고 발전한 나라에 살고 있다. 이곳은 기회의 땅이다. 기회를 알아보고 붙잡으려 노력하는 사람에게 그 기회는 손짓을 한다. 우리 가족은 이렇게라도 하자. 그 기회가 우리에게 손짓하지 않으면 우리가 직접 기회를 만들어 내자! 이 가난한 삶에서 빠져나가는 기회 말이다. 가난은 서서히 온몸에 퍼지는 마비 증상과도 같다. 그것은 아주 천천히 자유에 대한 갈망을 파괴하고, 더 나은 삶을 누리려는 희망을 도둑질해 가고, 삶에 대한 주도권을 파묻어 버린다. 그 밖에도 가난은 우리를 질병의 두려움, 비난의 두려움, 신체적 고통의 두려움 같은 수많은 두려움에 떨게 한다. 우리 아이들은 가난을 운명으로 받아들일 때 어떤 위험이 생겨나는지 알기엔 아직 어리다. 하지만 나는 아이들이 그런 위험을 깨닫도록 돌보겠다. 또 아이들이 풍요가 무엇인지도 분명히 알 수 있게 도와주겠다. 풍요를 소망하고, 또 이를 위해 기꺼이 대가를 지불할 준비가 되어 있는 아이들이 되도록 가르칠 것이다."

잘 생각해 보라. 당신의 상황은 반드시 변해야 하는가? 그렇다면 당신이 직접 그것을 변화시켜야 한다. 그리고 당신은 그렇게 할 수 있다. 무언가를 반드시 해야 하는가, 또는 하지 않아도 되는가는 당신의 신념에 달려있다. 그러면 이제 당신은 자신에게 입력된 '프로그램'을 업그레이드하거나 바꿀 수 있다.

당신의 소망을 절대적 의무로 만들어라

어떤 일을 반드시 해야만 하는 일로 만들려면 '레버리지'가 필요하다. 레버리지는 '압박', 또는 '지렛대 효과' 등을 뜻하는 말이다. 레버리지는 당신이 해야 할 어떤 일을 하지 않아서 크게 고통스러울 때 항상 생겨난다. 하지만 반대로, 그 일을 처리하여 크게 기쁠 때도 마찬가지이다.

당신은, 자신의 경제적 상태를 변화시키지 않아서 큰 고통을 당하는 자신의 모습을 상상함으로써 인위적으로 레버리지를 얻어낼 수 있다. 자신의 경제적 상태가 변하지 않을 때, 당신이 포기해야만 하는 것을 모두 적어보라. 평생 동안 경제적인 안정이나 자유를 얻을 수 없을 경우 놓치게 되는 것들은 무엇인가? 그것이 당신의 인간관계, 건강, 스트레스, 자기 가치 의식, 자유에 대한 갈망 등에 어떤 영향을 끼치게 될까? 특히, 당신이 늙어서도 지금처럼 계속 고달프게 일해야 한다면 어떨 것 같은가?

고통을 피하는 것만으로는 자신을 충분히 압박할 수 없다. 자신의 목표를 의무로 만들기 위해서는 고통뿐 아니라 기쁨도 필요하다. 목표에 도달하지 못했을 때는 고통이, 도달했을 때는 기쁨이 주어져야 한다.

당신이 경제적 자유를 얻어 더 이상 돈을 벌기 위해 일을 할 필요가 없을 때, 얻을 수 있는 것을 모두 적어보라. 당신은 자신에게 즐거움을 주고, 다른 사람에게 도움이 되는 일에만 마음껏 매달릴 수 있다. 그것은 삶의 즐거움, 자기 가치 의식, 인간관계 등에 어떤 영향을 미칠까? 그럴 때 누릴 수 있는 여가 시간과 그 재미는 얼마나 될까? 건강과 삶의 소명에는 어떤 영향을 줄까? 그리고 당신 자신과 주변 사람들의 삶은 얼마나 윤택해질까?

당신의 소망을 당신이 절대적으로 해야 하는 의무로 만들려면 그에 합당한 이유가 제시되어야 한다. '그것을 왜 하려고 하는가', 그리고 '왜 해야만 하는가' 하는 이유 말이다. '어떻게'라고 묻는 대신 좀 더 자주 '왜'라고 묻자. 큰 목표를 달성한 사람들은 모두 90%의 '왜'와 10%의 '어떻게'로 일을 시작한다. 그러나 대부분의 사람들은 그와 반대로 90%의 '어떻게'와 10%의 '왜'에 몰두한다. 그래서 그들은 자신의 목표에 절대 도달하지 못한다.

당신이 이 장을 철저히 공부했다면, 진심으로 축하한다. 분명 쉽지 않은 일이었을 것이다. 하지만 당신은 이제 부자가 되는 초석을 놓았다. 자신이 무엇을 원하는지 이제 더 정확히 알게 되었다.

많은 사람들에게 기적으로 여겨지는 일을 당신은 7년 안에 이룩할 수 있다. 당신은 이제 자신의 미래에 대한 권한을 완전히 손에 쥐었다. 당신은 이제 부자가 되기 위해 필요한 것들을 아주 구체적이고 정확하게 그릴 수 있다. 이제 그 첫발을 내디딘 당신은 자신이 돈에 대해 정말로 어떻게 생각하는지도 확인했다. 그리고 당신은 자신의 신념이 목표를 향해 가는 데 도움이 되도록 완전히 쇄신했다.

*당신에게 꼭 필요한 파워 아이디어

● 한 인간의 현 상태는 그가 지닌 신념을 그대로 반영한다.

● 현재 당신은, 자신에게 필요하고 좋다고 마음속 깊이 믿는 만큼만 소유하고 있다.

● 부자가 되는 최선의 준비는 돈에서 편안함을 느끼는 법을 배우는 것이다.

● 사람들은 대부분 돈이 너무 많은 것을 부정적으로 생각한다. 이런 생각은 경제적 자유에 대한 여타의 긍정적 생각보다 그 위력이 더 막강하다.

● 당신이 성장한 경제적 환경이 끼치는 영향은, 당신이 돈과 관련해서 자주 보고 듣는 것들이 끼치는 영향 그 이상이다.

● 자신의 경제적 상태를 효과적으로 바꾸고 싶으면 먼저 돈에 관한 좋지 않은 생각부터 바꾸어야 한다.

● 자신의 신념이 무엇인지도 모르면서, 또 그것을 바꿀 생각도 하지 않으면서 부자가 되기를 바라는 것은 마치 바람을 마주 보며 침을 뱉는 것과 같다.

● 사람들의 충고는 당신에게 길을 보여주지만, 한계도 보여준다. 충고는 충고하는 사람이 자신의 상황을 변명하기 위한 위장에 불과할 때가 많다.

- 충고는 자신의 주변에서 구하지 말고 그 분야의 가장 뛰어난 사람에게서 구하라.

- 자신이 정말로 원하는 것을 얻는 데 도움이 되는 신념을 만들어 내는 것이 중요하다.

- 당신은 어떤 신념이든 30분 안에 바꿀 수 있다.

- 우리는 누구나 과거에 이미 자신의 태도나 생각을 바꾸어 본 적이 있다. 과거에는 그것이 무의식적으로, 또는 우연히 그렇게 됐을지라도, 우리는 그것을 얼마든지 의도적으로 바꿀 수 있다.

- 좋은 신념을 판단하는 결정적인 기준은, 이 생각이 내 목표를 달성하는 데 도움이 되느냐이다.

- 자신의 삶에서 무언가가 바라는 대로 풀리지 않을 때는 먼저 어떤 신념이 그 뒤에 숨어있는지 찾아내야 한다.

- 경제적 목표에 도달하려면 세 가지 신념이 필요하다.

  1. 반드시 변해야만 한다.
  2. 내가 그것을 바꾸어야 한다.
  3. 나는 그것을 바꿀 수 있다.

- 어떤 일을 반드시 해야만 하는 일로 만들려면 '레버리지'가 필요하다. 레버리지는 해야 할 어떤 일을 하지 않아서 크게 고통스러울 때, 그리고 그 일을 처리하여 크게 기쁠 때도 생겨난다.

- 당신은 인위적으로 레버리지를 만들어 낼 수 있다. 목표에 도

달하지 못했을 때 생기는 고통과 목표에 도달했을 때 생기는 기쁨을 연상하라.

● 위대한 목표를 달성한 사람들은 모두 90%의 '왜'라는 질문과 10%의 '어떻게'라는 질문으로 일을 시작한다.

돈으로부터 완전한 자유를 누린다

6

빚에서 벗어나자

장기적 문제를 절대 단기적 해법으로 풀지 말라

다니엘 S. 페냐의 ≪거래와 획득≫에서

빚을 얻는 것은 현대를 사는 많은 사람들에게 피할 수 없는 일이 되었다. 독일 가정의 약 75%는 상품 소비와 관련된 채무를 갖고 있다. 하지만 크게 문제 삼을 만한 일은 아니다. 평생 자린고비처럼 살고 싶은 사람이 누가 있겠나?

내 경우를 보니까, 빚이 5천만 원까지 늘어나는 데 대략 1년이 걸렸다. 앞에서도 말했듯이, 절대 나는 내 아버지처럼 살고 싶지는 않았다. 아버지는 아무리 조그만 물건을 사더라고, 꼭 조그만 장부에 뾰족한 연필로 촘촘하게 기록했다. '아이들 아이스크림, 200원, 1968.08.03 …', 대충 이런 식으로 말이다. 뭐 흔히 볼 수 있는 장부이긴 하지만, 그래도 어지간한 정성이 없으면 하기 힘든 일이다.

하지만 나는 그렇게 쫀쫀하게 살기 싫었다. 친구들하고 식당에 가면 돈을 내는 것은 주로 나였다. 나는 큰 차를 타고 다녔다. 체면

이 있으니까. 또 어차피 세금 감면 혜택 때문에라도 어느 정도의 비용은 발생시킬 필요가 있었다. 그리고 내가 정말 기특하게 생각하는 것은 신용카드라는 멋진 물건 때문이다. 내가 돈을 낼 필요가 없어진 것이다. 카드회사 직원들이 대신 내주니까. 우선 당장은 그렇단 말이다.

또 '성공한 사람의 인생엔 일등석 밖에 없다'는 말도 아주 그럴듯하게 들렸다. 그래서 나도 일등석으로 올라갔다. 샴페인 하나도 최고급이 아니면 거들떠보지도 않았고, 고기도 가장 비싼 부위가 아니면 안 먹었다.

나는 그렇게 벌써 미래에 살고 싶었던 것이다. 아주 돈 많은 부자로 말이다. 그러자 금방 과거에서 계산서, 독촉장, 늘어난 대출상환금 등의 형태로 신호가 오기 시작하더니, 그 신호의 주기가 점점 빨라졌다. 수입이 괜찮은 세일즈맨이었던 나는 계속해서 돈을 빌리는 데 큰 어려움이 없었다. 나는 돈을 이리저리 옮기기 시작했다. 즉, 이전 대출이자를 갚기 위해 새로운 대출을 받는, 일명 '카드 돌려막기'를 시도했던 것이다. 이렇게 해서 나는 서서히, 그러나 가파른 나락의 소용돌이에 휘말리기 시작했다.

당신의 현재 상황이 어떤지는 모르겠다. 혹시 마지막 지푸라기라도 잡는 심정으로 이 책을 읽고 있을 수도 있을 것이다. 만약 그렇다면, 이 장의 처음 여섯 페이지를 잘 읽어보라. 물론, 당신이 지고 있는 빚이 아직 그렇게 위태로운 지경이 아닐 수도 있다. 그렇더라도 이 장을 잘 읽어보라. 아마도 '시작을 항상 조심하라'는 모토에 대해 지금과 다른 시각을 얻을 수 있을 것이다.

빚에도 어리석은 빚이 있고, 똑똑한 빚이 있다

물론 빚이라고 다 같은 빚이 아니다. 집을 살 때 융자를 받는 것은 그만한 가치가 있다. 이것은 좀 특별한 경우이다. 하지만 그 외에는, 자신의 회사를 위해서, 또는 자기 자신을 위해서 돈을 빌리게 된다. 내 생각에, 소비를 위해서 빚을 지는 것은 아주 위험한 일이다. 자동차나 가구, 텔레비전이나 오디오 같은 것을 사기 위해서, 또는 여행을 가기 위해서 빚을 지는 사람들이 있다. 특히 젊은 사람들은 결혼할 때 빚을 내서라도 가구나 가전제품을 세트로 장만해야 한다고 생각한다. 나는 그들에게 소비하기 위한 빚은 절대 지지 말라고 간곡히 당부하고 싶다. '우리가 원하는 것이 모두 우리에게 필요한 것은 아니다'라는 말을 기억해라.

그러면 소비를 위해서 지는 빚이 좋은지 나쁜지 그리고 좋은 점과 나쁜 점을 알아보자. 우선 좋은 점부터 적어보자.

보시다시피, 거기에 좋은 점이라곤 하나도 없다. 좀 더 노골적으로 말하면, 소비를 위해 빚을 지는 것은 어리석고 미련한 짓이다. 그것은 제 살 깎아 먹기에 불과하며, 의욕과 에너지를 앗아가 결국엔 헤어날 수 없는 악순환에 빠지게 된다.

왜 그럴까? 우리가 에너지를 발산하는 방법엔 두 가지가 있다. 하나는 장기적인 해법을 찾기 위해 애쓰는 것이고, 다른 하나는 단기적인 임시방편을 찾기 위해 애쓰는 것이다. 단기적 해법이 갖고 있는 문제는, 그것이 우리를 장기적인 목표에서 점점 멀어지게 한다는 것이다. 우리의 목표는 부자가 되는 것이다. 우리가 지금 당장 좀 잘 먹고 잘 입자고 돈을 빌리게 되면, 부자가 되려는 우리의 의욕이 약화된다. 시간이 지나면서 목표에서 점점 멀어지고 있다고 느끼게 되니까 말이다.

돈은 숫자로 셀 수 있는 물건이다. 자신의 재산을 세어 보고 현재 가진 것이 마이너스라는 것을 알게 되면, 우리는 자신에게 이렇게 질문할 수밖에 없다. '도대체 나는 무엇 때문에 이렇게 일하는가?'라고 말이다. 의욕이 없어지는 또 다른 이유는 우리가 앞으로 받을 노동의 대가를 오늘 이미 다 써버렸기 때문이다. 세 번째 이유는 누구보다 우리 자신이 그런 소비를 위한 빚이 '좋지 않다'는 사실을 잘 알고 있다는 점이다. 자기 마음속에서 울려 나오는 소리를 의도적으로 무시하고 행동할 때 우리는 자신감을 상실하게 된다. 나약한 자신감은 박약한 의지를 낳을 뿐이다.

대체로 의욕은 자신의 상황이 앞으로 나아질 것이라는 기대를 할 수 있을 때 생긴다. 그리고 더 나은 미래는 어느 한 분야의 전문가로 자리 잡겠다는 목표 아래, 장기적인 전략을 갖고 일할 때 실현할 수 있다. 우리가 빚에 짓눌려 그와 같은 장기적인 전략을 세우는데 몰두할 시간과 의욕을 상실한다면 어떻게 될까? 우리는 장기적 전략을 갖고 일하는 대신 발등의 급한 불을 *끄*기 위해 끊임없이 중요하지 않은 문제들에 매달리게 될 것이다.

우리 마음대로 기대해도 좋은 것이 하나 있다면, 그것은 '기대하지 않은 일이 일어난다'는 기대뿐이다. 신용대출을 받은 사람은 미래에 벌 돈으로 현재 물건을 산다. 그런데 예기치 않은 일이 생겨서 미래에 들어올 거라고 기대했던 돈이 들어오지 않으면 어떻게 될까? 갑자기 수입이 줄어 신용카드 대금을 메우지 못하면 은행이 가만히 지켜보고만 있지 않는다는 건 뻔하지 않은가. 은행이 그렇게 독촉하기 시작하면 우리는 의욕도 사는 재미도 잃게 된다. 꼭 내 얘기가 아니더라도, 소비를 위한 빚을 내는 것이 현명치 못한 일이라는 것은 누구나 알고 있다. 그럼에도 불구하고 오늘날 빚을 얻는 게 아무렇지도 않은 일처럼 된 이유는 무엇일까?

잘못된 신념이 빚을 키운다

중요한 것은, 자신이 어쩌다 그런 상황에 빠져들어 간 게 아니라, 단순히 잘못된 신념을 가지고 있었기 때문이라는 걸 깨닫는 일이다.

우리 뇌가 어떻게 활동하는지 생각해 보자. 우리가 어떤 일을 하는 것은 고통을 피하고 기쁨을 얻기 위해서이다. 빚은 대개 사람들이 고통을 피하고자 할 때 얻게 된다. 자기 마음에 드는 일을 할 능력이 없으면 포기를 해야 하는데, 여기서 포기는 곧 고통을 의미한다. 그래서 빚을 얻어서라도 예쁜 옷을 사거나, 차를 사는 것이다. 뇌는 언제나 직접적이고 순간적 일에 더 강하게 반응한다. 우리가 지금 내키는 대로 돈을 써서 두고두고 좋지 않은 상황에 휘말리는 것은 뇌에 그리 중요하지 않다. 우리 뇌는 단기적으로 고통을 피하고 기쁨을 얻고자 할 뿐이다.

사람들에게는 전략적으로 계획을 세우고 분석하는 능력이 있다. 그러나 현재의 고통을 피하고 기쁨을 얻는 일이 계획을 세우고 분석하는 일보다 더 강한 힘을 발휘하기 때문에 빚을 지게 된다.

빚더미에 올라앉게 되었을 때 생기는 장기간의 고통이 순간의 욕구를 포기함으로써 생기는 순간적인 고통보다 훨씬 크다는 것은 누구나 알지만 지난 4,000년 동안 그런 빚은 늘 있었다. 이렇듯 빚은 이성적 환경에서 생겨나는 것이 아니다.

고대 바빌로니아 사람들을 보면 순간의 기쁨을 얻고 고통을 피하는 일이 얼마나 강력하게 우리의 행동을 지배하는지 잘 이해할 수 있다.

그들은 이미 소비를 위해 빚을 지고 살았다. 그 시대에도 오늘날의 은행 같은 기능은 아니지만, 돈을 빌려주는 사람들이 있었다. 이 바빌로니아의 대금업자들도 돈을 빌려줄 때 오늘날 은행들과 똑같은 질문을 했다.

"담보는 뭘로 하실 건가요?"

돈을 빌리는 사람은 오늘날 우리가 흔히 이용하는 담보 말고 또 다른 것을 제공할 수 있었다. 그것은 바로 자신의 육체였다. 이런 방법으로 당시의 대금업은 크게 번창했다. 누구나 돈을 빌릴 수 있는 확실한 담보를 가지고 있었으니까. 빚을 도저히 갚을 수 없는 사람은 노예가 되어 팔려 갔다. 마치 오늘날 집이 경매에 부쳐지듯 말이다. 그리고 일단 노예가 되면 열의 아홉은 '길바닥'에서 생을 마쳤다.

헤로도토스 같은 고대 그리스 역사가들이 전하는 바에 의하면, 도시 바빌로니아를 둘러싼 거대한 성벽은 고대 당시 7대 불가사의에 속했다고 한다. 나보폴라사르 왕 시대에 증축된 성벽은 높이가 50m, 길이가 18km나 되었고, 너비는 말 여섯 마리가 나란히 달릴 수 있는 규모였다고 한다.

물론 이런 성벽은 모두 노예들에 의해 건설되었다. 그 일이 얼마나 힘들었을지 상상이 되는가? 태양이 무자비하게 내리쬐는 뙤약볕 아래서 벽돌을 나르던 노예들의 평균 생존 기간이 3년에 불과했다니 말이다. 노예들이 지쳐 쓰러지면 감독관의 채찍이 여지없이 날아들었고, 그래도 일어나지 않으면 작업장에서 밀쳐서 아래 바위 위로 떨어뜨렸다. 그리고 밤이 되면 시체를 거둬다 버렸다.

바빌로니아 사람들은 이런 광경을 매일같이 목격하며 살았을 것이다. 그런데 흥미로운 것은 성벽에서 일하는 노예의 2/3가 전쟁에서 패해 노예가 된 사람들이 아니라, 빚 때문에 자유를 잃은 바빌로니아 사람들이었다는 사실이다.

이렇게 되면 당연히 의문이 생긴다. 도대체 이 사람들은 얼마나 어리석길래 그런 끔찍한 광경을 매일 자기 눈으로 보면서, 어떻게 자기 자신을 담보로 빚을 얻어 쓸 수 있었느냐는 점이다.

대답은 간단하다. 그것은 우리 인간의 뇌가 당장 기쁨을 누리고, 당장 고통을 피하려 하기 때문이다. 노예로 전락함으로써 맞게 되는 미래의 더 큰 고통과 자유의 상실보다 '지금 당장'이 더 큰 비중을 갖는 것이다. 말하자면 우리의 분석적 이성이 별 소용이 없다는 얘기다. '나는 그 말로가 어떤지 잘 알고 있어. 그러므로 지금 당장 조금 더 쓰기 위해 돈을 빌리는 미련한 짓은 하지 않아' 라고 자신을 다독이는 것이 당시에 잘 통하지 않았던 모양이다. 그리고 그것은 오늘날에도 마찬가지이다. 물론 지금 우리의 상황이 옛 바빌로니아 사람들처럼 심각하지는 않지만, 빚을 짐으로써 노예적인 상황을 자초하는 것은 같다고 하겠다.

빚이 생기지 않도록 하려면 어떻게 해야 하나?

빚을 지고 노예가 되는 바빌로니아 사람이 있는가 하면, 돈을 잘 관리해서 대금업자를 찾을 일이 없었던 바빌로니아 사람도 있었다. 이들은 개인적인 부를 쌓을 뿐 아니라, 바빌로니아를 지금까지 지구상에 있었던 도시 가운데 가장 부유한 도시로 만들었다. 그 차이는 무엇일까?

세상에는 재능과 기반을 고루 갖추고도 경제적 파탄에 이르는 사람이 있는가 하면, 무일푼으로 시작하여 10년 만에 큰 재산을 일구는 사람도 있다. 기쁨을 얻고 고통을 피하는 데 관심이 있기는 양쪽 모두 마찬가지이다.

차이는 고통과 기쁨을 어떻게 규정하느냐에 있다. 그리고 결정적인 것은 우리의 신념 체계이다. 우리가 언제 고통을 느끼고 언제 기쁨을 얻는지 결정하는 것이 바로 우리의 신념 체계라는 뜻이다.

내가 아는 사람 중에는 유명 디자이너의 100% 실크 제품이 아니면 아예 넥타이를 매지 않는 사람이 있다. 이런 사람은 시장에서 산 폴리에스테르로 만든 넥타이를 어쩔 수 없이 매고 나갔을 때 갑자기 바람이 불어 뒷면의 상표가 드러나면 심한 고통을 느낄 것이다.

반면 내가 아는 사람 중에는 값비싼 넥타이를 매면 고통을 느끼는 사람도 있다. 그들은 절약하면서 기쁨을 얻는다. 이처럼 우리가 언제 고통, 또는 기쁨을 느끼느냐는 오로지 신념에 달려 있다.

우리는 논리적 통찰과 결단이 아니라 신념에 근거하여 행동한다. 그러므로 우리가 신념을 바꾸면 경제적 상황도 바뀐다.

자신에게 이런 질문을 해 보자.

'내가 돈을 많이 가질 만한 가치가 있는 사람이라면, 그 이유는 무엇인가?'

당신이 현재 지고 있는 빚에 대해 자신의 어떤 신념이 책임이 있다고 생각하는가? 여기에 도움이 될 만한 질문 몇 가지가 있다.

● 빚을 지면 어떤 나쁜 점이 있는가?

● 빚을 청산하면 어떤 좋은 점이 있는가?

● 이런 좋은 점에서 어떤 다른 이익들이 더 생겨날 것 같은가?

_____

● 어떤 신념들이 당신으로 하여금 빚을 지도록 만들었는가?

_____

● 계속 빚을 진 상태로 있으면 감수할 수밖에 없는 나쁜 점에는 무엇이 있는가?

_____

● 당신은 앞으로 어떻게 하기를 원하는가?

_____

5장의 해당 항목으로 가서 당신의 신념을 바꾸자. 자신을 새롭게 설계하자. 당신 인생의 주인은 바로 당신이다. 당신은 우연히 받아들이게 된 어떤 신념의 노예가 아니다.

빚을 청산하기 위한 13가지 지혜

장기적 목표를 세워라. 그리고 자신이 생각하고 말하고 행동하는 모든 것이 목표 달성에 도움이 되는지 자신에게 물어라.

신념을 바꾸어라. 신념은 바꾸지 않으면서 아무리 여기 나온 방법대로 해 봐야 바람을 마주 보며 침을 뱉는 것과 같다.

푼돈을 소중하게 여겨라. 절대로 '그런 푼돈으론 어림도 없어'라고 말하지 말아라. 한 푼 한 푼이 아쉽다.

지출을 모두 기록해라. 이것은 조금 짜증스러운 일이란 걸 안다. 그러나 그만한 가치가 있다고 장담한다. 예산안을 만들어 보자.

지금 당장 신용카드를 찢어버려라. 5천만 원 이상 통장이 불어났을 때 다시 만들어라.

마이너스 통장의 신용 한도가 하나도 없다고 생각해라. 이자로 나가는 돈이 줄 뿐 아니라, 빚을 없애는 출발이다.

빌려주고 아직 돌려받지 못한 돈의 목록을 작성해라. 그리고 돈을 빌려 간 사람을 찾아가 돈을 받아라. 형편이 되지 않는다고 하면 다달이 나누어 내도록 해라. 단 한 푼이라도 받을 땐 지나치다 싶을 정도로 고마워해라.

당신에게 돈을 빌려준 사람들과 터놓고 이야기해라. 피하는 것은 오해와 감정 악화만 불러올 뿐이다. 반대로 터놓고 이야기를 하면 웬만큼 독한 사람이 아닌 한 당신이 제시하는 상환 방법에 동의할 것이다.

자신이 매달 갚을 수 있는 돈의 절반을 최고 액수로 제시하라. 여기엔 두 가지 이유가 있다. 첫째는 당신이 지금부터 저축을 시작해야 하기 때문이고, 둘째는 돈을 빌려준 사람에게 신뢰를 잃지 않기 위한 안전장치가 필요하기 때문이다.

돈을 쓸 때마다 한 번 더 생각해라. 돈을 쓸 때마다 '이게 정말 꼭 필요한가, 꼭 이렇게 해야 하나' 자신에게 물어본다.

새로운 수입원을 찾아라.

지출액과 수입액을 정해라. 매달 지출하는 최고액과 매달 벌어들이는 최소액을 정해 놓아라.

<u>절박함에 대한 감각을 키워라.</u> 절대적으로 심각한 상황을 가상으로 만들어 보라. 이제 가능한 한 빨리 실천에 옮겨라. 물론, 신념도 바꾸었으리라 믿는다.

빚을 처리하는 지혜

빚을 가장 잘 처리하는 방법은 모두 갚아버리는 것이다. 하지만 그게 그렇게 간단치 않다. 결국 한동안 빚을 안고 살아야 한다는 얘기다. 그래서 나는 지금 당신이 빚을 안고서도 별문제 없이 살 수 있도록 도우려는 것이다.

빚에 대한 당신의 생각은 어떤가?

이제 당신은 문제를 대하는 나의 태도를 어느 정도 알았을 것이다. 모든 문제는 항상 양면을 지니고 있다. 그 말은 항상 좋은 면도 있다는 뜻이다. 우리는 지금 당장 무엇인가를 바꾸어야만 한다. 우리는 지금 당장 성장 발전해야만 한다. 그래서 묻는다. 빚을 져서 좋은 점이 있다면 그게 뭘까? 그렇지 않으면 할 수 없었을 일을 빚을 짐으로써 하게 되는 일이 있을까? 그리고 어떤 사람들을 새로 알게 될까? 어떠한 좋은 신념이 새로 생겼는가? 지금 당신을 누르는 압박을 긍정적인 자극제로 어떻게 바꿀 수 있을까?

자신에 대한 당신의 생각은 어떤가?

상담을 하면서 항상 경험하는 안타까운 일은, 빚을 진 사람이 자책감에 고통스러워하는 점이다. 당신은 채무자일 뿐 패배자는 아니란 사실을 명심해라. 자신의 정체성을 금전적 능력에 비추어 확정하지 말아라. 누가 뭐라고 해도 당신은 인간이지 결코 지폐가 아니다. 당신은 좋은 점을 많이 지닌 소중한 한 인간인 것이다.

괜찮은 경영자 세미나 같은 데 가 보면 항상 듣게 되는 말이 있다. 가능한 한 동료나 직원을 비판하지 말라는 것이다. 그리고 어쩔 수 없을 땐 일정한 원칙에 따라 비판하라고 한다.

누군가를 비판하기 전에 먼저 책상에 앉아서 당신이 높이 평가하는 상대방의 좋은 점을 열 개쯤 적어보자. 그리고 그 사람이 한 행동을 항상 그의 인격과 분리해라. 결코 사람 자체를 문제 삼아서는 안 된다.

그러면 우리가 다른 사람보다 자신에게 더 가혹해야 하는 이유를 하나만 말해 보라. 많은 사람들이 자책으로 자기 자신을 파괴한다. 자신을 스스로 넘어뜨리는 것이다. 나는 이렇게 제안하고 싶다. 앞으로 당신이 자신을 심판대에 세울 일이 생기면 곧바로 자신에게 큰 소리로 외쳐라. "그만!" 그리고 당신의 성공일지를 꺼내 스스로 마음에 드는 장점 열 개를 적어라. 그리고 당신이 처한 상황은 자신이 갖고 있는 신념의 결과란 사실을 다시 한번 분명하게 인식해라. 신념은 당신을 언제든지 바꿀 수 있다.

누구에게도 책임을 전가하지 말라

우리는 일이 잘 안 풀리면 다른 사람이나 상황에 책임을 전가하고 싶어진다. 당신이 누군가에게 책임을 미루면 그 사람에게 권한도 함께 넘겨주는 것이라는 말을 다시 한번 떠올리기 바란다. 그렇게 되면 당신은 이제 더 많은 힘과 권한을 필요로 하는 처지가 된다.

이런 사실을 깨달은 다음 나는 빚을 빨리 갚아나가기 시작했다. 그 이전에 나는 회사나 돈을 갚지 않는 고객, 또는 국가의 조세정책에 잘못이 있다고 믿었다. 그러나 사실은 자신에게 그런 생각을 주입해서 책임에서 벗어나려는 기만에 불과했다. 이런 깨달음은 내게 많은 에너지를 주었다. 그리고 그 에너지는 책임이 아니라 채무에서 벗어나기 위해 사용되었다.

두려움을 갖지 말라

빚이 있는 상황에서 두려움은 오직 당신의 활력을 빼앗아 갈 뿐이다. 두려울 게 뭐가 있단 말인가? 실제로 파산한다 해도 그것조차 당신에게 좋은 점이 있다. 닥칠 수 있는 최악의 사태를 머릿속에 한번 그려 보아라. 그래도 어떻게든 살아가게끔 되어 있다. 그렇지 않은가? 물론 그런 상황을 받아들이기 쉽지 않을 것이다.

하지만 일단 받아들이기만 하면 그다음에는 아주 자유로운 느낌이 든다. 이때 당신은 속박에서 풀려난다. 왜냐하면 파산이란 옛것의 종말을 의미하니까. 옛것이 파괴되고 나면 새 공간이 생긴다.

이 공간은 이제 새로운 창조물로 채워진다. 이렇게 파산조차도 잘 찾아보면 좋은 측면이 있다. 완전히 다시 시작할 수 있는 기회 말이다. 그리고 실제로 모든 성공담 대부분은 파산 이후에 시작된다.

다른 사람이 뭐라고 하든 개의치 말라

채무 관련 상담에서 항상 듣게 되는 말이 있다.

"주변 사람들이 뭐라고 말할까요? 부끄럽습니다. 저에 대한 걱정으로 부모님이 돌아가실 지경입니다."

현재 당신의 경제적 상황에 대해 당신의 인격적 가치가 차지하는 비중은 그리 크지 않다. 돈이 많을 때만 찾아오는 친구는 차라리 멀리하는 게 좋다. 누군가 몸까지 상해 가면서 당신 걱정을 한다면 그것 역시 본인들의 결정일 뿐이다. 다른 사람들 생각 때문에 자신의 삶을 더 어렵게 만들지 마라.

동정심을 피하라

절대로 자신 없는 태도를 밖으로 드러내지 마라. 자신의 빚에 대한 문제를 절대로 다른 사람에게 말하지 마라. 당신의 곤란한 처지를 듣게 되면 다른 사람들은 당신에게 도움이 필요한 것으로 해석한다. 하지만 도움은 그것을 필요로 하는 사람에게 오는 것이 아니라 받을만한 사람에게 온다.

당신이 자신의 문제를 말해서 동정을 얻을 수는 있다. 그러나 한 번 동정심을 얻으면 자꾸 더 많은 동정심을 얻고 싶어지며, 그래서 점점 더 구차한 얘기를 많이 하게 된다.

그리고 이 동정심으로 묶인 관계를 유지하기 위해 당신은 계속 곤란한 처지에 머물러 있게 된다. 그렇지 않으면 더 이상 곤란한 얘기를 할 수 없으니까. 우리는 누구나 다른 사람의 공감을 얻고 싶어 한다. 이런 공감을 동정심의 형태로 유지하는 상황으로 자신을 몰아가지 마라. 그것이 자신의 정체성으로 굳어지면 정말 치명적이다. 우리가 다른 사람에게 얻어내야 하는 것은 동정심이 아니라 존경심이다.

우리는 승자의 정체성을 지녀야 한다. 승자는 기회를 끌어들이는 사람이다. 결코 주저하는 모습을 보이지 않는다.

아무리 파산지경에 몰려도 항상 현금을 지니고 다녀라

빚더미에 올라앉은 슐덴베르크라는 사람이 있다. 이 사람은 빚이 2억 원이나 되고 현금은 한 푼도 없다. 그에게선 돈 나올 구멍이 하나도 없다. 친구들을 찾아가면 문전박대 당하기 일쑤고, 은행에 가면 감시 카메라가 쫓아다니는 것 같다. 하지만 그는 집세도 내야하고, 신용카드마저 사용 정지된 상태에서 다음 주부터는 당장 끼니 걱정을 해야 한다. 관청에서는 일주일 안에 밀린 요금을 내지 않으면 전기와 수도를 끊겠다고 하고, 가스 난방 회사에서도 비슷한 통첩이 와 있다.

여기서 내가 하고 싶은 말은 이런 것이다. 슐덴베르크가 갖고 있는 문제의 80%는 2억 원의 빚이 아니라, 현재 그의 수중에 현금

500만 원이 없다는 것에서 생겨난다는 점이다. 물론 2억 원의 빚이 아무것도 아니란 얘기가 아니다. 하지만 슐덴부르크가 지닌 에너지의 80%는 2억 원이 아니라, 단지 500만 원이 없어서 소모되고 있다.

그로 인해 그는 '수입을 만들어 내라' 는 최우선 과제에 신경을 쓸 수 없는 지경에 빠져버린 것이다. 그러므로 최소 5백만 원 이상을 확고한 비자금으로 은행 대여금고 같은 곳에라도 따로 보관해 놓아야 한다.

이 얘기를 조금만 더 해 보자. 슐덴베르크씨가 2억 원의 빚을 갚을 가망이 전혀 없다고 해 보자. 게다가 그는 회삿돈과 개인 재산을 엄격하게 분리해 놓지 않고 있었다. 그래서 개인적으로나 사업적으로 모두 회생 불능 상태에 빠졌다. 이제는 배 째라는 심정으로 파산하는 수밖에 없다. 이럴 때 그가 현금 3천만 원을 아무도 모르는 비자금으로 갖고 있다면 상황은 어떻게 달라질까? 그래도 파산은 피할 수 없을 것이다. 하지만 그는 이 돈으로 반년에서 일 년 정도 기본적인 생활을 유지하면서 꼭 필요한 고지서들은 막을 수 있다. 그리고 차분히 새로운 아이디어를 모아 새로운 사업을 시작할 수 있다.

이제 어째서 부자들이 부도가 나고 파산을 해서 모든 재산을 잃더라도 자기 생활 수준을 그대로 유지할 수 있는지 알았을 것이다.

최소 3천만 원 이상의 비자금을 항상 마련해 두어라

그러면 당신을 압박하는 모든 문제의 80%를 처리할 수 있다. 대개 당신을 압박하는 것은 빚 자체라기보다 수많은 '사소한 문제들'이다. 이것은 비자금이다. 즉, 이 돈은 부도가 나거나 파산을 했을 때만 사용한다. 평소엔 아예 이 돈은 존재하지 않는 돈이라고 생각하라. 그럼으로써 당신은 언제나 새로 시작할 기회를 잡을 수 있게 된다.

이 3천만 원은 당신이 자신감과 안정감을 얻는 데 아주 좋은 역할을 한다. 이것은 당신 자신과 당신 건강, 그리고 당신 가족을 위해 반드시 준비해야 하는 전략이다.

50대 50의 원칙을 지켜라

돈이 생겼을 때 절대로 빚 갚는 데 50% 이상을 쓰지 말라. 예를 들어, 당신이 2백만 원을 벌어, 그중 1백만 원을 생계비로 쓰고, 1백만 원 여유가 생기면 이 가운데 50만 원만 빚 갚는 데 쓰고 나머지 50만 원을 저축해야 한다. 물론 아무도 모르게 해야 한다.

아마도 당신은 지금까지 부모님이나 은행으로부터 이와는 다른 얘기를 들었을 것이다. 하지만 잘 생각해 보자. 몇 년 뒤 빚에서 완전히 벗어난다는 목표가 실제로 얼마나 의욕을 불어넣어 줄까? 물론 그런 무거운 짐을 다 벗어버리면 얼마나 홀가분하고 좋을까 생각할 것이다. 하지만 이런 기분은 잠깐이고, 조금만 더 생각해 보면 당신의 경제 상태는 제로이다. 무일푼, 처음 세상에 태어났을 때처럼 되는 것이다. 제로로 만드는 것은 결코 목표가 될 수 없다. 빚이 하나도 없는 것 정도가 우리의 비전이 되어서는 안 된다.

우선 3천만 원을 모으는 것이 하나의 목표가 될 수 있다. 수입 1억 원, 재산 10억 원 ……, 이런 목표를 위해 지금 당장 저축을 시작하고, 부에 대한 자신감을 키워라. 정말로 당신에게 의욕을 불러일으킬 수 있는 목표를 세워라.

50대 50원칙을 이해하고 나니 나의 정체성이 크게 바뀌었다. 제로가 될 때까지 기다릴 필요 없이 바로 저축을 시작할 수 있었다.

당신도 지금 바로 시작하라. 당신이 얼마나 많은 빚을 지고 있는지는 문제되지 않는다. 지금 바로 시작하는 것이다. 당신이 빚을 완전히 청산하기까지 걸리는 시간만이 조금 늦어질 뿐이다. 정확히 말하면, 두 배의 시간이 걸린다. 하지만 당신은 50%를 저축하기 위해 더 많이 벌고 있는 자신을 발견하게 될 것이다. 그러면 이 50%가 애초의 100%에 해당하는 액수로 늘어나는 것은 순식간이다.

절제하라

예전에 빚을 하루빨리 청산하겠다고 마음먹은 다음 나는 이런 방법을 썼다. 우선 모든 채권자들을 만나서, 그들에게 나의 처지를 밝히고 가능하면 빨리 갚겠다고 약속하는 대신, 상환기일을 석 달만 연기해 달라고 부탁했다. 이에 대해 한 군데만 빼고 모두 동의해 주었다. 그 결과 나는 신속하게 돈을 비축할 수 있었다. 그리고 이를 계기로 돈에 대한 나의 신념을 완전히 바꾸게 되었다. 갑자기 부자가 된 것 같은 기분도 들었다. 아울러 나는 내가 얼마나 절제된 생활을 할 수 있는지도 알아보고 싶어졌다. 그래서 나는 하루에

일만 원만 가지고 살아보기로 했다. 집세, 통신비, 차량비, 보험료 등 고정적으로 나가는 돈을 제하고 말이다. 하루 일만 원으로 식비와 다른 잡비를 해결했다.

이전에 나는, 내가 원하는 대로 할 수 있는 게 자유라고 정의했었다. 그러나 현재 자유에 대한 나의 새 정의는 이렇다. 자유는 자신이 계획한 것을 실현하기 위해 절제할 수 있는 능력을 의미한다.

나로 하여금 자유를 새롭게 정의하도록 한 것은, 대금업자를 찾아가지 않는 절제력을 가졌던 바빌로니아 부자들이었다. 옛 바빌로니아 사람들은 항상 자신에게 이렇게 물었다고 한다. '네 나약함이 너를 이런 노예 지경으로 몰아가도록 내버려 두면서 네가 어떻게 자유인이라 할 수 있단 말인가? 너는 누구나 자기 마음대로 주물러서 아무 모양이나 만들어 낼 수 있는 한 줌 진흙인가, 아니면 아무나 함부로 모양을 바꿀 수 없는 강한 청동인가?'

나의 일만 원 프로그램은 절대로 쉬운 일이 아니었다. 하지만 하루하루 실천하면서 나 자신이 한없이 자랑스러워지기 시작했다. 당시 나는 조그만 포드 피에스타를 타고 다녔다. 이 차는 내가 운전석 문을 벽에다 긁는 바람에 바깥에선 문이 열리지 않았다. 그래서 나는 차에 탈 때 조수석 문으로 해서 다람쥐처럼 기어들어 가야 했다. 당시 95kg이나 나가던 나한테 다람쥐는 사실 어울리지 않는 비유이긴 하지만. 어쨌든 나는 이런 모습을 혹시라도 나의 고객들이 볼까 항상 노심초사했다. 신뢰에 금이 갈 수 있으니까.

나는 새 문짝을 다는 데 드는 10만 원을 놓고 많이 고심했다. 이것은 내 사업에 부정적인 영향을 미칠 수 있기 때문에 어떻게 보면 꼭 필요한 지출 비용이었다. 그러나 나의 일만 원 프로그램 기준으론 당치 않은 일이었다. 나는 하는 수 없이 차를 항상 담벼락이나 다른 차 옆에 바짝 붙여서 주차했다. 마치 내가 어쩔 수 없어서 옆 좌석으로 타는 것처럼 보이려고 말이다.

그렇게 8개월을 버텼다. 하지만 이 8개월 동안 나는 빚을 모두 청산했을 뿐만 아니라, 앞서 말한 비자금도 마련했다. 그리고 무엇보다 매우 큰 자신감을 쌓을 수 있었다. 이후로 나는 계획을 실천에 옮길 수 있는 절제력이 나한테 있다는 것도 알게 되었다.

일만 원 프로그램을 시작하기 이전 나는 정말 무절제했다. '절제가 자유를 준다'는 사실을 몰랐다. 당시에 나는 절제란 별 능력이 없는 사람들에게나 어울리는 고리타분한 습성 정도로 여겼다. 학교를 다니면서 얻은 착각이었다. 어쨌든 나는 열심히 절제하며 공부하는 사람들보다 성적이 좋았으니까.

이제 생각해 보니, 나는 무절제로 인해 대학에 들어간 것이 아니라, 무절제에도 불구하고 들어갈 수 있었던 것이다. 그런 내가 어떻게 절제를 배웠고, 또 절제에 대한 내 생각을 바꿀 수 있었는지 잠깐 얘기하겠다.

어느 날 나는 내 후견인과 함께 커피를 마시러 부엌에 들어갔다. 그는 커피 주전자를 들어 그냥 바닥에 붓기 시작했다. 나는 바닥에 튀는 커피를 피하며 소리쳤다.

"잠깐, 잠깐, 잔도 없이 뭐 하시는 겁니까!"

그래도 그는 아랑곳하지 않고 계속 커피를 바닥에 부었다. 내가 어리둥절해서 바닥에 고인 커피를 바라보고 있으니까 그제야 비로소 그는 진지한 표정으로 천천히 입을 열었다.

"자, 셰퍼씨, 이 커피는 아무 쓸모 없이 바닥에 버려진 당신의 재능입니다. 커피가 아무리 고급이어도 잔이 없으면 아무런 가치가 없습니다. 절제력이 없으면 당신 재능도 아무런 가치가 없습니다."

이때 그가 나의 무엇을 바꿔주었는지 당신도 잘 알 것이다. 바로 절제에 대한 나의 신념이다. 바닥의 커피를 닦아내며 나는 처음으로 내 재능을 끌어올려 줄 지렛대를 보았다. 절제는 힘이다. 그리고 절제는 우리 안에 담긴 무한한 능력을 밖으로 끌어낸다. 절제가 없으면 어떤 재능이든 쓸모없이 허비되고 만다.

빚을 도저히 감당할 수 없을 땐 어떻게 하나?

공식적으로 파산신청을 하거나 부도를 내는 것이 불가피하다면 그 시점을 신중하게 판단해라. 그리고 당신에게 아무도 모르는 현금이 어느 정도만 있으면 파산한다고 해도 금방 세상이 무너지는 것은 아니란 사실을 잊지 마라. 당신은 곧 재기해서 오히려 예전보다 더 잘될 수 있다. 채권자들이 당신한테서 더 이상 나올 게 없다고 판단하게 되면 그들은 놀라울 정도로 적은 돈에도 만족한다. '통째로 떼이느니 30%라도 건져라'는 말은 이럴 때 아주 유용한 말이다.

나는 지금 파산신청을 하고 부도를 내라고 말하는 게 아니다. 다만 경우에 따라선 그것도 합리적인 선택이라는 것을 말하고 싶을 뿐이다. 항상 장기적 목표에 전략을 맞추어야 한다는 점을 상기해라. 10억 원을 모으겠다는 것은 하나의 목표가 되지만, 부도나 파산을 피하는 것은 목표가 될 수 없다. 상대방에 대한 죄의식 또한 최선의 결정을 하는 데 전략적으로 도움이 되지 않는다는 사실은 이미 많은 사례를 통해 입증되었다.

옛 동료 한 사람이 어느 날 갑자기 1억 원이 넘는 빚을 지게 되었다. 명예를 중요하게 생각하는 그는 열심히 갚아나가는 것 외에는 다른 방법을 몰랐다. 그는 거의 매일 시간 외 근무를 했고, 부인은 어학 과외 선생에서 청소부까지 닥치는 대로 일거리를 찾았다. 물론 집안일과 두 아이 키우는 일도 해야 했다. 두 사람의 한 달 순수입이 3백만 원 정도 되었는데, 여기서 2백만 원이 빚 갚는 데 들어갔다. 자동차를 굴리거나 휴가를 가는 것은 엄두도 낼 수 없었다. 하지만 안타깝게도 일단 과거에 발목이 잡힌 그들에겐 까맣게 잊고 있던 크고 작은 고지서들이 잊을만하면 날아 왔고, 생각하지도 않은 돈을 쓸 일이 계속 생겼다. 그러다 보니 그들 부부는 돈을 갚기로 한 날짜를 제때 지키지 못할 때가 많았고, 결국 돈 빌려준 사람들한테 싫은 소리 듣는 일만 늘어갔다.

나는 7년 뒤 그를 다시 만나게 되었다. 그때까지도 매달 2백만 원이 빚 갚는 데 들어가, 여전히 쪼들리는 생활을 하고 있다는 걸 한눈에 알 수 있었다. 신경쇠약으로 인한 불면증 때문에 몸은 여윌

대로 여위고, 우울증까지 생겼다. 그리고 그의 집엔 웃음이 끊긴 지 이미 오래되었다. 그러면 그렇게 열심히 갚아서 빚이 얼마나 줄었을까? 아직도 1억 원 가까이 되었다! 월수입 대부분이 대출이자로 나갔던 것이다. 나머지도 끊이지 않고 나타나는 이런저런 요금과 세금을 틀어막는 데 들어갔다.

만약 그가 파산신청을 하고 3년 뒤 3천만 원을 상환금으로 내 내놓았으면, 그 시점에 빚을 모두 청산하는 것은 물론, 저축액도 3천만 원 정도는 충분히 되었을 것이다. 또한 다달이 빚을 갚는 데 나간 2백만 원을 매달 모았으면, 7년 뒤에는 최소 1억 5천만 원을 목돈으로 손에 쥘 수 있었을 것이다. 하지만 명예를 중시하는 이 사람은 빚은 빚대로 1억 원이나 남고, 신용은 신용대로 잃고 말았다.

목표를 더 높이 세워라

설상가상으로 빚을 진 사람들은 대개 이런 치명적인 실수를 한다. 그들은 최소의 목표를 세우는 것이 최선이라고 생각하는 것이다. 그들은 소망을 접고 꿈을 묻어버린다. 또한 '적은 것에 만족하며 살라'는 말을 금과옥조로 생각한다. 그들의 교훈은 '겸손함'이다. 그리고 '지금은 힘들어도 난 금방 부자가 된다'고 해도 시원치 않을 판에 '난 부자가 될 운을 타고나지 않았다'고 쓸데없는 최면을 건다. 그러니까 '잔챙이는 잔챙이들이 노는 물에서 놀아야 한다' 같은 소극적인 신념이 그들의 의식을 지배하는 것이다.

적은 것에 만족하기 시작한 사람은 자기 자신을 포기한 사람이다. 이런 사람은 입에 겨우 풀칠이나 하면서 창고 안의 생쥐처럼 어두운 구석에 틀어박혀 사는 최소한의 생활에 자족한다. 하지만 절대 잊지 말아라. 당신의 빚은 당신이 부자가 될 능력이 없어서가 아니라 돈을 버는 데 방해가 되는 신념을 갖고 있었기 때문에 생겨난 것이라는 사실 말이다.

사람들이 빚을 지면 목표를 낮추어 잡게 되는 이유는 단 하나, 자신감의 결여이다. 반면 많은 빚을 지고도 큰 자신감을 유지하는 사람들이 있는데, 그들은 사력을 다해 앞으로 나아가는 것 말고는 자신에게 다른 방법이 없다는 것을 아는 사람들이다. 그들은 지금까지와 같은 기대치로는 결코 다시 저 푸른 초원에 나갈 수 없다는 사실을 분명하게 깨닫고 있다. 그러므로 우리가 갖고 있는 기대가 우리가 갖게 될 모든 것을 결정한다.

삶은 자신에게 많은 것을 기대하는 사람들에게 많은 것을 준다. 조나단 스위프트는 언젠가 이런 반어적인 말을 했다.

"아무것도 바라지 않는 자에게 복이 있나니, 그는 결코 실망하지 않으리라."

당신의 기대 수준을 높여라. 밤이 가장 깊었을 때 빛이 가장 빛나는 법이다. 이제 꿈의 앨범을 만들 때가 되었다. 앨범을 하나 꺼내 당신이 원하는 것들을 모두 스크랩하라. 당신이 곧 되고 싶고, 하고 싶고, 갖고 싶은 것들을 말이다. 가능한 한 빨리 시작해라. 어쨌거나 당신도 자신의 기대가 가능하면 빨리 실현되기를 바라지 않는가? 나는 예전에 조그만 소형차를 타고 다닐 때도 내가 곧 고급 벤츠를 타게 될 거라는 걸 알고 있었다. 나는 그것을 바랐고, 곧 이루어지기를 기대했고, 또 그렇게 된다고 믿었다. 그리고 2년 반이 지난 뒤 그것은 실현되었다.

자신이 원하는 것보다 적은 것에 절대 만족하지 마라. 그리고 절대로 자신에게 '나는 이 이상 못 번다'고 말하지 마라. 당신이 얼마를 벌 수 있는지 결정하는 것은 바로 당신 자신이다. 당신의 기대가 당신의 몫을 결정한다. 당신이 있을 곳은 밝은 곳이다.

즐거움은 어떻게 얻는가?

많은 사람들이 자신에게 아무런 문제가 없어야 행복하다고 생각한다. 그래서 문제가 남아있는 동안은 얼굴에 인상을 쓰고 다녀야 하는 줄 안다. 하지만 이제 당신은 '부자가 되려는 사람은 그만큼 더 많은 문제들과 싸워야 한다'는 것을 알고 있다.

문제는 항상 곁에 있다. 우리가 아무런 문제가 없을 때만, 또는 잠깐 문제를 잊었을 때만 웃을 수 있다면 우리는 결코 문제를 즐기는 경지에 이를 수 없다. 잘 생각해 보자. 우리가 어떤 일을 성취하고 자랑스러움을 느끼는 것은 우리가 어렵고 심각한 상황을 잘 처리했기 때문이다. 이런 성취의 기쁜 선물을 남기지 않는 문제란 없다. 우리 인생은 바로 이런 선물을 통해 힘과 무게를 얻기 때문에 우리는 스스로 문제점을 찾아 다녀야 한다. 모든 고통 뒤에는 보물이 놓여있다. 또 우리는 문제를 통해 생겨나는 기회를 필요로 한다. 그러므로 우리에게 생긴 문제에 대해 기뻐해야 하는 이유는 얼마든지 많이 있다. 그게 어렵다면 적어도 우리는 문제가 있음에도 불구하고 즐거울 수 있어야 한다.

이제 자신에게 분명하게 물어보자. '문제를 기꺼이 즐기려면 어떻게 해야 하나'하고 말이다.

빚에 대한 최고의 지혜에서 배워라

한 아이가 숲을 걷다가 넓은 빈터에 자리 잡은 집에 다다랐다. 집의 양쪽에 큰 정원이 있고, 거기에 각각 정원사가 한 사람씩 서 있었다. 양쪽 정원은 그 모습이 아주 달랐다. 한쪽은 황량하다 싶을 정도로 잡초가 무성했고, 정원사도 아주 사납게 생겼다. 그는 꼭 뭐에 화난 사람처럼 씩씩거리며 잡초를 뽑고 있었다.

반면 다른 쪽 정원은 아주 예쁘게 잘 꾸며져 있었다. 사방에 예쁜 꽃이 만발해 있는 걸 보면 일이 엄청 많을 것 같은데도, 정원사는 노는 것처럼 그냥 왔다 갔다 하며 나무에 기대어 휘파람이나 불었다.

아이는 기왕이면 여유 있고 행복해 보이는 정원사에게 가 보기로 했다. 그리고 쉬지 않고 일하는 아저씨 정원은 별로 예쁘지 않은데, 어떻게 아저씨는 힘들이지 않고서도 정원을 잘 가꾸느냐고 물었다.

여유 있는 정원사는 이렇게 대답했다.

"애야, 나도 한때는 저 사람처럼 일한 적이 있단다. 잡초를 끊임없이 뜯어내다가 어느 순간 나는 잡초를 이길 수 없다는 사실을 알게 되었지. 잡초를 뜯어내도 뿌리는 여전히 땅속에 박혀 있고, 씨앗은 뜯는 중에 계속 땅에 떨어지니 말이다. 그러니 아무리 뽑아도 잡초는 없어지지 않았지. 한쪽을 뽑는 동안 다른 한쪽이 무성해져 다른 일은 아무것도 할 수 없을 정도였단다. 그래서 나는 새로운 방법을 궁리했지. 잡초보다 빨리 자라는 꽃과 풀을 구해 심었단다. 그랬더니 이 꽃과 풀이 잡초를 완전히 덮어버렸지. 게다가 그 자리엔 다시 잡초가 자라지 않았단다. 내 정원은 이렇게 저절로 깨끗하게 되었지."

날이 저물고, 정원사는 아이를 집으로 데려갔다. 가족이 모두 한자리에 모여 있는데, 정원사가 갑자기 불을 껐다. 방안이 완전히 깜깜해졌다. 정원사가 아이에게 물었다.

"너는 이 어둠을 없앨 수 있겠니?"

아이가 대답을 못 하자 그는 불을 다시 켜고 말을 이었다.

"어둠을 이기는 유일한 방법은 불을 갖고 어둠 속으로 들어가는 거란다. 너는 어둠을 잡초처럼 뜯어낼 수도, 어둠과 싸울 수도 없단다."

자신의 두려움에 맞서 싸우는 것은 별 효과가 없다. 두려움에 맞서는 아주 효과적인 방법은 오히려 감사하는 것이다. 미래에 대해 두려움이 생길 때, 그리고 '내가 잘할 수 있을까, 일이 잘 풀릴까'

하는 의심이 들 때 감사할 수 있는 간단한 방법을 써 보자. 자신이 고맙게 생각하는 것 다섯 가지만 골라서 수첩에 적어 보는 것이다.

두려움은 어둠과 같다. 우리는 그것을 뜯어낼 수도, 삽으로 퍼낼 수도 없다. 그러나 빛이 어두움을 몰아내듯, 감사하는 마음은 두려움을 밝게 비춘다.

돈을 쓰지 않는 것과 저축하는 것은 신발의 두 짝과 같다. 이것은 빚에도 똑같이 적용된다. 빚을 없애기 위해 노력하는 것은 종종 어둠을 몰아내고자 하는 것이나 다름없다. 바로 이 때문에 '50대 50의 원칙'을 반드시 지켜야만 한다. 빚을 이기는 최선의 방법은 가진 것을 늘리는 것이다.

아이는 다음 날 아침 숲속을 계속 걷다가 세 번째 정원을 만났다. 아이는 그곳에서 일하는 정원사에게 정원에 자라는 풀들이 어떤 풀이냐고 물었다. 마음씨 좋게 생긴 정원사는 이렇게 대답했다.

"이 정원 주인은 유명한 의사란다. 그분은 여기서 자라는 독초들로 약을 만들지."

이는 독이 자라나는 당신의 상황에서 약을 만들어 내라는 것이다. 당신의 상황에서 분발에 필요한 자극제를 뽑아내야 한다. 더 쉬운 상황을 바라지 말고 더 많은 능력을 길러야 한다.

문제가 사라지기를 바라지 말고 문제를 처리할 수 있는 능력을 기르자. 부담은 좋은 것이다. 부담은 당신의 잠재력이 허비되지 않도록 막아준다.

이제 당신은 능동적이고 창조적으로 행동해야 한다. 부담은 당신에게 독이 될 수도, 약이 될 수도 있다. 결정은 스스로 하자. 자신을 어떻게 보는가? 당신은 프로인가?

프로는 최상의 컨디션이 아닐 때도 최상의 일을 해낼 수 있는 사람이다. 더 정확하게 말하면 이렇다. 성공은 누구나 관리할 수 있다. 그러나 실패를 관리하는 것은 쉽지 않다. 거기에 모든 것이 달렸다. 빚은 결코 문제가 아니다. 문제는 빚을 바라보는 우리의 자세이다.

몇 걸음 뒤로 물러나라

자신의 상황에서 거리를 취하라. 문제를 너무 심각하게 받아들이지 말아라. 게임에서 졌다고 죽지 않는다. 마찬가지로 빚을 졌다고 죽지는 않는다. 자기 자신에 대해서도 너무 심각하게 생각하지 말아라.

나를 많이 도와준 억만장자가 있었다. 그는 내가 사업상 어려운 결정을 내려야 할 때면 항상 이렇게 말했다.

"자네 직감을 따르게. 자네가 내리는 모든 결정은 이 시간 우주 안에서 보면 개미의 기침만도 못하다네."

당신에겐 더러 좋지 않은 신념이 있었다. 그리고 그 때문에 좋지 못한 상황이 생겼다. 하지만 이제는 낡은 신념을 버리고 부자가 되는 데 도움이 되는 새로운 신념을 얻었다. 당신은 이미 부를 쌓기 시작했다. 아마도 당신은 이런 상황을 통해 이제까지 한 번도 하지 않았던 일들을 하게 될 것이다. 거기서 어떤 것들이 자라 나올지는 아무도 모른다.

*당신에게 꼭 필요한 파워 아이디어

- 장기적인 문제를 절대 단기적 해법으로 풀지 말라.
- 소비를 위한 빚은 당신의 의욕과 자신감을 죽인다.
- 빚을 지는 것은 우리 신념에 달린 문제다. 이 신념은 언제든지 바꿀 수 있다.
- 자신의 에너지를 책임이 아니라 채무에서 벗어나는 데 사용하라. 그 누구에게도 불평하지 말라. 자신에게도 하지 말라.
- 빚진 상황에 놓이면 절제를 배우는 계기로 삼아라. 신념을 바꾸고 나면 절제는 한결 쉬워진다.
- 목표를 높게 잡아라. 당신이 갖고 있는 기대가 당신이 갖게 될 목표치를 결정한다.
- 모든 문제는 우리에게 선물을 남긴다. 문제는 재미있고 좋은 것이다.
- 경제적 부담은 당신에게 독이 될 수도, 약이 될 수도 있다. 결정은 당신 자신이 한다.
- 성공은 어떤 사람도 관리할 수 있다. 그러나 실패를 관리하는 것이 진짜 기술이다.
- 빚이 문제가 아니다. 문제는 빚을 바라보는 우리의 자세다.

7

수입은 어떻게 늘려야 하나

하루 종일 일하는 사람은 돈 벌 시간이 없다

존 D. 록펠러

누구나 자신의 노력과 성과에 따라 정당한 보상을 받는다. 나는 사람들이 '내 능력에 비해 너무 조금 받고 있다'고 투덜거리는 소리를 자주 듣는다. 하지만 이것은 틀린 소리이다. 바로 말하면 이렇다. 당신의 경제적 기여도가 크면 그때는 더 많이 받을 수 있다.

당신의 수입은 당신이 경제 시장에 얼마만큼 기여하느냐 하는 것과 거의 정확하게 일치한다. 경제 시장은 당신을 미워하지도 예뻐하지도 않는다. 당신의 가치만큼 당신에게 지불할 뿐이다. 물론 여기서 말하는 가치는 배우자로서, 친구로서, 혹은 아빠나 엄마로서 당신의 가치가 아니다. 여기서는 오직 당신이 지닌 경제적 가치만이 기준이 된다. 당신은 뭘 모르는 무식한 사람들 때문에 외면당하고 제대로 인정받지 못하는, 시대를 잘못 타고난 불운한 천재가 아니다. 당신이 얼마를 벌지는 오로지 당신 손에 달려 있다.

당신은 먼저 시장의 법칙을 잘 알아야 한다. 당신의 수입이 바로 이 법칙에 따라 정해지기 때문이다. 현재 벌어들이는 것이 어제 내린 결정의 결과란 것을 이해하지 못하는 한, 당신은 '이제 다른 길을 찾아봐야지'라고 말할 자격이 없다. 자기 삶의 디자이너로서 당신은 자신의 수입이나 임금이 올라가도록 직접 디자인해야 한다. 말하자면 임금은 인상되는 것이 아니라, 당신 스스로 높은 보수를 받아내는 것이다. 다른 사람이 당신의 수입을 결정할 수 있다면 그것은 그 사람이 당신 삶에 대해 권한을 갖고 있다는 뜻이다. 당신, 오직 당신만이 자신의 임금을 올릴 수 있다. 오로지 당신한테 그 책임이 있다. 당신 혼자 결정하는 것이다.

당신의 수입을 늘리는 다음 법칙들은 이미 수천 년 동안 이어져 내려온 법칙들이다. 이 법칙들은 직장 생활하는 사람과 자기 사업하는 사람에게 모두 적용된다. 이번 장을 잘 활용하면 당신은 일 년 내 최소 20%에서 100%까지 수입을 올릴 수 있게 된다.

강점을 드러내라

돈과 기회는 필요에 답하지 않고 능력에 답한다. 당신이 필요하다고 임금이 인상되지는 않는다. 당신이 더 많이 받을 만한 가능성을 보였을 때 비로소 인상된다. 임금 올리는 문제를 말할 때 사람들은 대부분 이 점을 잘못 생각한다. 회사원 한 사람이 사장을 찾아갔다.

"애가 하나 더 생겨서 더 큰 집이 필요하구요, 큰 차도 필요합니다. 그렇지 않으면 출근하기 어렵습니다. 그래서 더 많은 돈이 필요합니다."

이렇게 말하면 사장은 임금인상은커녕 아마 '너 같은 직원은 더이상 필요 없다'고 말할 것이다.

더 많은 임금을 받고 싶으면 먼저 자신이 왜 더 많이 받을 만한지설명할 수 있어야 한다. 사장을 찾아가기에 앞서 먼저 자신이 회사에 어떤 이익을 가져다주었고, 또 앞으로 어떤 이익을 가져다줄 수있는지 미리 목록을 작성해라. 그리고 자신의 강점들도 적어라. 사장과의 면담은 당신이 회사에 없어서는 안 될 사람이라는 것을 확인시키는 자리가 돼야 한다. 사장만 만나면 목소리가 기어들어 가는사람은 거울 앞에서 연습이라도 하라. 당신의 강점을 보여야 한다.자기 사업을 하는 사람도 마찬가지이다. 누구에게도 주저하는 모습을 보여서는 안 된다. 강점을 보여야 한다. 머뭇거리는 사람을 따라올 바보는 아무도 없다. 사람들은 강하고 확고하게 목표를 향해 나아가는 사람을 따르게 마련이다. 강한 사람이 더 많이 받는다.

권리 대신 의무를 생각하라

자신의 권리에 대해 지나치게 집착하는 것은 득이 되지 않는다.모든 사원이 자기 권리에만 신경 쓰는 회사는 망한다. 인간관계에있어서도 모두 자기 권리만 내세우기 시작하면 그 관계는 오래가지못한다. 그러므로 회사가 당신을 위해 무엇을 할 수 있는지 묻지 말고 당신이 회사를 위해 무엇을 할 수 있는지 물어라. 그래야 하는 이유는 순전히 자기 자신을 위해서이다. 그런 자세가 자신의 발전에 훨씬 도움이 되기 때문이다. 그래야 더 많이 벌 수 있고 성장할 수 있다. 상대방의 행동을 기다리는 대신 스스로 무언가를 이루어 내기 때문에 그 결과가 훨씬 만족스러운 것이다.

여덟 시간 대가를 받으면 열 시간 일하라

상대방이 당신한테서 기대하는 것보다 항상 더 많은 것을 제공하라. 사람들이 놀랄 정도로 기대 이상의 일을 하라.

8시간에 대한 대가를 받으면 10시간 일을 하는 것이다. 그래서 회사에 더 많은 돈을 벌어 주어라. 회사에 '너무 많이' 봉사하는 것이 아닌가 걱정하지 말아라. 회사가 여러분이 더 많이 일한 것에 대한 대가를 지불하지 않더라도 계속하라. 왜냐하면 대신 그 대가로 당신은 성공하는 사람들이 일하는 법을 몸에 익히게 되는 것이다.

일을 빨리하라

성공의 마지막 비결이 있다면 그것은 일상적인 일들을 아주 시급한 일로 만들 수 있는 능력이다. 자신의 모토를 '가능한 한 빨리'로 정하라. 당신이 일하는 속도에 모든 사람들이 놀라게 하라. 시계는 더 빨리 가도록 맞추어 놓아라. 혹시 당신은 이렇게 말할지 모르겠다. '빨리하다 보면 실수하게 되는데' 라고 말이다. 맞다.

많이 하고 빨리하는 사람은 실수도 많이 한다. 하지만 일은 결국 이런 사람이 한다. 실수도 좋은 것이다. 실수는 경험을 낳고, 경험은 올바른 결정을 빠르게 내리는 데 도움이 된다. 실수할까 두려워 일하지 않는 사람은 결코 큰일을 못 한다. 문제는 완벽함이 아니다. 완벽은 정체됨을 뜻한다. 중요한 건 특이함이다. 실수를 두려워하는 사람은 모든 것을 올바르게 하려고 한다. 반면 실수를 두려워하지 않는 사람은 새로운 것을 만들어 낸다.

| Power-Tip |
모든 것을 가능한 한 빨리 처리하라

● 실수를 두려워하지 말라.
● IBM의 토머스 J. 왓슨은 이렇게 말한다. "내 회사에서 승진하고 싶은 사람은 실수하는 횟수를 두 배로 늘려라."
● 실수는 경험을 낳는다. 경험은 당신이 올바른 결정을 빠르게 내리는 데 도움을 준다.
● 자신의 직감을 신뢰하는 법을 배워라. 결정을 빨리 내려라.
● 자신의 첫 번째 박동에 반응하라. 당신은 실수를 할 것이다. 그러나 더 많은 것을 만들어 내게 된다.
● 당신이 내리는 모든 결정 가운데 51%만 옳으면 당신은 부자가 된다.

의미 없는 일은 없다

모든 일은 잘할 만한 가치가 있는 일이다. 메일을 보내거나 전화를 받거나 회의장 의자를 정리하거나 상관없이 말이다. 의미 없는 일은 없다. 항상 100%를 발휘하라. 항상 억만장자가 당신이 일하는 모습을 지켜보고 있다고 생각하라. 그가 지금 당신을 자기 회사의 파트너로 정할 것인지 결정하려 한다고 생각하라.

다시 한번 강조한다. 나는 당신이 모든 것을 완벽하게 해야 한다고 말하는 게 아니다. 완벽은 실수가 없다는 뜻이다. 실수에 대한 두려움은 우리를 마비시킨다. 완벽을 요구하는 회사를 하나만 말해보자. 그러면 나는 바로 정체된 회사를 하나 알려주겠다. 대신 모든 일을 아주 특이하게 잘하라. 모든 일을 남과 다르게 하라. 모든 일을 눈에 띄게 하라. 오직 눈에 띄는 일만이 다른 사람의 인상에 남는다.

없어서는 안 될 사람이 돼라

자신의 업무 분야에 대한 책임을 떠맡아라. 눈에 띄는 사람이 돼라. 어떤 회사나 없어서는 안 될 사람이 몇 명 있다.

당신도 없어서는 안 될 사람이 되라. 모든 일을 다 자신에게 끌어모으란 말이 아니다. 책임을 자신에게 끌어오라. 그래서 당신의 영향력 범위를 넓혀라. 어떤 업무가 생기면 자발적으로 지원하라. 프로젝트에 대한 기획을 맡아라. '회사야 내가 여기 있다'고 말할 수 있는 자세를 지녀라. 그리고 당신의 고유 업무를 회사에 없어서는 안 될 업무로 만들어라. 그렇다고 내가 일을 맡아서 해야만 일이 잘 된다는 망상은 하지 마라. 그렇지 않으면 당신은 회사의 노예가 되고 만다.

계속 공부하라

유목 생활을 하며 떠돌던 인류가 정착해서 생활하게 된 것은 사물의 연관성을 인식하고 계획을 세울 줄 알게 되었기에 가능했다. 오늘 씨를 뿌리면 몇 달 뒤에 거둘 수 있다는 것을 아는 아주 중요한 의식의 변화가 일어난 것이다. 오늘 학교에 다니면서 공부하면 몇 년 뒤 돈을 더 많이 벌 수 있다는 것도 마찬가지 생각이다.

그런데 안타깝게도 사람들은 학교만 졸업하면 이 '뿌리고 거두는 법칙'에서도 졸업하는 것으로 생각한다. 그렇지 않고서야 많은 사람들이 그렇게 근시안적으로 행동할 수 있겠는가? 공부는 학교를 마친다고 끝나는 게 아니다. 오히려 시작이다. 10년 동안 돈을 탕진하면 가난뱅이가 된다. 10년 동안 초콜릿을 먹으면 뚱뚱해지고 병이 생긴다. 10년 동안 TV나 스마트폰에 매달려 있으면 바보가 된다. 마찬가지로 10년 동안 TV나 스마트폰을 줄이고 매일 두 시간씩 책을 읽으면, 그 시간에 매일 스마트폰을 하거나 텔레비전 앞에만 앉아있었던 사람보다 평균 두세 배의 돈을 더 벌 수 있다.

문제가 있으면 스스로 그것에 뛰어들어라

더 많이 벌고 싶다면 문제를 회피해선 안 된다. 그래서 우리는 항상 문제에 맞서라는 얘기를 많이 듣게 되는 것이다. 어려운 과제가 생겼을 때는 자발적으로 나서라.

전문가가 돼라

모든 사람이 다 하는 일을 하는 것은 사막의 모래만큼의 값어치밖에 없다. 당신이 북해에 석유시추선 하나를 갖고 있다고 하자. 여기에 불이 나면 누구를 부르겠는가? 당연히 소방수 레드 어데어다. 전 세계에 몇백만 명이 넘는 소방수가 있겠지만, 레드 어데어 만큼 유명한 사람은 없다. 왜냐고? 그것은 그가 대규모 유전 화재만 다루는 뛰어난 전문가이기 때문이다.

모두가 하는 것을 하면 당신은 모든 사람들이 소유하는 것만 소유하게 된다. 내 능력은 그게 다가 아니라고 해 봐야 소용없다. 설사 그것이 사실이라 해도 말이다. 다른 사람들도 모두 그렇게 말하니까. 당신이 다른 사람들이 하는 것 만큼만 할 생각이면 당신은 직접 고객을 찾아다녀야 한다.

하지만 당신이 경제 시장에서 전문가로서 자리 잡으면 그때는 고객이 당신을 찾아오게 된다. 결정적 포인트는 '더 나은 능력이 있느냐' 가 아니라 '얼마나 다르냐' 이다.

전문가로서 인정받기 위해 당신은 무엇을 했는가? 당신은 일에 관해 결정을 할 때, 우선 일 년 동안 충분히 벌고, 또 그것을 통해서 몇 년 뒤엔 '자동적으로' 좋은 자리에 오를 수 있는 쪽으로 방향을 맞추는가? 아니면 당신은 무슨 일을 하든 전문가의 자리를 확보하는 것에 목표를 맞추는가?

　당신이 어떤 분야에 열정과 재능이 있는지 찾아라. 그리고 3년 뒤 전문가로서 당신의 자화상을 그려보자. 그 자화상을 향해 끊임없이 정진하라.

당신이 변하지 않으면 아무것도 변하지 않는다

　일이 당신에게 유리하게 바뀌게 하려면 먼저 당신 자신부터 바뀌어야 한다. 당신이 3년, 5년, 또는 7년 안에 지금과 다른 무언가를 하고 싶다면 당신 스스로 변화를 이끌어내고 주도해야 한다. 당신이 5년 후에도 지금과 똑같은 일상, 똑같은 성과, 똑같은 평판을 원하는지 스스로 결정하라.

　당신은 무엇을 하고자 하는가? 어느 날 자고 일어나니까 조간신문에 당신이 전문가가 되었다는 기사가 실리는 일은 없다. 전문가의 능력이 당신에게 있어야 한다. 변화하고 싶다면 시계추처럼 왔다 갔다 하는 당신의 일상에서 약간의 시간을 떼어내라. 그리고 이 시간을 전문가가 되기 위해 준비하는 시간으로 써라. 좀 더 다양한 지식과 교양을 쌓으면서 미리 준비하라. 항상 자신만의 목표를 염두에 두고 일하라. 자신의 목표 안으로 뚫고 들어갈 수 있는 입구를 찾아라. 자신을 눈에 띄는 존재로 만들어라.

여기 내가 발견한 빠른 시일 안에 전문가가 되는 방법이 있다. 지금 당장 전문가로 당신 자신, 그리고 당신이 제공할 수 있는 서비스와 상품을 알리는 광고 문안을 종이 한 장 가득 적어라. 이 방법엔 이런 장점들이 있다.

1. 당신으로 하여금 고객의 관점에서 득실을 생각하도록 한다.

2. 당신은 훨씬 더 분명하게 근본적인 문제에 몰두할 수 있다.

3. 글을 쓰면서 지금 이 일이 별로 마음에 들지 않는다는 사실을 깨닫는 경우도 있다. 그렇게 되면 당신은 일찌감치 생각을 바꿀 수 있어 많은 시간과 에너지를 아낄 수 있다.

4. 전문가가 되기 위한 개별적인 단계들이 좀 더 분명하게 눈에 들어와 목표를 확실하게 정할 수 있다.

5. 고객의 욕구를 가장 잘 만족시키는 방법을 알게 된다. 고객에게 가장 이득이 되는 것이 무엇인지 항상 되묻게 된다.

6. 전체 과정에 큰 가속이 붙는다.

| Power-Tip |

전문가로서 자리 잡아라. 아직 남아있는 영역을 찾아라.
아니면 직접 새로운 카테고리를 만들어 내라

- 현재 상황에 방향을 맞추지 말고 원하는 상황에 맞춰라.
- 목표는 활력을 준다. 전체 그림을 보고 나면 당신은 퍼즐 조각을 어디에 맞춰야 할지 알게 된다.
- 도달하고자 하는 목표를 일반적인 것으로 잡으면 시장에서 당신의 가치는 높아지지 않는다. 하지만 '작고 특별한' 목표에 집중하면 당신의 가치는 저절로 높아진다.

- 전문가가 되면 고객이 당신에게로 찾아온다.
- 전문가가 되는 것은 어렵지 않다. 대개 전문가란 아마추어들한테 그렇게 보이기만 하면 되기 때문이다.

자기 사업을 하는 사람도 자신에게 월급을 지불하라

자기 사업을 하는 사람으로서 성공 여부는 당신이 사장이면서 동시에 직원이 될 자세를 갖추고 있느냐에 달려 있다. 다시 말해서, 당신은 자신에게 월급을 지급해야 한다. 회사계좌에서 개인 계좌로 말이다.

이것은 회사비용과 개인비용을 엄격히 분리해야 한다는 말이기도 하다. 매달 자신에게 일정한 급료를 지급하라. 그렇게 하지 않으면 종종 이런 일이 벌어진다.

좋은 게 좋은 거라는 생각으로 마음 편하게 사는 막스라는 사람은 한 달에 적게는 3백만 원에서, 많게는 1천 5백만 원까지 수입을 올린다. 그는 돈이 들어오는 대로 모두 다 쓴다. 그래서 수입이 좋지 않은 달은 평균 생활비 7백만 원을 대기 위해 은행 돈을 좀 써야 한다. 그리고 수입이 좋은 달에는 열심히 일했으니 기분 좀 내자는 생각으로 평소보다 많이 쓴다.

막스는 일 년에 6개월은 평균 잡아 월 1천만 원 정도의 수입을 올리며 그 돈으로 풍족하게 생활한다. 나머지 6개월은 월평균 4백만 원밖에 벌지 못한다. 그런데도 그는 풍족하게 산다. 어쨌거나 그는 어엿한 사장님이니까. 그러자니 모자란 돈을 '어디선가 끌어와야' 한다. 그래서 1천 8백만 원을 대출받는다. 그의 평균 수입을 고려할 때 이 정도 액수를 대출받는 것은 아무 문제가 없다. 또 1천 8백만 원 정도의 빚은 그에게 '전혀 부담 없는' 액수이다. 게다가 그는 아주 낙천적인 사람이다.

막스는 2년 반 동안 이렇게 기분 좋게 생활했다. 그의 빚은 이제 3천 6백만 원으로 자랐다. 자동차 렌트 비용은 계산에 넣지 않고 말이다. 임차비용에 대해선 어차피 세금혜택도 있으니까.

세금 얘기가 나왔으니까 말인데, 첫해에는 아무 문제가 없었다. 그러나 그다음 해에는 7백만 원을 세금으로 내야 했다. 수입은 줄고, 렌트한 차량을 돌려주면서 5백만 원을 추가로 지급해야 했다.

채 정신을 차리기도 전에 그의 빚은 6천만 원이 됐다. 이제는 매달 2백만 원이 상환금으로 나간다. 게다가 예기치 못한 일이 생겨서 그의 수입은 4백만 원 정도로 줄었다.

세 번째 해에는 세금에 가산금이 붙었다. 옛날 장부 몇 개가 난데없이 나타났기 때문이다. 막스는 이제, 낙관주의라는 말을 들먹이는 사람은 모두 '현실을 잘못 보는 사람들'이란 사실을 쓰라리게 몸소 체험하게 되었다.

원래 이것은 막스가 자신에게 매달 4백만 원의 급여를 지불하기만 했으면 생기지 않았을 문제이다. 이 정도면 풍족하게 살 수 있는 돈이며, 그리고 나서도 일 년에 3천 6백만 원을 저축할 수 있었을 것이다. 이렇게 3년이 지나면 세금을 내고도 7천 8백만 원을 모을 수 있다. 7천 8백만 원이면 일 년 이자만 사백만 원(이자율 5.1%) 정도 된다.

그러면 일할 의욕도 생기고, 따라서 수입도 늘어난다.

그러므로 나는 이렇게 제안한다. 자신에게 고정적인 월급을 지급하라. 단, 그것은 당신의 최저 소득을 기준으로 삼아야 한다.

| **Power-Tip** |

당신이 자기 사업을 하는 사람이라면 매달 자신에게 고정급여를 지불하라

- 당신은 곧 일정한 금액으로 살아가는 것에 익숙해질 것이다.
- 개인 재정과 회사 재정을 엄격히 구분하라.
- 저축 액수를 늘려라. 그것은 일하는 목적을 알게 해준다. 일할 의욕도 높아진다. 의욕이 높아지면 소득도 높아진다.
- 그렇게 2년이 지나면 벌써 일 년을 쓸 수 있는 돈이 확보된다. 즉, 당신은 일 년 동안 아무 일도 하지 않고 오직 저축한 돈으로만 살 수 있다. 당신이 원하면 당신은 이제 자유다.
- 7년에서 10년 안에 당신은 경제적인 안정을 확보할 수 있다. 저축액도 엄청나게 불어나, 이자만으로 살 수 있을 정도가 된다.
- 그렇게 되면 당신은 어쩔 수 없이 일을 하는 것이 아니라, 취미생활을 위해 일할 수 있게 된다.

자기 사업을 하는 사람은 반드시 개인 재산을 확보하라

어쩌면 당신은 번 돈을 모두 다시 회사에 투자했는지 모르겠다. 자기 사업을 하는 많은 사람들이 그렇게 하는데 이는 잘못된 일이다.

회사 이외에 다른 재산을 모으지 않으면 결국 당신의 개인 생활도 회사의 흥망성쇠에 좌우될 수밖에 없기 때문이다. 다 아는 얘기지만, 사업은 자기 돈이 아니라 남의 돈으로 하는 것이다.

당신의 일 처리 업무능력은 몇 점인가?

뛰어난 성적을 올리는 운동선수들은 자신의 능력을 속도, 컨디션, 순발력, 근력, 유연성, 스타일, 기술, 민첩성 등 몇 개의 기초 분야로 분류하여 분석하고, 거기에 맞는 훈련 프로그램을 짠다. 당신도 자신의 업무능력을 이런 방법으로 관리하라. 우선 '진단'을 하고 그다음 '처방'을 하라. 다음 항목들을 잘 읽고, 1점(나쁘다)에서부터 10점(뛰어나다)까지 점수를 적어 넣어라.

자질

당신은 자신의 분야에서 얼마나 뛰어난가? 전문가로 자리를 잡았는가? 자신의 분야에 대한 전문지식을 충분히 갖고 있는가? 당신의 지식과 자질을 높여줄 좋은 멘토가 있는가? 자기 분야 이외의 다른 분야에 대한 지식도 계속 쌓고 있는가? 전문가로서 자질과 함께 당신의 인격적 자질도 향상되고 있는가? 성공의 법칙을 아는가? 그리고 그 법칙에 얼마나 충실한가? 리더십이 있는가? 당신의 분야에서 제일 뛰어난 사람과 비교할 때 당신의 능력은 어느 정도인가?

자체 평가 : _____ 점 (최고 10점)

에너지

　당신은 자신의 직업에 얼마만 한 에너지를 쏟아부을 수 있는가? 얼마만큼의 에너지를 실제로 쏟고 있는가? 근본적으로 당신은 얼마만 한 에너지를 갖고 있는가? 자신의 에너지를 한데 모을 능력이 있는가? 다시 말해, 집중력이 얼마나 되는가? 당신이 현재 하는 일에 대한 열정과 의욕은 얼마나 높은가? 자신의 직업을 사랑하는가? 장기적으로 좀 더 많은 에너지를 얻기 위해 건강, 운동, 가족, 그리고 자기 계발에 충분한 시간을 투자하고 있는가?

　　　　　　자체 평가 : ＿＿＿＿ 점 (최고 10점)

인지도

　인지도가 소득의 가장 중요한 기반이란 사실을 알고 있는가? 인지도는 소득을 배가하는 가장 강력한 수단이다. 당신의 상품이나 서비스를 갖고 얼마나 많은 사람을 끌어모을 수 있는가? 테니스 선수 조코비치는 테니스에 재능이 있고, 또 거기에 많은 에너지를 쏟았기 때문에 많은 돈을 벌었다. 하지만 정작 그가 그렇게 막대한 돈을 벌 수 있었던 것은 수백만의 사람이 그를 지켜보기 때문이다. 좋은 지식이나 능력, 좋은 상품을 갖고 있는 사람은 오늘날 헤아릴 수 없이 많다. 이런 능력을 갖추고 많은 돈을 벌 수 있으려면 사람들이 그것을 알 수 있도록 해야 한다.(주의:이 항목은 100점 만점)

　　　　　　자체 평가 : ＿＿＿＿ 점 (최고 100점)

자기 가치

우리가 보고 느끼는 것이 곧 우리의 현실이란 사실을 알고 있는가? 자신의 가치를 얼마로 보는가? 당신은 얼마만 한 자신감을 갖고 일하는가? 자신이 뛰어나고 특별하다는 믿음이 있는가? 자신을 홍보할 줄 아는가? 당신한테서 다른 사람들이 전문가의 모습을 발견할 수 있는가? 당신이 뛰어나다는 이유 하나만으로 많은 사람들이 아무 대가 없이 당신을 도와주고 싶어 하는가? 당신과 사귀는 것이 사업에 도움이 된다고 다른 사람들이 생각하는가? 자신의 위치가 어느 정도인지 스스로 정할 수 있는가?

자체 평가 : ＿＿＿＿ 점 (최고 10점)

아이디어

당신은 창조적인 사람인가? 당신은 새로운 것을 향해 열린 마음을 갖고 있는가? 항상 목표는 확고하고 이 목표를 실현하는 방법을 끊임없이 새롭게 모색하는 자세가 되어 있는가? 스스로 융통성이 있다고 생각하는가? 좋은 아이디어가 떠오르면 곧바로 적는가? 자신의 아이디어를 신뢰하고 실천에 옮기는가? 당신의 아이디어 창고는 얼마나 큰가? '이것은 나에게 어떻게 적용될까?', 그리고 '어떻게 하면 당장 실천할 수 있을까'라고 끊임없이 자신에게 질문하는가? 자신에게 필요한 모든 정보와 해결 방법이 어딘가 있다는 것을 정말 믿는가? 그리고 그것을 찾으려면 먼저 당신 스스로 새로운 아이디어를 창출해야 한다는 사실도 알고 있는가?

자체 평가 : _____ 점 (최고 10점)

지금까지의 점수를 모두 곱하면 당신의 총점이 나온다. 최고 점수는 백만 점($10 \times 10 \times 100 \times 10 \times 10$)이다.

예를 들어 당신의 점수가 자질 5점, 에너지 10점, 인지도 3점, 자기 가치 6점, 아이디어 6점이면 총 5,400점이 된다. 이 점수에 5백을 곱하면 당신이 한 달에 벌 수 있는 금액이 나온다.($5,400 \times 500 = 2,700,000$) 만약 당신이 인지도를 30점으로 올리면 당신은 매달 2천7백만 원을 벌 수 있다는 계산이 나온다.

총점 : _____ 점

이제 당신은 자신의 성장 영역을 분명하게 알았을 것이다. 나는 당신에게 기본 방향만 제시할 뿐이다. 그것을 실천하는 것은 당신의 몫이다.

당신의 수입 기반을 어떻게 개선할 것인가?

자질

이 질문은 벌써 당신에게 몇 가지 힌트를 주었을 것이다. 전문 서적이나 잡지를 읽어라. 다른 나라로 눈을 돌려라. 영어를 할 줄 모르면 지금이라도 배워라. 그리고 배우는 것을 꼭 자신의 분야에 국

한해서 생각하지 마라. 한 인간으로서 균형 있게 성장하고, 성공을 앞당기는 개성을 쌓는 것이 중요하다.

전문가로서의 자질과 인격체로서의 자질에 가장 큰 영향을 미치는 것은 우리의 주변 환경이다. 주변에 우리보다 더 나은 사람이 많으면 우리도 더 나은 사람이 된다. 하지만 주변에 온통 의욕 없는 사람들밖에 없으면 우리도 그 자리에 얼어붙고 만다.

갓난아기 때 우리는 무의식적인 관찰과 모방을 통해 모든 것을 가장 효과적으로 잘 배운다. 이것은 우리 어른에게도 가장 효과적인 방법이다. 우리에겐 모범으로 삼을 수 있는 주변 사람이 필요하다.

지금부터 72시간 안에 당신이 전문가로서, 그리고 인격체로서 더 나은 자질을 갖추기 위해 구체적으로 무엇을 할 수 있을지 잘 생각해 보자.

에너지

어리석고 자기 파괴적인 생활방식은 종종 우리의 에너지를 꽉 막아 버린다. 이것은 많은 사람들이 과소평가하는 부분이다.

당신이 질병으로 인해 침대에서 일어날 수조차 없다면 새 아침을 맞아 세상을 정복하려는 의지를 가질 수 없을 것이다. 건강한 삶을 사는 사람이라면 에너지는 더 많이 소모할수록 그만큼 더 많이 생긴다는 사실을 어렵지 않게 확인할 수 있다.

에너지는 생명이다. 에너지는 우연이 아니다. 나는 지금 건강법을 말하는 게 아니다. 그러나 당신이 수입을 늘리고 싶다면, 어떻게 해야 더욱 충만한 에너지를 느낄 수 있을지 한 번쯤 생각해 보라.

당신은 더 많은 에너지를 얻기 위해 무엇을 할 수 있는가?

인지도

당신의 상품과 이름을 최대한 사람들에게 알려라. 유능한 PR 업체도 찾고, 소셜미디어도 활용하라.

지역 내 다른 사업자들과 협력관계를 구축하라. 내가 런던에 있는 단골 양복점에 가면, 그들은 속옷과 구두는 어디서 사는 게 좋은지, 괜찮은 레스토랑은 어디 있는지 묻지 않아도 알려준다.

이벤트를 만들어라. 그리고 앞으로 당신의 고객이나 사업 파트너가 될 가능성이 있는 사람들을 초대하라.

당신이 지금까지 어떻게 했든, 이미 얼마나 많은 시간을 투자했든 마찬가지다. 당신 자신과 당신의 상품을 시장에 알리고 인지도를 높이는 데 더 많은 시간을 써라. 자신을 알리는 일이라면 무엇이든지 해라.

절대 잊지 말아라. 유능한 전문 인력과 좋은 정보는 오늘날 도처에 널려 있다. 유능하다는 것만으로는 충분하지 않다. 다른 사람들이 그것을 알아야 한다. 그렇게 만드는 것은 당신 몫이다.

당신은 자신을 널리 알리기 위해 무엇을 할 수 있는가?

자기 가치

일반적으로 사람들은 수입이 100% 느는 것까지만 상상한다. 현재 자신이 갖고 있는 것의 두 배까지만 상상력의 범위에 들어오는 것이다. 더 많아지면 사람들은 있을 수 없는 일로 여기며 불안하게 느끼기 시작한다. 그러나 그것은 자신감의 문제일 뿐이다. 당신의 자신감을 높여라. 그리고 수입도 높여라.

자기 가치에는 자신의 상품가치를 높이는 능력과 기술도 포함된다. 만약 당신이 마케팅 경험이 없다면 서둘러 마케팅 관련 책을 한 권 사서 읽고 한 1년 정도 아무거나 팔아보기를 권한다.

'거래량이 작아도 배우는 것은 많다'라는 말도 있지 않은가? 어쩌면 감추어진 자신의 열정을 발견할지도 모른다. 어쨌든 이를 통해 당신은 자기 자신의 존재감을 높이는 법을 배우게 될 것이다.

자신감을 높이고, 자신을 업그레이드하기 위해 당신은 무엇을 할 수 있는가?

아이디어

최고의 아이디어가 떠오르는 것은 차를 탈 때, 산책이나 운동을 할 때, 잠자려고 누워 있을 때 등이다. 그럴 땐 바로 수첩을 꺼내 아이디어를 붙잡아 놓아야 한다.

그렇지 않으면 그것들은 영영 놓쳐버리기 쉽다. 나는 아이디어 노트를 하나 만들어 떠오르는 모든 아이디어를 적어 둔다. 대부분은 실현되지 못한다. 그러나 내 머릿속 아이디어 공장은 바쁘게 돌아간다.

나폴레옹 힐은 이렇게 말한 적이 있다. "회사든 개인이든 큰 성공은 모두 아이디어에서 시작된다." 아이디어가 좋으면 돈은 어디서든 우리 삶으로 흘러들어오게 되어 있다. 단 하나의 아이디어가 10억 원의 가치를 지닐 수 있다.

당신의 수입이 회사나 시장에 의해 임의로 결정되는 게 아니란 사실을 알았을 것이다. 수입을 높이려면 이 다섯 가지 중 어느 부분이 취약한지 잘 살펴보자. 그리고 해결 방법을 찾아라. 여기서 가장 강력한 작용을 하는 것은 인지도란 사실을 꼭 명심하라.

당신이 지속적으로 이 수입 기반들을 개선하면, 1년 안에 최소한 20%, 어쩌면 100%까지도 수입을 늘릴 수 있다고 확신한다.

다른 소득원에도 눈을 돌려라

당신은 자신의 능력을 분산시켜서는 안 된다. 힘은 에너지들이 결합될 때 생기니까. 하지만 다른 한편으로 좋은 기회가 있으면 이것을 놓쳐서도 안 된다.

이 모순을 어떻게 풀어야 할까? 간단하다. 목표하는 일정 소득에 도달할 때까지 당신은 한 가지 일에만 매달려야 한다. 그냥 차분히 더 많은 노력을 투입하라. 어려움을 피하기 위해 새로운 일을 찾는 것은 아무 의미가 없다.

하지만 일단 한 분야에서 돈 버는 방법을 터득하면 당신은 다른 분야에서도 잘할 수 있다. 어디서, 그리고 어떻게 그런 가능성을 발견할 수 있을까? 우선 당신 삶에 스며드는 돈은 모두 당신의 수입이 된다는 사실을 아는 것이 중요하다.

간단한 실험을 하나 해 보겠다. 당신이 지금 앉아있는 공간을 한 번 둘러보자. 그 안에서 빨간색 물건을 열 개만 찾아보라. 열 개를 찾았는가? 좋다. 그러면 이제 눈을 감아라. 그리고 파란색 물건 여섯 개만 말해 보자.

우리는 오직 우리한테 관심 있는 것만 보는 경향이 있다. 큰돈을 벌 기회는 어쩌면 현재 우리의 활동 영역 바깥에 있는지도 모른다.

4가지 소득원

기본적으로 우리는 우리가 시장에 제공하는 가치에 대해 돈을 받는다. 이때의 가치는 다음 4가지이다.

- 상품
- 서비스
- 지식
- 아이디어

이 가운데 당신은 어떤 가치를 통해 돈을 벌고 있는가? 어떻게 자신의 지식을 상품화할 수 있는가? 어떻게 하면 아이디어가 돈이 될까? 당신은 어떤 상품을 팔 수 있는가?

당신 삶에 스며드는 돈은 모두 당신의 수입이 된다는 말을 잘 음미해 보자. 누가 아직 당신에게 줄 돈을 갖고 있는가? 당신이 갖고 있는 것들 가운데 무엇을 팔 수 있는가? 잘 생각해 보자!

돈을 요구하라

당신도 때때로 아무런 대가도 없이 남의 일을 해 주는 사람인가? 잘 생각해 보라. 돈을 요구하는 것은 자기 가치에 자신이 있다는 뜻이다. 당신이 어떤 가치를 제공하고 그만큼의 돈을 요구하는 것은 당연하고 올바른 일이다. 자신의 능력에 얼마만 한 가치를 매기느냐는 당신이 자신을 얼마나 가치 있는 존재로 여기느냐에 달려있다. 전문가들이 비싸게 평가하는 어떤 가치를 당신이 아무 대가 없이 제공한다면, 그 이유는 단 하나 자신감이 없어서이다.

전문가는 자신의 가치를 잘 아는 사람이다. 그런데 당신은 그것을 잘 의식하지 못하고 있다.

좀 더 노골적으로 표현해 볼까? 당신은 자신의 생활수준에 대해 책임이 있다. 그래서 당신은 돈을 벌어야 할 의무가 있다. 또 그 때문에 당신은 돈을 요구해야 한다. 적어도 당신이 돈으로부터 자유를 누리게 될 때까지는 말이다.

이미 당신은 성공이 능력보다는 신념과 태도의 문제란 사실을 알고 있다. 자신을 가치 있는 존재로 존중하도록 노력하라. 그리고 성공일지를 기록하라.

돈이 되는 일에 능력을 집중하라

이건 아주 간단한 얘기다. 당신의 시간을 돈 되는 일에 사용하라. 자신의 분야에서 돈 되는 일이 어떤 것인지 찾아내라. 아마도 지금 당신이 하는 일 가운데 많은 부분은 다른 사람에게 맡겨도 되는 일일 것이다. 그런 일에 시간을 허비하지 마라. 물론 돈 되는 일만 한다는 원칙을 유지하기가 쉽지는 않다.

당신은 돈 되는 일이 훨씬 더 만족감이 크다는 것을 금방 알 수 있다. 그렇지 않은 다른 일을 하는 것이 더 쉽기는 하다. 하지만 잊지 말아야 할 것은, 남이 하지 못하는 일일수록 쉽게 돈이 된다는 사실이다.

여기에도 '가능한 한 빨리'의 원칙이 적용된다. 자신이 어떤 일을 할 능력이 생길 때까지 기다리지 마라.

가능한 한 빨리 다른 사람에게 맡겨라. 다른 사람이 할 수 있는 일은 모두 다른 사람에게 맡겨라.

그리고 그렇게 해서 생긴 시간을 돈 되는 일에 사용해라. 더 많은 일을 다른 사람에게 맡겨라. 그리고 그 시간을 전문가로 자리 잡는 데 사용해라. 같은 시간 안에 당신이 버는 액수가 일을 맡긴 사람에게 지불하는 액수보다 크면 수입은 항상 올라가게 되어 있다.

많은 회사들은 필요한 인력에 돈을 지불할 능력을 갖추기 위해 먼저 회사 규모를 키우려고 한다. 하지만 이것은 틀린 생각이다. 회사가 성장하기 위해서는 먼저 가능한 한 빨리 사람을 끌어모아야 한다. 다른 사람에게 맡겨도 되는 일은 무엇인가, 누가 이 일을 맡아 할 수 있을까 자신에게 질문해라.

수입이 곧 부를 뜻하는 것은 아니다

많은 사람들은 부유하다는 것이 무엇인지 모른다. 돈을 잘 번다고 바로 부자가 되는 게 아니다. 일반적으로 수입이 늘면 생활 수준이 나아지는 것은 사실이다. 하지만 더 많은 것이 필요하다. 그런데 이상하게도 우리는 꼭 버는 만큼 쓰게 된다.

우리는 '필요'를 '희망'과 혼동해서는 안 된다. 즉, 자신의 희망을 '꼭 필요한 것'으로 포장해서는 안 된다는 뜻이다.

이런 사실은 고대 바빌로니아 사람들도 이미 알고 있었다. '네가 말하는 꼭 필요한 지출이란 것은 항상 늘어난다. 그리고 그것은 항상 네 수입과 일치한다.'

부자가 되는 것은 일하지 않고 자기 돈만으로 생활할 수 있을 때이다. 돈은 당신을 위해서 일한다. 당신이 부자가 되는 것은 당신이 버는 돈이 아니라 당신이 갖고 있는 돈을 통해서이다.

스스로 돈 버는 나귀가 되는 것과 돈 버는 나귀를 갖는 것의 차이는 바로 저축에 있다. 자세한 것은 다음 장에서 설명하겠다.

멈춰 선 기차는 다시 달리기 힘들다

중단하지 마라. 당신이 이자만으로 살 수 있는 충분한 돈을 모을 때까지 수입을 늘려나가는 것을 중단하지 마라.

물론 휴식을 취할 때도 있고, 또 그래야 한다. 그래서 나도 내가 세운 중간 목표를 달성할 때마다 자신에게 보상하는 것을 원칙으로 하고 있다. 나는 6일 동안 일하고 하루는 꼭 쉰다.

나는 1년에 네 번 휴가를 가며, 그중에 한 번은 3주일을 쉰다. 그렇게 하는 것이 훨씬 더 능률적이란 것을 나는 직접 확인했다. 그러고 나면 더 집중적이고 충만한 에너지를 얻는다. 그 밖에도 나는 그 시간을 활용한다. 나는 1년에 대략 150권의 책을 읽는데, 그 가운데 50권을 휴가기간 동안 읽는다.

크리스마스 휴가에는 지난 한 해를 돌아보고 다가오는 한해를 계획한다. 내 삶의 모든 영역에 대한 목표를 설정하고, 내가 왜 그런 목표를 달성하려는지 그 이유를 글로 적는다. 그리고 나는 주로 휴가 기간 동안 내가 배운 것을 기록하는 나만의 지식 사전을 작성한다.

이를 통해 나의 모든 실수들은 가르침으로 바뀐다. 이것은 똑같은 실수를 반복하지 않게 하는 확실한 안전장치이다. 휴가는 일상 업무에서 완전히 벗어나 오직 자신과 가족들한테만 몰두할 수 있는 시간이다. 다시 집으로 돌아오면 내가 이 모든 일들을 하는 이유를 더 분명히 알게 된다. 목표에도 더 집중하게 된다.

당신의 힘이 모두 다 소진되지 않도록 적당한 휴식을 취해라. 그러나 돈으로부터 자유로울 때가지는 중단하지 마라. 멈춰 선 기차를 다시 굴러가게 하는 일보다 더 어려운 일은 없다.

그러나 기차가 일단 전속력으로 달리기 시작하면 또 그만큼 쉽게 멈추어지지도 않는다. 쉬지 않고 전속력으로 달릴 필요까지는 없다. 그러나 이자만으로 살아갈 수 있을 때까지는 멈추지 마라.

그때가 되면 당신은 더 이상 일하지 않아도 된다. 그렇다고 당신에게 재미를 주는 일마저 하지 말라는 것은 아니다.

당신이 돈에 목을 매고 일하지 않아도 되고, 오로지 관심 있고 재미있는 일만 하면 어떻게 될까? 그때부터 인생은 정말 재미있어진다.

*당신에게 꼭 필요한 파워 아이디어

● 누구나 자기가 벌어들이는 만큼 받는다. 자신이 얼마를 벌지는 오로지 자신에게 달려 있다.

● 당신이 필요하다고 더 받는 게 아니라, 오직 더 많이 벌어들일 때만 더 받을 수 있다. 자신의 권리 대신 의무를 생각하라.

● 사람들이 당신한테서 기대하는 것보다 항상 더 많은 것을 제공하라. 사람들이 놀랄 정도로 기대 이상의 일을 하라. 모든 일을 뛰어나게 하라.

● 책임을 떠맡을 자세를 갖추고, 없어서는 안 될 사람이 돼라. 그리고 업무와 권위는 다른 사람에게 맡겨 당신이 아니더라도 일이 진행될 수 있도록 하라.

● 더 많이 벌려면 문제를 피하지 말라.

● 모든 사람이 다 하는 일을 하는 것은 사막의 모래만큼의 값어치밖에 없다. 남보다 나은 사람이 되기보다 남과 다른 사람이

돼라. 자기만의 자리를 찾아라.

● 수입은 자신감과 병행하여 증가한다.

● 수입은 자질, 에너지, 인지도, 자기 가치, 아이디어, 이 다섯 가지를 기반으로 구성된다.

● 당신의 개성, 또는 상품을 시장에 알리고 인지도를 높이는 데 더 많은 시간을 쏟아라.

● 돈이 되는 일에 능력을 집중하라. 그리고 자신에게 이것은 반드시 내가 해야만 하는 일인가, 아니면 다른 사람이 해도 되는 일인가 질문하라.

8

저축으로 자신에게 대가를 지불하라

돈을 지출하기도 하고 저축하기도 하는 사람은 가장 행복한 사람이다.
두 가지 쾌락을 모두 맛볼 수 있는 사람이기 때문이다
새뮤얼 존슨

한 가난한 농부가 어느 날 자신의 창고에 갔다. 그곳에서 그는 거위 둥지 위에 황금알이 놓여 있는 것을 보았다. 처음에 그는 '어떤 놈이 나를 놀리려고 한다'고 생각했다. 그래도 그는 혹시나 하는 생각에 그 알을 금은방에 가져갔다. 금은방 주인은 알을 살펴보고 나서 농부에게 말했다.

"100% 순금이네요. 정말 순금이에요."

알을 판 농부는 돈을 한 보따리 지고 집으로 돌아왔다. 그리고 저녁에 큰 잔치를 벌였다. 다음 날 아침에는 온 가족이 일찌감치 일어나 거위가 또 황금알을 낳았는지 보러 갔다. 그랬더니 정말 거위 둥지에는 황금알이 또 하나 놓여 있었다. 이때부터 매일 아침 황금알을 하나씩 얻은 농부는 그것을 팔아 아주 큰 부자가 되었다.

그런데 이 농부는 욕심이 많은 사람이었다. 그는 거위가 알을 왜 하나씩밖에 못 낳는지 궁금해졌다. 그리고 도대체 이 거위가 어떻게 순금 알을 낳을 수 있는지도 알고 싶어졌다.

그는 궁금증을 점점 견딜 수 없게 되었다. 마침내 그는 창고로 달려가 칼로 거위 배를 갈랐다. 거위의 배 속에서 나온 것은 반쯤 만들어지다 만 알 하나였다. 이 이야기의 교훈은 무엇일까? '거위를 죽여서는 안 된다'는 것이다.

그런데 많은 사람들이 이 농부처럼 하지 않는가? 여기서 거위는 밑천이고 황금알은 이자이다. 밑천이 없으면 이자도 없다. 대부분의 사람들이 돈을 남김없이 다 써버린다. 때문에 그들은 결코 거위를 기를 수가 없다. 그들은 거위가 새끼일 때 벌써 죽여 버린다. 알을 채 낳을 수도 없을 때 말이다.

당신이 황금알 낳는 거위나 돈 버는 기계를 갖고 있지 않으면 당신 스스로 돈 버는 기계가 되는 수밖에 없다. 당신의 수입이 얼마이든 상관없이 말이다. 버는 것보다 적게 써야 한다는 말은 그다지 새롭게 들리지 않을 것이다. 하지만 당신은 저축하는 것이 얼마나 재미있고 의미 있는 일인지 이제 곧 알게 된다.

사람들이 저축하지 않는 네 가지 이유

저축해야 하는 이유는 많다. 그러나 많은 사람들이 저축하지 않는 이유에는 크게 다음 네 가지가 있다.

● 사람들은 나중에 돈을 많이 벌 것이기 때문에 지금 저축할 필

요가 없다고 생각한다,
- 사람들은 지금 당장 편하게 살기를 원하는데, 저축은 너무 힘들고 구속하기만 할 뿐이라고 생각한다.
- 사람들은 기본적으로 저축을 중요하게 여기지 않으며, 이런 마음가짐은 절대 변하지 않는다고 생각한다.
- 사람들은 낮은 이자와 인플레이션 때문에 저축하면 오히려 손해라고 생각한다.

이 네 가지 이유를 한번 검토해 보겠다. 실제론 당신이 생각하는 것과는 전혀 다르다는 사실을 알 수 있을 것이다. 이제 다음 네 가지 말을 잘 생각하며 읽어보라.

- 사람들은 수입이 아니라 저축을 통해서 부자가 된다.
- 저축은 재미있고 쉬워서 누구나 할 수 있다.
- 저축에 대한 신념과 태도는 언제든지 바꿀 수 있다.
- 저축은 당신을 백만장자로 만들어 준다. 당신은 크게 무리하지 않고도 12%, 혹은 그 이상의 수익을 올릴 수 있다. 이때 인플레이션은 심지어 도움이 된다.

믿기 어려운가? 이 네 가지가 얼마나 정확한 말인지 알면 당신은 아마 놀랄 것이다. 이제 하나씩 확인해 보기로 하겠다.

수입이 아니라 저축을 통해서 부자가 된다

돈을 많이 버는 것만으로는 아무도 부자가 되지 못한다. 돈을 붙잡아 둘 때만 부자가 된다. 그러나 너무나 많은 사람들이 잘못된 희망을 가지고 있다. '내가 돈을 많이 벌면 만사가 해결된다'고 믿는 것이다. 하지만 실제론 수입이 많아질수록 소비수준도 덩달아 높아진다. 사람들은 언제나 자기가 가진 만큼 필요를 느끼니까. 진실은 여기서 한 걸음 더 나아간다. 저축하지 않는 사람이 유일하게 가지고 있는 것은 빚이다.

나를 처음 코칭해 준 분은 크게 성공한 사람이었다. 나는 그를 매우 좋아하고 존경했다. 그래서 그가 개인적으로 나를 코칭해 주겠다고 했을 때 무척 기뻤다. 그는 나에게 수입의 50%를 저축해야 한다고 강조했다. 나는 말도 안 된다고 생각했다. 100%를 다 써도 모자랄 판에 50%씩이나 저축을 하라니!

게다가 나는 낙관주의자였다. 돈만 많이 벌면 만사가 다 해결된다고 생각했다. 그러나 그것은 말 그대로 아주 아무진 꿈에 불과하다는 것을 곧 확인했다. 우리 자신이 변하지 않으면 아무것도 변하지 않는다.

부자는 저절로 된다며 돈 다루는 법을 바꿀 필요가 없다는 생각은 아주 잘못된 것이다. 그것은 자신의 책임을 회피하는 것에 지나지 않는다. 이때의 생각은 이렇다. '지금 돈 좀 많이 쓴다고 그게 무슨 문제란 말이냐. 나중에 많이 벌면 그것으로 만사 오케인데. 나중에

돈방석에 앉게 될 텐데 무엇 땜에 지금부터 허리를 졸라맨단 말인가?'

이러려면 당신이 버는 돈은 당신 스스로 할 수 없는 것을 이루어 주는 요술 방망이라도 되어야 할 것이다. 당신을 부자로 만들어 주는 요술 방망이 말이다. 그러나 그런 일은 절대로 일어나지 않는다. 내 말을 믿어라. 그것은 그냥 희망사항으로 끝나버린다.

실제로 당신이 스스로 원하는 만큼을 번다고 해도 당신의 경제적 상황은 달라지지 않을 것이다. 나는 한 달에 3천만 원 이상을 벌면서도 빚더미에 앉은 사람을 수백 명은 족히 알고 있다. 수입이 왜 경제적 상태를 바꾸지 못할까? 그것은 아무리 수입이 증가해도 두 가지 요소는 변하지 않기 때문이다. 바로 퍼센티지와 당신 자신이다. 그래서 당신이 현재 버는 돈으로 살기 어렵다면, 지금보다 두 배를 벌어도 살기 어렵기는 마찬가지이다.

오늘 당신이 100만 원을 벌어, 그중 10%를 저축한다면 저축액은 10만 원이다. 그런데 1천만 원에서 10%, 그러니까 100만 원을 저축하는 것은 훨씬 어렵다. 액수가 커지니까. 그러니까 수입이 적을 때 저축하는 것이 오히려 더 쉬울 수 있다. 100만 원보다 10만 원을 수중에서 떠나보내는 게 덜 가슴 아프니까. 액수가 크면 클수록 퍼센티지는 그만큼 더 무겁게 다가온다.

그러므로 지금 당장 시작해야 한다. 현재 당신 처지가 어떻든 그건 상관없다. 지금보다 저축하기 쉬워지는 일은 앞으로 절대 없기 때문이다. 오늘 당장 버는 돈의 10%를 저축해라. 가능한 한 빨리 시작해라. 당신이 아직 고등학생이나 대학생이어서 부모님과 살고 있다면 더욱 좋다. 언제 또 당신이 지금처럼 쉽게 저축할 수 있겠는가? 지금 아무리 돈 쓸 일이 많다고 해도 부모님한테서 독립하고 난 다음 쓰게 되는 돈에 비하면 아무것도 아니다. 이런 기회는 두 번 다시 오지 않는다. 그러므로 지금 당신이 할 수 있는 최대한의 저축을 해라.

아무리 돈을 많이 벌어도 돈 쓰는 습관은 바뀌지 않는다

기본적인 자세는 거의 바뀌지 않는다. 당신이 의식적으로 자신의 신념을 바꾸면 또 모르지만 말이다. '이건 꼭 필요해서 쓰는 돈이야.'저축을 방해하는 대표적인 생각이다. 이 말을 아직 기억할 것이다. "자신의 희망을 '꼭 필요한 지출'로 포장해서는 안 된다. 우리가 말하는 '꼭 필요한 지출'이란 것은 항상 우리 수입에 따라 늘어난다." 불필요하게 쓴 돈에 대해 '꼭 필요했기 때문에 어쩔 수 없었다'고 변명하는 것처럼 어리석은 일은 없다. 정말 우리에게 필요한 최소한의 것들이 있다. 문제는 자신의 행동을 정당화하기 위해 아무 데나 이 말을 갖다 붙인다는 점이다. 일이 우리에게 유리하게 바뀌게 하려면 먼저 우리가 바뀌어야 한다.

저축은 모든 부자들이 지닌 미덕이다

미국의 투자가 존 템플턴은 열아홉 살 때 매달 버는 돈의 50%를 저축하기로 아내와 함께 결심했다. 물론 그렇게 하기가 매우 어려웠던 달도 많았다고 한다. 특히 배당금이 아주 형편없었을 때 말이다.

그러나 지금 그는 억만장자에, 세계에서 가장 인정받고 존경받는 펀드매니저가 되었다. 오늘날 그는, 수입이 너무 적어 50%를 빼내는 것이 거의 불가능했을 때가 자기 인생의 가장 결정적인 순간이었다고 말한다.

유명한 주식투자가 워런 버핏은 미국 최고의 갑부이다. 포브스지는 이미 1993년 그의 재산이 20조 원이 넘는 것으로 평가했다. 그는 어떻게 그렇게 큰 부자가 되었을까? '저축하고 투자하라, 그리고 또 저축하고 투자하라.' 이것이 그의 비결이었다.

워런 버핏은 신문 배달부로 시작했다. 그리고 저축했다. 그리고 일단 잡은 돈은 단 1달러도 절대로 놓지 않았다. 그는 자신을 위해서는 거의 아무것도 사지 않았다. 그가 보기에, 쓰라고 있는 돈은 한 푼도 없었고, 모두 미래를 위해서 투자할 돈뿐이었다.

그래서 그는 자동차도 없이 살았다. 그 당시 자동찻값 1천만 원 때문이 아니라 이 1천만 원이 20년 뒤에 갖게 될 가치 때문이었다.

혹시 당신은 이런 얘기가 너무 진부하다고 말할지도 모른다. 하지만 이런 얘기가 진부하게 느껴지느냐, 아니면 흥미진진하게 느껴지느냐는 순전히 당신이 지닌 신념의 문제라는 사실을 새삼 강조할 필요가 없을 것이다. 당신이 이 1천만 원을 40년 전 워런 버핏에 투자했다면 지금쯤 그 돈은 전혀 진부하지 않은 8백억이 되어있을 것이다.

베르너 폰 지멘스, 로베르트 보쉬, 페르디난트 포르쉐, 고트립 다임러, 아담 오펠, 칼 벤츠, 프리츠 헨켈, 하인츠 닉스도르프, 요한 야콥스, 하인리히 네슬레, 루돌프 카슈타트, 요제프 넥커만, 라인하르트 만네스만, 프리드리히 크룹, 그리고 알디 형제…… 이들 창업자의 공통점이 무엇인지 아는가? 그들은 모두 저축하고, 저축하고, 또 저축한 사람들이다. 그들은 모두 버는 것보다 적게 썼던 사람들이다. 그리고 그 돈을 현명하게 투자했던 사람들이다. 저축만으로 그들이 부자가 된 것은 물론 아니다. 그러나 그들이 저축하지 않았으면 그렇게 큰 부자가 될 수 없었을 것은 분명하다. 동서고금을 막론하고 지독하게 절약하고 저축하지 않았던 창업자는 한 사람도 없다.

망하는 기업가도 많다?

이들도 부도를 내거나 망한 일이 종종 있지 않느냐고 항변할지 모르겠다. 맞다. 그러나 그들에게 소비로 인한 빚은 없었다. 그들은 절약하는 검소한 생활을 했다. 즉, 그들은 개인적으로 절약할 줄 몰랐기 때문에 망한 게 아니라, 투자에 실패했거나 악재가 겹쳐서 그렇게 된 것이다.

하지만 그들은 자신이 지닌 기업가적 자질과 절약하는 정신으로 그러한 위기를 이겨낼 수 있었다. 그들은 최소한의 것만으로 사는 방법을 아는 사람들이었다. 그들은 때로 상상을 초월할 정도로 근검절약하는 생활을 해서 사람들로 하여금 혀를 내두르게 하기도 했다. 그러면 사람들은 말한다.

"난 저렇게는 못 살아. 저렇게 살 수도 없거니와, 살고 싶지도 않아."

이런 생각을 가진 사람들에게 꼭 필요한 말이 있다. 성공하는 사람들은 그렇지 않은 대부분의 사람들이 싫어하는 일도 기꺼이 할 준비가 되어 있는 사람들이다. 많은 사람들이 절약하는 것을 좀스럽다고 싫어한다. 그들에게는 현재 편하게 사는 것이 더 중요하기 때문이다. 괴테도 사람들의 이런 심리를 간파하고 있었다. '사람은 누구나 현재 어떤 존재이고 싶어 하지만, 미래에 어떤 존재가 되고 싶어 하지는 않는다.'

성공한 창업자들은 모두 부자가 되고 싶어 했다. 일단 목표를 세우고 난 다음엔 모든 것을 이 목표 아래 두었다. 따라서 그들은 돈 많은 사람처럼 행동할 필요가 없었다. 남한테 어떻게 보이느냐가 중요하지 않았던 것이다. 그들은 오로지 미래에 무엇인가 되고 싶어 했으며, 이를 위해 절약하고 저축했다.

이런 신념을 지닌 사람들도 있다. '나는 예외야. 나는 100%를 다 써도 부자가 될 수 있어.'라고 말이다. 이런 생각이 틀렸다고 말하지는 않겠다. 세상에는 논리적으로 설명할 수 없는 불가사의한 일들이 항상 일어나니까.

물론 통계는 그런 사람들 편이 아니다. 그냥 간단하게 '저축은 절대 어려운 일이 아니다'라는 쪽으로 신념을 바꾸는 게 훨씬 쉬운 방법일 것이다.

저축은 재미있고 누구나 쉽게 할 수 있다

당신이 지금 당장 인생을 즐기고 싶다면 저축을 해라. 단, 당신이 지금까지 여러 번 시도했던, 그리고 번번이 실패했던 방법으로 하지는 마라.

많은 사람들은 잘못된 방법으로 저축을 한다. 저축을 너무 힘들게 한다. 그들은 한 달 30일 내내 긴축재정으로 자신을 옭아맨다. 여기서 얼마 아끼고 저기서 무엇을 포기하고 하는 식으로 말이다. 그리고 이렇게 해도 정작 모이는 돈은 얼마 되지 않는다. 아니면 예기치 않게 돈 쓸 일이 생기거나 까맣게 잊고 있던 대금청구서가 날아온다.

이런 시나리오를 한 번 다른 각도에서 바라보자. 그렇게 긴축을 해도 당신은 여전히 누군가에게 돈을 지불하고 있다. 오직 자신한테만 지불하지 않고 말이다. 빵을 사면 빵집 주인에게 돈을 지불하고, 은행을 이용하면 이자를 지불하고, 고기를 사면 정육점 주인에게 돈을 지불하고, 머리를 자르면 이발사에게 돈을 지불한다.

그러면 자기 자신한테는 언제 돈을 지불할 것인가? 당신 자신은 적어도 당신 삶에서 빵집 주인이나 은행원, 정육점 주인이나 이발사보다 중요한 존재가 아닌가?

저축은 자신에게 대가를 지불하는 일이다

당신은 이제 자신에게 돈을 지불해야 한다. 누구보다 자신에게 먼저 말이다! 제안을 하나 하겠다. 자기 자신에게 월급을 지불해라. 매달 수입의 10%를 여러 통장에 나누어 적립해라. 이 10%로 당신은 부자가 된다. 나머지 90%는 다른 사람들에게 지불해라.

아마도 당신은 깜짝 놀랄 것이다. 나머지 90%로 살아가는 것이 100%로 살아가는 것과 똑같이 수월하거나 힘들다는 사실을 말이다. 당신은 10%가 부족하다는 느낌을 전혀 받지 않을 것이다.

믿기 어려운가? 하지만 실제로 한번 그렇게 해 보라. 그리고 해 보지도 않고서 안 될 거라고 절대 말하지 말아라.

현재 붓고 있는 적금이나 보험료를 이 10%에 포함해서는 안 된다. 보험을 들면 당신은 두 가지 중요한 일을 하는 것이다. 보험을 통해 보호받는 것과 노후를 대비하는 것이 그것이다. 이 두 가지 모두 대부분의 사람들에게 절대적으로 필요한 것들이다. 또한 적금을 들면 자동차나 스마트 기기를 새로 사거나 휴가를 가는 등, 목돈이 드는 일에 도움을 줄 것이다.

10%로 자신의 거위를 키워라

하지만 이 10%는 절대 건드리지 마라. 이 10%로 당신은 이제 황금알을 낳은 거위를 키우는 것이다. 이 10%로 당신은 더 이상 일할 필요 없이 이자로만 살아갈 수 있을 만큼 큰돈을 벌게 된다는 것을 이제 곧 보게 될 것이다.

90%로 사는 것은 100%로 사는 것과 아무런 차이가 없다. 이 말을 믿어라. 그러면 당신도 내 세미나에 참여했던 많은 사람들이 경

험한 것을 똑같이 경험할 수 있다. 이 방법을 실천한 사람들은 대개 이런 편지를 보내온다.

'정말 그럴 거라고는 생각하지 못했습니다. 몇 달이 지나도록 이 10%가 아쉬웠던 적은 한 번도 없었습니다. 이 10%로 부자가 된다는 사실이 기쁩니다.'

| Power-Tip |

누구보다 자신에게 제일 먼저 지불하라.
매달 수입의 10%를 여러 통장에 나누어 적립하라

- 거위통장을 만들어라. 매월 1일 당신 수입의 10%를 거위통장으로 이체하라.
- 거위통장의 돈은 절대 건드리지 말라.
- 이 거위통장의 돈을 당신이 이 책에서 배우게 될 기본 원칙에 따라 투자하라.
- 거위통장이 불어나는 만큼 당신의 삶도 더 재미있고 더 안락해진다.
- 거위통장은 당신의 절제력을 높이는 쉬우면서도 유익한 방법이다.

월급이 오르면 무엇을 할까?

당신은 분명 지금보다 적게 벌던 시절이 있을 것이다. 처음 일을 시작하던 때를 생각해 보라. 당시엔 얼마로 생활했는가? 처음 직장을 얻었을 때 월급은 얼마나 받았는가? 일반적으로 월급은 계속 조금씩이라도 늘어난다. 그리고 그 돈은 이렇게 저렇게 없어진다. 우리 소비수준은 수입이 느는 것에 비례해 계속 높아지게 마련이다. 이런 상승 작용을 막는 방법이 하나 있다. 월급이 오를 때마다 오른 액수의 50%를 거위에게 먹이로 주어라. 당신이 현재 수입으로 살아가는 데 익숙해 있다면 오른 액수의 50%를 포기하는 것은 일도 아니다. 이렇게 하면 당신은 매번 실제 인상분의 50%만 오른 월급으로 살아가는 것에 익숙해진다. 그리고 나머지 50%는 황금알의 거위통장에 적립해라.

예를 들어, 당신이 현재 3백만 원을 월급으로 받는다면 당신은 그중 10%, 그러니까 30만 원을 자신에게 지불하게 된다. 그 돈은 물론 거위통장으로 들어간다. 이때 월급이 40만 원 오르면 그중 50%, 즉 20만 원을 추가로 거위에게 준다. 거위통장의 저축률이 단숨에 100% 늘어나는 것이다.

저축을 포기하게 되는 이유는 무엇인가?

많은 사람들이 자신이 세운 저축 계획을 끝까지 지키지 못하는 결정적인 이유는 두 가지이다.

첫째는 너무 크게 계획하기 때문이다. 그렇기 때문에 당신은 '단' 10%만을 저축해야 하는 것이다. 이 10%는 전혀 표시가 나지 않으니까. 반면에 15%나 20%만 되어도 훨씬 무겁게 느껴진다.

둘째는 쓰고 남은 돈을 저축하려 하기 때문이다. 그렇게 되면 저축할 돈은 정말 얼마 되지 않는다. 그러므로 당신은 제일 먼저 저축부터 하고 써라.

월급 인상분의 50%를 거위통장에 적립하라.
이렇게 하면 당신의 소비 수준도 그렇게 빨리 높아지지 않는다.

- 월급이 올라갈 때마다 당신의 거위도 자란다.
- 일하는 의미가 생긴다. 자신의 잠재의식에 당신이 돈을 잘 다룬다는 자신감이 뿌리내린다.
- 월급이 인상될 때마다 당신의 장기적 목표에 점점 다가가게 된다.
- 자기 사업을 하는 사람은 사장이면서 동시에 직원이 된다. 이제 가끔씩 자신의 월급도 올려줘라.
- 이 50%가 당신을 고통스럽게 하는 일은 절대 없다. 아직 당신 생활이 인상된 월급에 익숙해지기 전이기 때문이다.

저축에 대한 신념과 태도는 언제든지 바꿀 수 있다

많은 사람들은 저축이라는 문제에 대해 그다지 바람직하지 않은 신념을 갖고 있다. 몇 가지 예를 들어보겠다.

- 나는 꾸준히 저축할 만큼 의지가 굳은 사람이 아니다.
- 저축은 능력 없고 한심한 사람들이나 하는 것이다.
- 나는 내일 당장 굶어도 오늘 쓰고 싶은 만큼 쓴다. 저축은 이런 나를 옭아맨다. 그래서 저축할 마음이 전혀 없다.

당신이 지금까지 이 장을 제대로 읽었다면 이런 생각들이 왜 틀렸는지 잘 알 것이다. 혹시라도 당신이 이런 생각을 하고 있다면, 5

장에서 말한 방법을 활용해 새롭고 유익한 신념으로 바꿀 수 있다. 아마도 다음 글들이 도움이 될 것이다.

- 씨앗까지 모두 먹어버린 농부는 아무것도 심을 수 없다.
- 저축하지 않는 것은 완벽하게 무능하고 단순하고 어리석다는 증거다. 돈 다루는 능력을 보여주지 못하는 사람 앞에서는 긴장하지 않아도 된다.
- 스스로 기쁨을 느끼는 일에 모든 에너지를 쏟을 수 있도록 자신의 삶을 잘 가꾸는 사람을 나는 존경한다. 건실한 재정은 그런 사람이 되기 위한 필수 기반이다.
- 내 인생의 나머지를 보낼 곳은 미래다. 그렇기 때문에 나는 미래에 가능한 한 확실히 대비하고자 한다. 그것이 저축을 하는 이유이다.

저축이 당신을 백만장자로 만든다

큰 어려움 없이 12%, 혹은 그 이상의 수익을 올리는 방법이 있다는 사실을 당신은 이미 앞에서 읽었다. 심지어는 이때 인플레이션마저도 도움이 된다.

이런 사실이 독일에는 그다지 잘 알려져 있지 않다는 것을 나는 잘 알고 있다. 전 세계에서 독일 사람만큼 미련하게 투자하는 사람들도 없다. 1년에 6% 이상의 수익을 올리는 것만 갖고도 투기 운운하는 분위기가 독일엔 있다.

이 6%는 실제 인플레이션 수준에 불과한데도 말이다. 연 2% 내지 4.5%의 이자수익만으로는, 기껏 돈을 저축해서 오히려 더 가난하게 되는 셈이다. 다시 말해서, 돈의 가치가 이자수익을 통해서 늘어나는 것보다 더 빠른 속도로 그 가치를 잃는 것이다. 그래서 사람들이 '이런 상황에선 투자할 필요가 없다'고 말하는 게 무리가 아니다.

물론 투자에도 이런 기본원칙이 적용된다. 모든 사람이 하는 대로 하면 당신 역시 모든 사람이 갖는 것만 갖게 될 뿐이다. 따라서 일반적인 수익률에 만족하지 마라. 가장 먼저 해야 할 것은 투자에 대한 충분한 지식을 갖추는 것이다. 이 책 다음 장들에서 그것을 익힐 수 있다.

1억 원을 어떻게 투자할 것인가?

이제부터 당신은 이자에 이자가 붙는 복리의 위력을 경험하게 될 것이다. 우선 예를 하나 들어보겠다. 당신이 1억 원을 유산으로 물려받았다고 하자. 이 돈을 30년 내내 7% 이자가 나오는 어떤 투자기관에 맡겼다고 했을 때, 30년 후 당신이 받게 되는 돈은 7억 6천 1백 2십 2만 원이다. 반면 당신이 이 돈을 1년에 16%의 수익을 올려주는 곳에 투자하면, 같은 기간이 지난 후 받게 되는 돈은 85억 8천 4백 9십 8만 원이나 된다.

그럼 이번에는 당신이 1억 원을 2천만 원씩 나누어 각각 다른 곳에 투자했다 하자. 이 가운데 한 곳에 투자한 돈은 완전히 날리고, 두 번째는 거의 수익을 내지 못했다. 그리고 세 번째는 7%, 네 번째는 12%, 다섯 번째는 16%의 수익을 각각 올렸다.

이 경우 다섯 번째 투자에서만 17억 원이 넘는 수익이 생겨, 그것만으로도 30년 뒤 손에 쥐는 돈은 7%에 모두 묶어두었을 때보다 두 배가 훨씬 넘는다. 두 군데 투자가 실패했지만 그래도 총액은 26억 원이 넘는다.

문제는 어떻게 해야 1년에 10, 12, 16 혹은 20%의 수익을 올릴 수 있느냐, 그리고 어떻게 위험을 분산해서 투자액을 완전히 날리지 않으면서 대박을 터뜨릴 가능성을 더 높일 수 있느냐 하는 것이다.

이를 위해 당신은 주식과 펀드에 대한 몇 가지 기본원칙을 배우게 될 것이다. 그래서 각각의 투자 형태에서 좋은 수익을 올리는 방법을 알게 된다.

이제 나는 당신에게 4개의 서로 다른 목표를 달성하기 위한 몇 가지의 재테크 방법을 소개하려 한다. 현명한 저축이 당신에게 부를 가져다준다는 사실을 곧 보게 될 것이다.

*당신에게 꼭 필요한 파워 아이디어

● 갖고 있는 돈의 이자로만 살 수 있어야 당신은 정말로 부자이고 경제적으로 자유롭다고 할 수 있다.

● 스스로 돈 버는 기계를 갖고 있지 않은 한, 현재 얼마를 버는

지에 상관없이 이미 당신은 돈 버는 기계가 되어버린 것이다.

● 수입이 아니라 저축을 통해서 당신은 부자가 된다. 부는 돈을 붙잡아 둘 때만 생겨난다.

● 습관은 수입이 늘어날수록 더욱 굳어진다. 당신이 현재 돈을 잘 관리하지 못하면, 수입이 늘어났을 때는 더 못하게 된다.

● 수입이 적을 때가 더 저축하기 쉽다. 같은 퍼센티지라도 금액이 많아질수록 훨씬 무겁게 느껴지기 때문이다.

● 정말 필요한 최소한의 것이 있다. 문제는 돈 쓴 것을 정당화하기 위해 이 말을 아무 데나 갖다 붙인다는 점이다.

● 지독하게 절약하고 저축하지 않았던 창업자는 없다.

● 현재 돈의 가치를 보지 말고 10년, 15년, 또는 20년 뒤의 가치를 보라.

● 성공한 사람들은 그렇지 않은 대부분의 사람들이 싫어하는 일도 기꺼이 할 준비가 되어 있는 사람들이다.

● 수입의 90%로 사는 것은 100%로 사는 것과 똑같이 수월하거나 똑같이 힘들다. 그러니 10%를 저축하라.

● 우리의 소비수준은 늘어나는 수입과 항상 나란히 상승한다.

● 저축에 대한 신념과 태도는 언제든지 바꿀 수 있다.

● 저축하는 것이 얼마나 힘든지에 상관없이, 저축하지 않는 것은 저축하는 것보다 항상 더 큰 어려움을 몰고 온다.

● 모든 사람이 하는 대로 하면 당신 역시 모든 사람이 갖는 것만 갖게 될 뿐이다.

● 돈이 우리 생활에서 가장 중요하게 되는 것은 우리에게 돈이
  없을 때다.

9
이자의 이자가 기적을 부른다

돈은 자본의 법칙을 알고 지키는 사람을 위해 예비되어 있다
조지 S. 클래슨의 ≪바빌로니아의 최고 갑부≫에서

갖고 있는 돈을 불리는 사람은 부자가 된다. 돈 불리는 법칙을 무시하는 사람은 갖고 있는 돈도 잃어버리게 된다. 문제는 간단하다.

이자의 이자가 만들어 내는 기적을 한번 잘 살펴보자. 만약 당신이 이자의 이자가 갖는 위력을 알고 난 뒤에도 이를 활용하지 않는다면, 그것은 자본증식의 법칙을 무시하는 것이라고 할 수밖에 없다.

이렇게 볼 때 가난은 미덕이 아니라 무시의 결과에 지나지 않는다. 우선, 돈이 얼마나 무섭게 불어날 수 있는지 몇 가지 예를 들어보자.

새로운 수입원을 창출하라

저축통장을 하나 만들어라. 그리고 첫 달에 1백 원을 넣어라. 두

번째 달에는 액수를 두 배로 늘려 2백 원을 저축해라. 이와 동시에 새로운 수입원을 찾기 시작해라.

이 계획이 본격적으로 진행되고 당신이 저축해야 하는 액수가 어느 수준이 되려면 14개월이 필요하다. 이 기간을 잘 이용하여 새로운 수입원을 만들어 내라. 16번째 달에 당신은 327만 6천 8백 원, 17번째 달에는 655만 3천 6백 원, 18번째 달에는 1,310만 7천 2백 원을 저축해야 한다. 도표를 한번 보자.

월	1	2	3	4	5	6	7	8	9
원	100	200	400	800	1,600	3,200	6,400	12,800	25,600

월	10	11	12	13	14	15	16	17	18
원	51,200	102,400	204,800	409,600	819,200	1,638,400	3,276,800	6,553,600	13,107,200

이렇게 하기 위해선 자신의 능력을 최대한 발휘하고 발전시켜야 한다. 자신의 창의력과 노력을 모두 쏟아부어야 한다. 쉽지는 않지만 해 볼만 한 일이다.

일 년 반 만에 당신은 이 계획이 아니었으면 없었을 돈이 2천 621만 4천 3백 원이나 생기는 것이다. 이렇게 모은 돈 중에서 6백만 원은 그동안의 노력에 대한 대가로 써라. 그리고 나머지 2천만 원은 투자를 해라. 20년이 지나면, 12% 이자로 계산해서 거의 2억 원에 가까운 돈이 생긴다.

**저축통장을 하나 만들고 18개월 동안 돈을 붓되,
저축액을 매달 두 배로 늘려라**

● 새로운 수입원을 찾는 방법을 배우게 된다.
● 18개월은 새로운 벌이를 찾기에 충분한 시간이다.
● 자신의 돈 버는 능력을 키우게 된다.
● 자신감이 생긴다. 곧 다가올 새로운 도전을 감당할 수 있게 된다.
● 현재 수입원에만 목을 매지 않아도 된다.
● 이 돈을 투자하여 번듯한 재산을 쌓는 초석을 마련할 수 있다.

수익을 결정하는 요소들

복리를 통한 자본증식에는 시간, 이자율, 투자액, 이 세 가지 요소만이 중요하다.

이제 이 세 가지를 살펴보자. 일단 12%와 20%와 같은 높은 이자율에서 출발하도록 하겠다. 10장과 11장에서 보게 되겠지만, 이 정도의 이자율은 충분히 가능하다. 주식은 독일에서 1948년 이래로 연평균 12%의 수익률을 보여 왔다. 좋은 펀드들 중에는 이를 상회하는 것들도 많다. 연 12%, 혹은 20%는 절대 드문 경우가 아니다.

시간

'시작은 빠를수록 좋다'는 말을 들어봤을 것이다. 왜 그런지, 여기 한 예가 있다.

당신이 매달 20만 원의 돈을 30세부터 저축하기 시작한다고 하자. 이 돈에 12%의 이자가 붙으면 65세가 되었을 때 당신은 10억 4천 9백 5십 7만 원을 갖게 된다. 이것은 당신이 돈에 35년이라는 시간을 주었기 때문에 가능한 액수이다.

반면 당신이 45세에 처음 시작하면 남는 시간은 20년이 된다. 같은 이자율을 기준으로, 똑같은 10억 5천만 원을 65세에 손에 쥐려면, 저축액을 무려 여섯 배, 즉 1백 20만 원으로 올려야 한다.

55세에 시작한다면 남은 시간은 10년밖에 없다. 그러면 당신은 10억 5천만 원을 받기 위해 매달 5백만 원의 돈을 부어야 한다.

그러니까 10억 5천만 원을 모으기 위해 당신은

● 35년 동안 매달 20만 원, 또는
● 20년 동안 매달 1백 20만 원, 또는
● 10년 동안 매달 5백만 원을 부어야 한다.

그러므로 꼭 명심해라. 일찍 시작할수록 당신이 할 일이 더 수월해진다.

바로 그래서 자녀를 위한 저축이 중요하다. 더 중요한 것은 아이들에게 저축하는 모범을 보여주는 것이다. 아이가 태어난 날부터 5만 원씩 저축하면, 이자율 12%를 기준으로, 아이가 35살이 되었을 때 2억 6천 2백 3십 9만 원이 모인다.

이자율

시간에 못지않게 중요한 것이 이자율이다. '시간은 돈이다'라는 말이 있다. 이 말은 '시간은 돈을 가져다준다'라고 바꿀 수도 있다. 이제 많은 사람들이 말도 안 된다고 생각하는 높은 이자율을 당신에게 소개하겠다.

독일에서 매년 수천 명의 사람들만이 20%가 넘는 투자수익을 내고 있다. 미국 가정주부들이 독일의 이자율이 일반적으로 어느 정도인지 알면 코웃음을 칠 것이다. 4, 5, 6, 7% 정도로는 미국에선 동정이나 사기에 딱 좋다. '세상에 독일 사람들보다 더 절약하는 사람들은 없다. 그리고 그보다 더 미련하게 투자하는 사람들도 없다'는 명성이 괜한 것이 아니다.

이제 다음 수치 비교를 보면, 높은 이자가 왜, 그리고 얼마나 중요한지 알 수 있다. 7, 12, 15, 21%의 차이는 상상을 초월한다. 당신이 35년 동안 매달 5만 원을 붓는다고 할 때, 이자율에 따른 수익의 차이는 얼마나 될까?

- ● 7% : 8천 3백 3십 6만 원
- ● 12% : 2억 6천 2백 3십 9만 원
- ● 15% : 5억 3천 9백 1십 2만 원
- ● 21% : 23억 3천 5백 8십만 원

예를 들어, 당신이 세 배의 이자를 받을 때 들어오는 돈은 세 배가 아니다. 당신이 실제로 받게 되는 돈은 거의 30배나 된다.

예를 하나 더 들어보자. 당신이 1백만 원을 투자했을 때, 7, 12, 15, 20%의 이자율에 따라 당신이 30년 뒤에 받게 되는 돈은 얼마나 차이가 날까?〈P250 표 참조〉

- 7% : 7백 6십 1만 원
- 12% : 2천 9백 9십 6만 원
- 15% : 6천 6백 2십 1만 원
- 20% : 2억 3천 7백 3십 7만 원

잘 생각해 보자. 1백만 원을 30년씩이나 묵혀 7백 6십 1만 원을 만들었다고 해서 뭐가 달라지겠는가? 까놓고 얘기해서, 그러느니 차라리 그냥 '탕진'해 버리고 말겠다. 하지만 만약 그 돈이 30배(이자율 12%), 심지어는 237배(이자율 20%)로 늘어난다면, 이거야 말로 정말 숨 막히는 일 아닌가?

당신의 할머니가 50년 전 당신을 위해 1백만 원을 투자했고, 실제로 그것이 평균 20%의 이자를 유지했다면 어떤 일이 벌어졌을 것 같은가? 1백만 원은 지금 90억 원이 되어 있다. 지금 당신 손에 90억 원이 없다면 그것은 당신 할머니의 '책임'이다. 그러므로 당신은 제때 손을 써, 미래의 손자한테서 그런 책임추궁은 당하지 말아라.

다음 페이지의 도표를 보면서 당신의 돈이 어떻게 불어날 수 있는지 한번 보자.

복리를 간단하게 계산하는 방법

매번 도표를 그려가며 계산하는 피곤함을 덜기 위해 간단한 복리 계산법을 소개한다.

72를 이자율로 나누면 당신의 투자액이 두 배가 되는 데 걸리는 햇수가 나온다.

> 72 ÷ 이자율 = 자본이 두 배가 되는 데 걸리는 햇수

매년 12%의 이자가 붙을 때, 몇 년이 지나야 1천만 원이 두 배가 되는지 한번 계산해 보자.

$$72 ÷ 12 = 6년$$

그러므로 12%의 이자가 붙을 경우, 당신이 투자한 돈은 6년마다 두 배로 늘어난다. 하지만 5% 이자가 붙으면 14년이 걸린다.

$$72 ÷ 5 = 14년$$

어째서 5% 이자로는 게임이 안 되는지 이제 알았을 것이다. 돈이 두 배가 되는 데 14년이나 걸리고, 이 돈이 다시 두 배로 되는 데 또 14년이 걸리니 말이다. 30년이 지나 봐야 원금 1천만 원은 겨우 4천 5백만 원이 될 뿐이다.

반면 12% 이자로 원금이 6년마다 두 배로 늘어나면 어떻게 될까? 12년 뒤엔 이미 두 배로 늘어난 돈이 다시 두 배로 늘어난다. 그리하여 30년이 지나면 원금 1천만 원은 대략 3억 원으로 불어나게 된다. 20%의 이자가 붙으면 24억 원이 되는 것이다.

이렇게 이자율은 아주 중요하다. 그러므로 당신은 10장과 11장을 잘 읽고, 어떻게 그런 이자율을 잡아낼 수 있는지 배워야 한다.

복리 도표 : 연간 투자액 120만 원 (단위 : 천원)

년	5년	10년	15년	20년	25년	30년	35년
1%	6,134	12,568	19,330	26,437	33,907	41,758	50,009
2%	6,271	13,168	20,784	29,192	38,475	48,724	60,040
3%	6,411	13,804	22,373	32,308	43,824	57,175	72,653
4%	6,556	14,476	24,111	35,835	50,098	67,452	88,656
5%	6,704	15,187	26,013	39,831	57,466	79,974	108,790
6%	6,855	15,939	28,094	44,361	66,129	95,260	134,244
7%	7,011	16,734	30,371	49,498	76,325	113,951	166,722
8%	7,171	17,576	32,865	55,329	88,336	136,834	208,094
9%	7,334	18,466	35,594	61,947	102,495	164,884	260,876
10%	7,502	19,408	38,583	69,464	119,198	199,296	328,295
11%	7,674	20,404	41,855	78,002	138,912	241,547	414,495
12%	7,850	21,458	45,439	87,703	162,186	293,451	524,785
13%	8,031	22,572	49,364	98,727	189,674	357,239	665,966
14%	8,216	23,751	53,663	111,255	222,145	435,653	846,744
15%	8,406	24,998	58,370	125,494	260,504	532,058	1,078,249
16%	8,600	26,316	63,525	141,677	305,822	650,584	1,374,701
17%	8,800	27,710	69,170	160,068	359,358	796,292	1,754,246
18%	9,004	29,184	75,350	180,968	422,596	975,382	2,240,022
19%	9,213	30,742	82,117	204,715	497,278	1,195,438	2,861,493
20%	9,428	32,389	89,524	231,693	585,457	1,465,733	3,656,143
21%	9,647	34,130	97,631	262,336	689,539	1,797,594	4,671,602
22%	9,872	35,970	106,503	297,133	812,352	2,204,839	5,968,323
23%	10,103	37,914	116,210	336,639	957,212	2,704,316	7,622,946
24%	10,339	39,968	126,830	381,476	1,128,004	3,316,542	9,732,515
25%	10,581	42,139	138,445	432,350	1,329,277	4,066,480	12,419,759

당신이 시간 여유가 없을수록, 또는 짧은 시간 안에 부를 쌓고 싶을수록 더 많은 이자를 받아내야 한다.

일시 투자액 1백만 원의 증가 도표 (단위 : 천원)

년	8%	10%	12%	15%	20%
1	1,080	1,100	1,120	1,150	1,200
2	1,166	1,210	1,254	1,323	1,440
3	1,260	1,331	1,405	1,521	1,728
4	1,360	1,464	1,574	1,749	2,074
5	1,469	1,611	1,762	2,011	2,488
6	1,587	1,772	1,974	2,313	2,986
7	1,714	1,949	2,211	2,660	3,583
8	1,851	2,144	2,476	3,059	4,300
9	1,999	2,358	2,773	3,518	5,160
10	2,159	2,594	3,106	4,046	6,192
11	2,332	2,853	3,479	4,652	7,430
12	2,518	3,138	3,896	5,350	8,916
13	2,720	3,452	4,363	6,153	10,699
14	2,937	3,797	4,887	7,076	12,839
15	3,172	4,177	5,474	8,137	15,407
20	4,661	6,727	9,646	16,367	38,338
25	6,848	10,835	17,000	32,919	95,376
30	10,063	17,449	29,960	66,212	237,376
35	14,785	28,102	52,800	133,176	590,668
40	21,725	45,259	93,051	267,864	1,469,772
45	31,920	72,890	163,988	538,769	3,657,262
50	46,920	117,391	289,002	1,083,657	9,100,438
100	2,199,761	13,780,612	83,522,266	1,174,313,451	82,817,974,522

얼마를 투자할 것인가?

지금까지 설명한 내용은 두 개의 문제로 요약된다.

● 투자한 돈이 두 배로 늘어나는 기간이 얼마인가? (이자율)
● 얼마의 돈을 두 배로 늘릴 것인가? (저축)

아무리 이자율이 좋아도 곱하기 0을 하면 결과는 0이다. 5천만
원은 어마어마한 돈은 아니다. 그저 고급 승용차 한 대를 살 수 있
을 뿐이다. 그렇게 볼 때 5천만 원은 최종 목표로 삼을 만한 액수가
아니다. 하지만 당신이 이 돈을 제대로 투자하면 20년 뒤에는 5억
원으로 불어난다(이자율 12%). 바로 그 때문에 현명한 사람들은
저축을 한다. 그들은 당장 눈앞의 5천만 원 대신 그 뒤에 있는 5억
원을 보는 것이다.

자본과 투자를 확보하지 않으면 의미가 없다

자본주의 시대에 들어서야 비로소 누구나 부자가 될 수 있는 길이
열렸다. 헤아릴 수 없이 많은 백만장자와 억만장자들이 자본주의적
경제 상황을 기반으로 탄생했다. 그것은 다름 아닌, 투자를 통한
자본 증식의 가능성이었다. 또 자본주의 시대에 들어서면서 복리가
그 결정적인 역할을 하기 시작했다.

자본투자는 투자자에게 유리하다. 그것은 투자수익 때문이다. 투자자는 스스로 기업가가 되지 않고서도 기업 활동에 참여할 수 있다.

또한 자본투자는 기업가에게도 유리하다. 기업가는 다른 사람의 돈으로 자신의 기업을 더 빨리 세우고 확장할 수 있기 때문이다. 다른 사람의 돈 없이는 빠른 성장을 기대할 수 없다. 근대 이후의 거대 기업들은 모두 빌린 돈을 기반으로 생겨났다.

월마트 창립자 샘 월튼의 예를 보자. 그는 미국 어느 소도시의 작은 상점 하나를 사들였다. 돈은 장인한테서 빌렸다.

그렇게 그는 할인매장을 창시하고, 고객이 다른 곳에서 자신의 상점보다 더 싼 가격으로 물건을 사면 당장 돈을 돌려주겠다고 약속했다. 사업 초기에 발생한 적자로 샘은 상점 운영을 포기할 위기를 맞았다. 그러나 그는 계속 돈을 빌려서 새로운 상점을 열어갔다.

그리고 그는 경쟁자들이 전혀 매출 가능성을 예상하지 못했던 소도시에 거대 할인매장을 세우는 기발한 아이디어를 냈다.

샘 월튼은 자신의 사업을 통해 엄청난 수익을 올리고, 수천의 일자리를 창출했다. 그리고 수백만의 사람들이 그의 매장에서 물건을 싸게 구입했다. 이런 그가 큰 부자가 된 것은 아주 당연한 일 아닌가? 한때 미국에서 가장 큰 부자로 평가되기도 한 그였지만, 생활은 아주 검소했다. 큰돈을 번 이후에도 처음 장만했던 집에서 계속 살았고, 낡고 찌그러진 차를 타고 다녔다. 돈을 빌릴 수 있는 기회는 그에게 축복이었다. 그는 자신이 꿈꾸던 인생을 살았다.

그러면 1975년에 샘 월튼 매장에 투자했던 사람들이 무엇을 얻었는지 한 번 살펴보자. 1975년에 4천 5백만 원을 투자했던 한 투자자는 10년 뒤 16억 원의 수익을 올렸다. 그가 그 돈을 그대로 두었다면 1995년 7월 31일 자로 133억 1천만 원의 수익을 올릴 수 있었을 것이다. 4천 5백만 원을 20년 만에 130억 원으로 만드는 것이 투자와 복리가 만날 때 발휘되는 위력이다. 월마트 사례는 아주 많은 성공담 가운데 하나에 불과하다.

잘 생각해 보라. 자본주의에는 자본이라는 단어가 들어가 있다. 당신이 자본과 투자를 활용하지 않으면, 자본주의는 당신에게 아무 의미가 없는 말장난이 되고 만다. 경제적으로 당신은 석기시대 한 가운데 사는 것이나 다름없다.

우리 마음에 들든 안 들든, 우리 시스템은 여러 면에서 강자는 더욱 강하게, 약자는 더욱 약하게 만든다. 이것은 우리 시대에 내재된 진화의 법칙처럼 보이기도 한다.

예컨대 조세체계란 기본적으로 기회균등의 원칙에 따라야 한다. 그러나 우리의 조세체계가 그 사정에 밝은 머리 좋은 사람들한테만 유리하게 돌아가는 것은 누구나 아는 사실이다. 그와 마찬가지로 자본주의도 돈을 잘 다루고 관리할 줄 아는 사람들한테만 유리하게끔 되어 있다. 그렇지 못한 사람들은 자본주의에 의해 파괴되고 만다. 고대 바빌로니아 사람들도 이미 이렇게 말했다. "돈은 돈의 법칙을 잘 알고 지키는 사람을 위해 예비되어 있다."

돈이 있는 사람들은 법의 틈새를 잘 아는 투자 상담가를 고용한다. 보통 사람들은 어느 정도 돈이 모였을 때 수익률 좋은 투자에 관심을 갖기 시작한다. 그러나 그 이전에 복리의 위력은 그들 곁을 비껴가고 있었다.

어째서 돈이 돈을 부르는가

좋은 투자 멘토를 고용하려면 돈이 많이 든다. 합법적으로 세금을 줄이는 데에도 돈이 든다. 좋은 세무사의 도움을 받는 데도 돈이 든다. 그러나 그들은 당신이 지불하는 돈의 몇 곱절을 절약하게 만들어준다. 돈이 많아 좋은 투자 멘토를 고용할 수 있는 사람은 1년에 12%에서 많게는 30%까지 수익을 올린다. 게다가 많은 경우 세금도 내지 않는다. 물론 합법적으로 말이다. 돈이 얼마 없고 투자지식도 별로 없는 사람은 1년에 기껏해야 2%에서 7.5% 정도의 수익을 올린다. 이 얼마 안 되는 돈을 다시 세무서, 인플레이션 등과 나누어야 한다.

어쩌면 당신은 평생 돈 버는 기계로 살아가야 할지도 모른다. 당신 자신을 위한 돈 버는 기계를 마련하겠다는 단호한 결심을 하지 않는다면 말이다. 황금알을 낳는 거위를 한 마리 키워라. 당신은 지금까지 이 거위가 얼마나 빨리 자라는지 보았다. 단 거위는 자기를 금방 잡아먹어 버리는 사람에게는 오려고 하지 않는다.

돈 불리는 법을 아는 사람이 부자가 된다

전체적으로 자본주의는 많은 사람들의 생활환경을 개선했다. 자본주의 구조 속에서 가난한 사람들조차도 다른 경제구조 속에 사는 사람들만큼 가난하지는 않다.

자본주의 구조 아래서는 다른 많은 사람에게 이득을 가져다줄 수 있는 사람만이 부자가 된다. 부자가 되려면 사람들이 원하는 상품 또는 서비스를 제공하고 많은 일자리를 창출할 수 있어야 한다. 오늘날처럼 이렇게 많은 기회가 있었던 적은 없다. 그리고 그것은 모두 자본주의가 움직인 결과이다.

그럼에도 불구하고 자본주의는 우리를 만족스럽게 하지 못하고 있다. 자본주의는 모든 사람에게 내려진 '축복'은 결코 아니다. 자본주의는 새로운 계급사회를 만들었다.

그래서 나는 자본주의가 동반한 자체 동력이 영 마음에 들지 않는다. 이제 소수를 위한 자본주의를 누구에게나 혜택이 돌아가는 자본주의로 만들어야 할 때가 되었다. 주식을 통해 경영 참여 기회가 주어지고, 펀드를 통해 더 많은 사람들이 큰 위험 부담 없이 다양한 회사에 투자할 가능성이 생기는 것은 그를 위한 중요한 단초이다.

이제 필요한 것은 계몽된 자본주의다. 지구상 모든 인간의 윤택한 생활을 가능케 하는 계몽이 필요한 것이다. 그것은 자본이 생활을 받쳐주는 에너지가 되는 삶이다.

나는 이 책을 통해 그러한 계몽에 참여하고 싶다. 당신은 개인적으로 부를 쌓고, 자신의 예를 다른 사람들에게 보여줌으로써 거기에 참여할 수 있다.

● 돈과 관련해선 책임의 원칙이 적용된다. 갖고 있는 돈을 불리는 사람은 부자가 되고, 돈 불리는 법칙을 무시하는 사람은 갖고 있는 돈도 잃게 된다.

● 복리의 위력을 알고도 이를 활용하지 않으면, 그것은 자본 증식의 법칙을 무책임하게 무시하는 것이다.

● 복리를 통한 자본 증식에는 시간, 이자율, 투자액, 이 세 가지 요소만이 중요하다.

● 일찍 시작하면 할수록 당신은 그만큼 수월하게 돈을 불릴 수 있다.

● 이자율을 3배 높이면 수익은 거의 30배 가까이 늘어난다.

● 당신이 자본과 투자를 활용하지 않으면, 자본주의는 당신에게 아무 의미가 없는 말장난이 되고 만다.

● 돈은 돈의 법칙을 알고 지키는 사람을 위해 예비되어 있다.

● 자본주의는 부자를 더욱 부자로 만들고, 그 법칙을 무시하는 사람들한테선 그들이 가진 것마저 거두어 간다.

● 이제 '소수를 위한 자본주의'에서 모든 사람에게 고루 혜택이 돌아가는 자본주의로 바꿀 때가 되었다. 당신은 개인적으로 부를 쌓고, 자신의 예를 다른 사람들에게 보여줌으로써 거기에 기여해야 한다.

● 주식투자의 기본 규칙 10가지

1. 증시는 호황과 불황이 반복된다.
2. 큰 이득을 보려면 돈을 최소 2년에서 5년 정도 주식에 묻어둘 마음을 가져야 한다.
3. 적어도 다섯 가지 이상의 다양한 주식을 매수하라.
4. 주식을 처분하고 난 뒤에 수익과 손해를 말하라.
5. 수익은 주가 상승과 배당금에서 나온다.
6. 주가 폭락도 좋은 면이 있다. 주식을 싸게 사들일 좋은 기회가 된다.
7. 사람들 말을 절대 듣지 마라.
8. 올바른 타이밍과 합리적인 근거가 중요하다. 감정을 앞세우는 사람은 게임에서 결코 이길 수 없다.
9. 투자할 돈은 사전에 마련해야 한다.
10. 주식은 항상 현금을 이긴다.

10
왜 돈을 불려야하는가

독일인은 저축에 있어선 세계 제일이다.
반면 진짜 수익을 올리는 자본투자에 있어선 꼴찌다.
프란츠 라프의 《주식의 모든 것》에서

나의 재정 멘토는 성경을 즐겨 인용했다. 특히 나에게 중요한 가르침을 주고자 할 때 성경의 이야기들을 예로 들어 말했다. 그 가운데서도 창세기에 나오는 유명한 '바로 왕의 꿈' 이야기를 자주 들려주었다.

어느 날 바로 왕이 아주 불길한 꿈을 꾸었다. 꿈속에서 그는, 살이 통통하게 잘 오른 암소 일곱 마리가 나일강에서 나오는 것을 보았다. 그런데 뒤이어 뼈만 앙상하게 남은, 야위고 흉측한 암소 일곱 마리가 물에서 나오더니, 순식간에 살찐 암소들을 덮쳐 먹어버렸다. 하지만 그런데도 야윈 암소들은 여전히 비쩍 마른 상태 그대로였다.

바로 왕은 요셉이 꿈 해석에 능하다는 말을 듣고, 그를 불러 꿈의 의미를 물었다. 요셉은, '살찐 일곱 암소는 7년 동안 대풍이 들 것을, 그리고 야윈 일곱 암소는 그 뒤 7년 동안 흉년으로 기근이 들

것을 암시한다고 말했다.

이에 바로 왕이 심각한 얼굴로, 그럼 앉아서 당하는 수밖에 없느냐고 묻자, 요셉은 그것을 바꿀 수는 없지만 준비는 할 수 있다고 대답했다. 즉, 명철한 사람을 총리로 임명해, 풍년이 드는 동안 모든 사람이 수확의 5분의 1을 저장하도록 다스리면 흉년에도 굶주리지 않을 충분한 양의 곡식을 비축하게 된다는 것이었다.

바로 왕은 요셉을 총리로 임명해 그 계획을 실행에 옮겼다. 정말 애굽에는 7년 동안 대풍이 들었고, 그 누구도 자기 수확의 5분의 1을 비축하는 것을 힘들어하지 않았다.

흉년에 대비하라

그리고 나의 재정 멘토는 덧붙여 말했다.

"대부분 사람들은 앞으로 흉년은 절대 들지 않을 것처럼 산다. 하지만 흉년은 반드시 온다."

나의 재정 멘토는 머지않아 경제구조에 근본적인 변화가 온다고 처음으로 예측한 사람 중에 하나였다. 독일만 하더라도 옛날에 사람들은 벌이가 괜찮은 직업 하나만 갖고 있으면 평생 큰 어려움 없이 먹고 살 수 있었다. 일에서 은퇴한 뒤엔 국가와 회사가 주는 연금으로 노후가 어느 정도 보장되었던 것이다.

그런데 연금은 어떻게 보장되는가? 그것은 소위 '세대 간의 계약'이 잘 이행될 때 비로소 보장된다. 일할 수 있는 세대가 은퇴한 세대를 먹여 살리고, 그 젊은 세대가 다시 나이가 들면 그다음 젊은 세대가 그들을 책임진다는 계약 말이다.

하지만 장래엔 이러한 계약이 아무 기능도 하지 못하게 된다는 것을 우리는 이미 알고 있다. 독일의 경우, 2020년 이후 일하는 세대가 도저히 감당할 수 없을 정도로 연금 수령자가 늘어나게 되었다. 유감스럽지만, 오늘날 우리는 이 사실을 분명히 인식해야 한다. '그다음 세대는 몰라도 적어도 너희 세대까지의 연금은 안전하다'느니, '연금만큼 확실한 투자가 없다'느니 하고 온 나라가 아무리 달콤한 얘기를 떠들어도 거기에 현혹되면 안 된다. 그건 말 그대로 꾸며낸 이야기, '동화'일 뿐이다. 모든 사람이 듣고 싶어 하는 '거짓말'인 것이다. 하지만 아무리 그래도 거짓말은 거짓말이고, 동화는 한낱 동화일 뿐이다.

애굽 사람들은 흉년에 대비해서 아주 간단한 방법을 사용했다. 똑똑한 경제부총리를 세워, 전체 수확의 20%를 비축하도록 했다. 오늘날에도 경제부총리는 있고, 그는 돈 버는 사람들한테서 그들 수입의 20%가 훨씬 넘는 돈을 모아간다. 하지만 옛날과 지금은 큰 차이가 있다. 오늘날의 경제부총리도 돈을 모아가기는 하지만 바로다 써버린다. 흉년에 쓸 수 있는 돈은 남지 않는다. 정말 한 푼도 남지 않는다.

그러므로 당신에게 다른 선택은 없다. 당신 스스로 자기 인생의 경제부총리가 되어 최소한 수입의 10%는 모아둬야 한다. 물론 애굽 사람들의 교훈을 따라 20%를 저축한다면 더 좋을 것이다.

달콤한 말에 속지 마라

어쩌면 아직도 당신은 연금의 혜택을 맘껏 누리고 있는 몇몇 주변 사람들에게 마음이 쏠리고 있는지도 모르겠다. 그리고 내 이야기를 너무 부정적으로 과장된 이야기라고 치부할지도 모른다. 하지만 속지 마라. 대략 2050년이 되면 우리는 지금과 전혀 다른 세상에 살게 될 것이다. 국가가 주는 연금에 더 이상 기댈 수 없게 된다는 건 아주 간단한 산수로 분명하게 증명한다.

연금은 필요한 자금을 더 이상 감당할 수 없을 정도로 그 재원이 고갈될 것이다. 사회는 점점 노령화되고, 그에 따른 의료보험 지출은 점점 늘어난다. 누가 그 돈을 댈 것인가?

이때 갑자기 뿅 하고 나타나서 모든 사람을 먹여 살릴 커다란 곳간 문을 열어젖힐 요셉은 없다. 그런 곳간은 아예 있지도 않다. 우리는 산업화 시대를 거쳐 정보화 시대로 넘어와 있다. 사람들이 아직 구체적으로 실감하지 못하는, 정보화 시대의 영향 중 하나가 바로, 이제 우리의 연금을 우리 스스로 준비해야 한다는 사실이다. 20년 후에, 또는 그 뒤에 연금을 받게 될 사람은 흉년에 크게 허덕이지 않도록 지금부터 대비해야 한다. 그때 가서 '진작 알았더라면……', '진작 알려줬더라면……' 이라고 자신과 남을 원망해 봐야 아무 소용이 없다. 이제 우리는 스스로 자기 곳간을 만들고, 스스로 자기 인생의 경제부총리가 되어야 한다. 스스로 자기 인생에 책임을 져야 하는 것이다.

큰 변화의 시기엔 항상 승자와 패자가 있다

당신은 이 세상의 불공평함을 그냥 보아 넘기지 못하는 사람인가? 하지만 또 우리는 얼마나 쉽게 소모적인 논쟁에 휘말려 들어 '왜'라는 질문을 남발하게 되는가? 앞서 2장에서 보았듯이, '왜'라는 질문이 항상 좋은 것은 아니다. '왜'라고 묻다보면 설명을 찾게 되고, 그 설명은 변명으로 쓰이는 경우가 허다하다. 게다가 '왜'라는 질문에 몰두하는 것은 종종 행동에 방해가 된다.

커다란 변화가 생기면 거기엔 항상 승자와 패자가 있게 마련이다. 그리고 거기엔 항상 커다란 '불공평'이 따른다. 하지만 거기에 온 신경을 집중하는 것은 별 도움이 되지 않는다. 그런다고 우리의 상황이 달라지지 않기 때문이다.

오늘날 정보화 시대의 패자는 여전히 국가와 회사에 자신을 의탁하려는 사람이고, 승자는 그 책임을 스스로 떠안는 사람이다. 세상에는 자신이 희생자임을 자처하는 사람이 있는가 하면, 책임자를 자임하는 사람이 있다. 자신을 희생자로 자처하는 사람은 오늘날 그 누구도 지킬 수 없게 된 과거의 약속에 목을 매고, 국가와 회사만 쳐다보는 사람이다.

반면, 책임자를 자임하는 사람은 그 약속의 이행 여부에 따라 자기 인생의 행복이 좌우되는 것을 용납하지 않는 사람이다. 그들은 괴테가 남긴 말의 의미를 아는 사람들이다.

"너희는 이것 하나만큼은 항상 기대해도 좋다. 그것은 기대하지 않은 일이 일어난다는 것이다."

그들은 그 '기대하지 하지 않은 일'을 자신의 책임으로 간주하고 미리 대비하는 사람들이다.

딜레마는 훨씬 전에 시작된다

바뀐 세상이 가져올 또 다른 영향 하나를 우리는 훨씬 빨리 몸소 겪게 된다. 그것은 이제 더 이상 '평생직장'이란 게 존재하지 않는다는 것이다. 그래서 오늘날 수많은 사람들이 자기 인생의 '흉년'을 첫 연금을 타기 훨씬 전에 맞는다. 잘나가던 시절에 20%를 떼어놓는 것에 인색했기 때문이다.

어째서 그런 일이 생기는가? 우리는 모두 우리를 '희생자'로 몰아가는 두 가지 환상에 쉽게 빠지기 때문이다.

우선 첫째로, 경제가 호황일 때 우리는 '이 호황이 영원히 지속될 것' 처럼 생각한다. 그리고 한동안 돈이 잘 벌리면 앞으론 더 많이 벌 수 있을 거라고 믿어버린다. 하지만 나의 재정 멘토는 항상 반복해서 강조한다. 대개 '야윈 암소(흉년)'는 기대하는 것보다 훨씬 빨리 다가온다는 것이다.

두 번째는, '풍년을 풍년으로 인식하지 못 한다'는 점이다. 그러다가 흉년이 몰아닥친 다음에야 비로소 '옛날이 좋았다'고 한탄 한다. 그러니까 많은 사람들이 지금이 호황임에도 진짜 호황은 좀 더 기다려야 된다고 믿고 저축과 투자를 뒤로 미루는 것이다.

현실을 직시하라

많은 사람들이 저축을 너무 등한시한다. 좋은 집에 살고, 큰 차를 타고, 최신 TV와 전자제품을 사는 데만 관심이 있다. 주택부금 조금 붓고, 소액 보험 한두 개 들고, 나머지 얼마 되지 않는 돈, 통장에 넣어둔 것이 전부다. 그리고 그들은 자신을 희생자로 몰아가는 두 가지 환상에 빠져있다. 그리고 일부 저축을 하는 사람들도 투자는 하지 않는다. 그들은 진정한 의미의 '투자자'가 아닌 것이다. 많은 사람들이 돈이 제대로 불어날 수 없는 이런저런 곳에 돈을 묻어두고 '투자'라는 걸 했다고 생각한다. 또 어떤 사람들은 '투기'와 '투자'를 혼동한다. 이 두 가지가 얼마나 큰 차이가 있는지에 대해선 다음 장에서 다시 설명하겠다.

그 차이는 실로 중요하다. 투기하는 사람은 절대로 거위를 키울 수 없다. 따라서 정기적으로 황금알을 손에 쥘 수도 없다. 다시 말해, 투기자는 고정적인 수입을 기대하기 어렵다는 말이다. 단지 투기자는 손에 쥔 것을 팔아서 돈을 벌 뿐이다.

돈을 불리려면, 무엇보다 투기하지 말고 투자를 해야 한다. 저축하고 어딘가에 돈을 맡긴다고 해서 다 투자는 아니다. 내 재정 멘토의 말을 빌리자면, '투자자는 팔면서 돈을 버는 게 아니라 사면서 돈을 번다'는 것이다. 유감스럽게도 나 역시 이 말의 의미를 이해하는 데 오랜 시간이 걸렸고, 때문에 많은 돈을 그 대가로 치렀다. 요컨대, 손에 쥔 것을 팔아서 수익을 얻으려 한다면, 그것은 시작부터 잘못된 것이다. 그것은 투자가 아니라 투기이기 때문이다. 그리고 투기자는 경우에 따라 행운을 잡을 수도 있고, 실패를 겪을 수도 있다. 하지만 어느 경우든 그 결과에 끼칠 수 있는 자신의 영향이라는 것은 극히 제한적일 수밖에 없다. 또한 그 결과 역시 아주 제한적으로 예측할 수밖에 없다.

2000년, 2001년, 그리고 2002년의 경우

독일의 경우, 많은 사람들이 2000년, 2001년, 그리고 2002년 증시에서 큰돈을 손해 보았다. 그 주된 이유는, 그들이 투자가 아니라 투기를 했기 때문이다.

11장에서 자세히 설명하겠지만, 여기서 우리는 돈을 '투자하는 것'과 '묶어두는 것' 사이에도 중대한 차이가 있다는 점도 명심해야 한다. 아마도 당신은 지금 이렇게 말할 것이다. "아, 그 정도야 나도 분명하게 구분할 수 있지!" 하지만 당신은 이 대목에서 대부분 사람들이 큰 오류를 범하고 있다는 사실을 보게 될 것이다. 그것도 아주 치명적인 오류 말이다. 예를 들어, 많은 사람들은 자기 집을 사면서 '투자를 했다'라고 생각한다. 실제로는 단지 돈이 자기 수중에서 빠져나갔을 뿐인데도, 자기가 무슨 대단한 '투자가'라도 된 것 같은 착각에 빠진다.

나의 재정 멘토는 항상 강조했다. "투자는 돈이 항상 당신 주머니 안으로 흘러들도록 한다. 반면 돈을 묶어두면 돈이 당신 주머니에서 빠져 나간다." 그러니까 '현금 흐름의 길'을 보면 그것이 투자를 한 것인지 단순히 돈을 묶어둔 것인지 알 수 있다는 것이다.

치명적인 것은, 많은 사람들이 실제론 돈을 묶어두고, 그것으로 투자를 했다고 믿는다는 점이다. 이런 사람들은 부자가 되기는커녕 점점 가난해진다. 그리고 이들은 돈을 불리는 건 고사하고 돈을 까먹는다. 자신들은 다 제대로 잘했다고 믿지만 돈은 시간이 흐를수록 점점 줄어든다. 유감스럽지만, 많은 사람이 가는 길이 항상 올바른 길은 아니다. 부동산이야말로 가장 현명한 투자라고 모든 사람이 하나같이 말한다 해도 그건 틀린 말이다. 물론 자기 이름으로 된 집에 사는 것은 편하고 좋은 일이다. 나 역시 그렇게 한다. 하지만 그것은 투자는 아니다. 그것이 돈을 가져다주지는 않는다. 그것으로 인생의 흉년을 준비할 수는 없는 것이다.

증시에 차가운 겨울이 또다시 올까

제2차 세계대전 후 세계 증시엔 크고 작은 파동이 끊이지 않았다. 하지만 그 내용을 자세히 들여다보면, 그 가운데 아주 엄청나다고 할만한 파동은 거의 없었고, 주가는 언제나 얼마 안 가 다시 제자리로 돌아오곤 했다. 마치 그것은 '밤과 낮' 정도의 작은 순환이라고나 할까, '여름과 겨울' 같은 커다란 순환은 결코 아니었다.

그래서 이제 1929년부터 1932년 사이에 있었던 세계 경제 대공황 같은 대재앙이 증시에 또다시 닥칠 거라고 보는 사람은 거의 없다.

몇 해 전부터 나는 '여름과 겨울'의 순환은 그렇게 쉽게 소멸되지 않는다고 말해 왔다. 그럼에도 호황기에 신문을 펼쳐 들면 온통, '지금은 옛날과 모든 상황이 다르다. 세계 경제의 대공황 같은 것은 더 이상 오지 않는다'는 낙관적인 주장 일색이었다. 하지만 펀드매니저 세계의 신화적 존재인 존 템플턴 경은 말한다. "자본 투자 거래에서 가장 위험한 말은 '지금은 모든 상황이 다르다'는 말이다."

얼마 전 나는 해변에서 모래성을 쌓으며 즐거운 시간을 보내는 한 가족을 보았다. 그들은 모두 땀을 뻘뻘 흘리며 열심히 성을 쌓았고, 얼마 후 정말로 멋진 성을 하나 완성했다. 그런데 안타깝게도 밀물 때가 되어 물이 점점 거세게 밀려들어 오기 시작했다. 그 가족들은 실망스러운 표정을 지으면서도 일단 모래성 앞에 방어벽을 쌓으려고 했다. 그들이 열심히 모래를 퍼 나르는 동안에도 파도는 쉬지 않고 가까이 다가왔고, 끝내는 방어벽을 허물어 버렸다. 파도는 한번 밀려 들어오기 시작하면 멈출 방법이 없다.

대공황은 닥칠 수 있고, 또 언젠가는 다시 올 것이다. 밤과 낮이 바뀌는 정도의 공황도 있겠지만, 계절이 바뀌는 정도의 위력을 가진 공황도 있을 것이다. 긴 여름 뒤엔 반드시 겨울이 오게 마련이다. 잠시 지나가는 소나기가 있는 것처럼 몇 달이 가도 그칠 줄 모르는 장마도 있다. 그것이 자연의 이치이고, 경제 또한 그러하다. 때가 되면 물은 다시 밀려드는 것이다.

한편으론 욕망에, 다른 한편으론 불안에 휘둘리는 인류가 존재하는 한 그러한 위기는 항상 있을 것이다. 물론 많은 사람들이 생각하는 것처럼, 오늘날의 경제는 그러한 '저차원적'인 변동 요인에 더 이상 큰 영향을 받지 않게 되었을 수도 있다. 그러한 것들은 진화된 경제이론, 진보된 시장 논리, 그리고 새로운 정보 네트워크를 통해 많이 교화되었기 때문이다.

그럼에도 나는 대공황의 가능성에 대한 수많은 이유를 댈 수 있다. 그 가장 중요한 이유는, 이미 과거에 그러한 공황이 항상 있었기 때문에 앞으로도 있을 거라는 점이다. 왜냐하면 인류는 바뀌지 않았기 때문이다.

앞서 말했듯이, 2000년, 2001년, 그리고 2002년에는 많은 투자자들이 주식으로 큰 손실을 입었다. 3년 연속으로 말이다. 이런 경우는 제2차 세계대전이 끝난 후로 한 번도 없었다. 이런 시나리오가 현실화될 거라고 생각한 사람은 거의 없었다. 나 역시도 그랬다. 나는 증시의 일대 전환이나 주가의 대폭락은 2010년 이후에나 올 거라고 내다봤었다. 이제야 사람들은 갑자기 호들갑을 떨며 경제와 증시를 움직이는 '커다란' 순환에 대해 다시 떠들기 시작한다.

대공황이 왔을 때 가장 치명적인 것은, 그것이 흉년을 대비해서 마련해 둔 비상금마저 집어삼킨다는 점이다. 특히 이미 일에서 은퇴한 노년층에는 돌이킬 수 없는 타격을 입힌다. 뿐만 아니라 그동안 열심히 저축하고 현명하게 투자해 왔다고 믿는 청장년층의 수많은 사람들도 적지 않은 타격을 입게 된다. 직장과 돈을 잃고 거리로 내몰리는 사람이 속출할 것이다. 정말 상상하기도 싫은 끔찍한 상황이다. 이 대목에서 중요한 것은 어떻게 투자해야 하는지를 아는 일이다. 그리고 투자와 투기, 돈을 투자하는 것과 묶어두는 것을 혼동해서는 안 된다.

나는 증시를 침체시킬 차가운 겨울이 다가오고 있다고 보는 사람 가운데 하나다. 물론 오늘내일 사이에 그런 일이 벌어지지는 않을 것이다.

하지만 앞으로 일어날 일을 두고 어느 누가 장담할 수 있겠는가. 물론 나도 앞일을 예측하려는 시도를 끊임없이 한다. 그리고 그런 예측이 맞아떨어질 때도 있고, 그렇지 않을 때도 있다. 누구나 마찬가지지만, 나도 내 예측이 맞으면 금방 우쭐해지고, 맞지 않으면 '앞일은 아무도 알 수 없다'는 말을 얼른 떠올린다. 암튼 미래를 예측하는 것은 아무나 쉽게 하는 일이 아니다.

중요한 것은, 우리가 투자할 때 세계적인 경제 대공황의 가능성까지도 염두에 둬야 한다는 점이다. 그렇다고 그런 가능성 때문에 위축되어선 안 된다. 현명한 투자자는 모든 사이클을 잘 이용해서 자기 거위를 살찌우고, 황금알을 고정적으로 받아내는 사람이다. 하지만 그러기 위해선 먼저 알아야 할 중요한 사항들이 몇 가지 있다. 실제로 투자자들에게 위기야말로 큰 수익을 창출할 수 있는 절호의 기회인 것이다. 투기자는 큰 위기가 닥치면 희생자로 전락하지만, 투자자는 더 부자가 된다.

주변에 현혹되지 말고 대비하라

노아의 방주 이야기를 아는가. 당시 노아는 유사 이래 한 번도 하늘에서 비가 내리지 않은 지역에 살았다. 그런데 그는 어느 날 갑자기 하나님으로부터 커다란 배를 만들라는 명령을 받는다. 커다란 홍수에 대비해 배를 만들라는 것이었다.

노아가 사막 한 가운데 방주를 만들기 시작했을 때 사람들이 그를 보고 무슨 생각을 하고 무슨 말을 했을지는 쉽게 짐작이 되는 일이다. 조각배 하나 필요치 않은 곳에 커다란 방주를 만들다니! 모르긴 몰라도 주변 모든 사람들이 그것이 얼마나 황당하고 의미 없는 일인지를 그의 귀가 따갑도록 떠들었을 것이다.

"왜 이렇게 의미 없는 일로 네 시간을 허비하는가? 한 번뿐인 인생인데……."

그런데도 노아가 꿈쩍도 하지 않고 하던 일을 계속하자, 친구들마저 그에게서 등을 돌리기 시작했다. 좀 똑똑하고 배운 사람들은 어째서 홍수가 일어날 수 없는지 좀 더 유식한 말로 그를 설득하려 했을 것이다. 이제 사람들은 노아를 완전히 말이 안 통하는 정신병자로 보았다. 모든 사람이 자신을 미친 사람 취급하는데 자기 생각과 계획을 고수하는 건 쉬운 일이 아니다. 하지만 역사는 결국 노아의 손을 들어 주었다. 정말로 대홍수가 일어난 것이다.

당신이 지금 어느 시점에서 이 책을 읽는지 나는 알 수 없다. 현재 당신을 둘러싼 경제 환경이 어떤지, 증시 상황이 어떤지는 더더구나 알 수 없다. 어쩌면 아주 낙관적인 분위기에 들떠있을지도 모른다. 만약 그렇다면 경기 침체의 가능성을 경고하는 게 귀에 잘 안 들어올 것이다. 하지만 그럴수록 노아의 경우를 되새길 필요가 있다.

또 어쩌면 지금 당신은 침체된 분위기에 불안해하고 있을지 모른다. 그래서 어차피 지금은 투자해 봐야 큰 수익을 기대하기 어렵다고 생각할 수도 있다. 또 주변의 많은 사람들이 경기가 안 좋아 당장 먹고살기도 힘든데 비상자금을 만들 여력이 어디 있느냐고 앓는 소리를 해대고 있다.

그러면 그럴수록 사막 한가운데서 방주를 만들던 노아를 거울삼아, '지금 투자하라'는 나의 호소를 절대 흘려듣지 말라.

그리고 어떤 극한 상황이 다가와도 현혹되지 않는 것이 중요하다. 1929년과 같은 세계 경제 대공황이 실제로 닥치지 않는 한 우리는 얼마든지 돈을 모으고 저축할 수 있다. 내 말을 믿어라. 당시의 대공황은 사람들이 상상하는 것보다 훨씬 더 심각했다. 아주 극단적인 비관주의자들의 예측마저도 실제 벌어진 상황 앞에선 아무것도 아니었다. 그러므로 대비를 게을리하지 말라.

언제고 풍년은 돌아온다. 그리고 흉년도 마찬가지다. 그러므로 과장된 비관론에 위축되지도 말고, 근거 없는 낙관론에 사로잡히지도 말라. 차라리 그 시간에 경제에 대한 안목과 지능을 키워라. 중요한 결정은 스스로 하라. 단, 결정할 땐 다음 장에 소개되는 기본 원칙들을 명심하라. 물론 그 기본 원칙들을 따른다고 해서 자동으로 모든 결정을 제대로 하게 되는 건 아니다. 좋은 투자자는 경기 사이클에 영향을 받지 않고 돈을 벌어들이는 사람이다. 그리고 한두 번 잘못된 결정을 하더라도 전체적으론 돈을 불리는 사람이다. 그것은 기본 원칙을 충실히 따를 때 가능한 일이다.

변명하지 마라

나의 재정 멘토는 종종 이런 말을 했다. "변명이란, 실패자로부터 우리에게 옮아오는 말이다." 그는 나의 목표가 무엇인지 물었다. 그리고 내 답변에 대해서 이렇게 말했다. "당신이 한 번에 얼마나 많이 벌어들이냐는 중요하지 않다. 중요한 것은 당신이 어떤 사람이 되느냐이다." 그가 말하는 올바른 됨됨이를 갖춘 사람이란 자기 자신에 대해 진솔한 사람이다.

앞서 2장에서 한 말을 기억하는가? "당신이 누군가에게 책임을 미루면, 그에게 권한을 넘기는 것'이라는 말, 말이다. "경기가 안 좋아서 그렇게 됐어. 이번에 난 너무 어렸어. 난 너무 나이가 많았어. 정부 정책이 문제였어. 나도 좋은 부모 만났으면……' 자기에게 주어지는 책임을 거부하는 사람에겐 돈이 따를 수 없다. 그리고 자기 자신에 대해 솔직하지 않은 사람에게 경제적 풍요가 주어질 수 없다. 책임을 미룰 곳을 찾는 데 우리의 에너지를 사용하면 우리는 해결책 대신 변명을 찾게 된다.

변명은 자기 자신에게 늘어놓는 거짓말이다. 우리는 자기 자신에 대해 솔직해질수록 점점 더 많은 책임을 떠맡게 된다. 많은 사람들이 말한다. "나는 제대로 된 투자법을 정식으로 배울 시간이 없어." 정말 그런가? 그게 정말 진짜 이유인가? 정말 자기 자신에 대해서 좀 더 솔직해질 수는 없는가? '투자법을 배우는 데 시간을 들일 준비가 나는 아직 안 돼 있다'라고 솔직하게 말하는 건 어떤가? 진짜 올바른 됨됨이를 갖춘 사람은 자기 인생의 기회들을 온갖 구실과 변명으로 덧칠하지 않는다. 변명은 우리를 가난하게 묶어둔다.

우리 안엔 두 가지 소리가 있다

우리 안에는 누구나 다양한 성향이 잠재되어 있다. 우리 안에선 때때로 경제적으로 실패한 사람의 목소리도 들려오고, 때론 경제적인 지식과 안목을 지닌 사람의 목소리도 들린다. 그리고 우리 안엔 희생자를 자처하는 사람의 소리도 있고, 책임자를 자임하는 사람의 소리도 있다. 우리 안의 그 무언가가 변명을 찾는 동안 우리 안의 또 다른 힘은 어떤 식으로든 성과를 끌어내기 위해 애쓴다. 완전히 상반된 두 힘이 우리 안에 있는 것이다. 이 두 가지가 우리 안에 공존하는 까닭은, 우리 안에 실로 다양하고도 많은 인상과 사람들이 각인되어 있기 때문이다.

우리가 경제적 자유에 이르는 데 있어서 결정적인 것은, 우리가 두 가지 소리 가운데 어디에 귀를 기울이느냐는 것이다. 희생자의 소리인가, 아니면 책임자의 소리인가……

당신 안에 있는 작은 그릇으로 큰 그릇을 덮으려는 우를 절대 범하지 말라.

앞서 말한 '예측한다는 것'과 관련해서 한마디만 더 하겠다. 자기의 부정적인 예언이 맞아떨어졌다고 해서 그것을 기뻐하는 예언자는 없을 것이다. 나 역시 마찬가지다. 나의 관심은 당신에게 예측이 맞아떨어질 것인지 아닌지 고민하도록 하는 데 있지 않다. 나의 관심은 당신에게 나의 예측이 맞아떨어질 경우에 대비하도록 하는 것이다. 그러므로 여기서는 '예측'이 중요한 게 아니라, '예비'가 중요하다는 말이다. 평소에 잘 예비하고 있으면, 어느 날 갑자기 여윈 암소들이 나타나더라도 크게 겁날 게 없다. 그뿐이 아니다. 내일 당장 세계 경제의 대공황이 일어나더라도 당신이 돈만 동원할 수 있다면, 그 공황은 당신에게 상상도 할 수 없는 만큼 많은 가능성과 기회를 제공할 것이다. 하지만 여윈 암소들이 나타나지 않는다고 해서 공연히 많은 대비를 했다고 한탄할 필요는 물론 없다.

세계 금융가의 큰 손이자 '투자의 귀재'로 통하는 워런 버핏은 말한다. "수영장 물이 빠진 다음에야 비로소 우리는 누가 발가벗고 수영했는지 알게 된다." 우리는 위기가 닥쳐야 누가 진정한 투자자인지 구별할 수 있게 된다는 말이다.

*당신에게 꼭 필요한 파워 아이디어

● 당신은 자신의 미래에 대한 책임을 스스로 져야 한다. 스스로 자기 인생의 경제부총리가 되어, 당신 수입의 최소 10%, 가능하다면 20%를 비축하라.
● 돈을 불리려면 수익을 올릴 수 있는 곳에 돈을 투자해야 한다.
● 증시는 항상 일정한 사이클에 따라 변동한다. 그러므로 증시

의 파동이나 공황까지도 항상 고려하는 것이 반드시 필요하다.

● 투기자는 위기에 희생자로 전락하지만, 투자자는 더 부자가 된다.

● 어떤 극한 상황이 다가와도 현혹되지 말라. 대중이 하는 소리에 귀를 기울이지 말라. 당신의 계획을 고수하라.

● 분명한 기본 원칙을 세우고 그것을 지켜라. 그리고 그 원칙에 따라 결정하라.

● 변명은 자기 자신에게 하는 거짓말이다. 그것은 우리를 가난에 묶어둔다.

● 우리 안에는 경제적 패자와 승자의 목소리가 공존한다. 우리가 경제적 자유에 이르는 데 있어서 결정적인 것은, 우리가 두 가지 가운데 어디에 귀를 기울이느냐는 것이다.

11

투자의 기본 원칙

자본주의와 사회주의의 차이는 아주 간단히 설명된다.
그것은 커다란 케익을 불공평하게 나누느냐, 작은 케익을 공평하게 나누느냐의 차이
다. 그런데 그 결과를 보면, 공평하게 나눈 작은 케익 조각이 불공평하게 나눈
커다란 케익의 가장 작은 조각보다도 훨씬 작다.

앙드레 코스톨라니

독일 내외의 많은 저널리스트들은 나를 두고 '돈에 도가 통한 사람'이라고 부른다. 하지만 분명히 말하건데, 나는 그 정도 도사는 아니다. 돈에 대한 도사가 되려면 실수를 하지 말아야 한다. 하지만 나는 많은 실수를 했고, 앞으로도 하게 될 것이다. 그보다 나의 관심은 많은 사람들이 자기 삶의 질과 품위를 높이도록 돕는 데 있다. 그러기 위해선 일정한 수준의 경제적 여유를 먼저 확보해야 할 것이다.

이번 장에서는 어떻게 해야 자신이 가진 거위를 살찌우고, 그로부터 좋은 수익을 얻어낼 수 있는지 설명하려 한다. 이를 위해 당신은 여기 나오는 기본 원칙들을 마음에 새기고, 거기에 입각해 중요한 선택을 할 준비를 해야 한다.

이번 장의 앞부분에선 당신을 성공적인 투자자로 만들어 줄 기본 원칙들을 설명하고, 그 뒤에선 당신이 해야 할 중요한 결정이 어떤 것들인지 살펴보겠다.

제1부 : 성공적인 투자자가 되기 위한 기본 원칙

이제부터 설명하는 기본 원칙들은 모두 일반적인 상식에 기초한 아주 단순명료한 것들이다. 여기서 아주 전문적인 투자 방법을 조언하는 것은 이 책이 지닌 의미에 부합하지 않는다. 그것은 경솔한 일일 뿐 아니라, 아주 위험한 일이기도 하다. 지금처럼 모든 환경과 상황이 어제 다르고 오늘 다른 시대에는 투자 상품과 가능성 역시 시시각각 변하기 때문이다. 그래서 나는 투자의 기본 원칙들과 거기에 필요한 중요 결정들을 언급하는 것에 내 역할을 제한하려 한다.

차이를 구분하는 법을 배워라

당신은 독이 든 음식을 먹고 크게 탈이 난 적이 있는가? 몇 년 전 나는 멕시코에서 곤충의 독이 들어간 달걀요리를 먹은 적이 있다. 요리사가 독 가루를 밀가루로 잘못 알고 요리 반죽에 집어넣었다는 게 나중에 밝혀졌지만, 아무튼 그때 바로 의사가 손을 쓰지 않았더라면 무슨 일을 당해도 크게 당했을 것이다.

자연 곳곳에 있는 식물과 생물들 가운데는, 우리에게 도움이 되는 것들이 있는가 하면, 우리에게 해가 되는 것들도 있다. 심지어 어떤 것들은 아주 치명적인 해를 끼치기도 한다. 많은 버섯들이 맛도 좋고 몸에도 좋지만, 어떤 것들은 독을 품고 있어서 우리의 생명까지 위협할 수 있는 것처럼 말이다.

당신의 건강에 대한 이러한 이치는 당신의 돈에 대해서도 그대로 적용된다. 많은 투자 상품이 당신을 부자로 만들지만, 어떤 것들은 당신을 오히려 가난하게 만들기도 한다. 이런 것들을 구분할 수 없는 사람은 항상 위험을 안고 인생을 살게 된다. 그런데 대개의 경우 도움이 되는 것과 위험한 것은 쉽게 구분이 되지 않는다. 독 가루도 겉으로 보기엔 꼭 밀가루 같아 보인다.

살아남기 위해선 배워야 한다. 경제적으로 자유로워지기 위해선 배워야 한다. 또한 경제적으로 자유로운 상태를 유지하기 위해선 배워야 한다. 배운다는 것은 차이를 알아본다는 것이다! 차이를 볼 수 있을 때 비로소 당신은 현명한 선택을 할 수 있다. 만약 이때 누구나 쉽게 마음에 새겨둘 수 있는 '판단의 기준' 같은 것을 미리 세워둔다면 도움이 될 것이다.

이제 잠시, 몇 가지 중요한 것들의 차이가 무엇인지 살펴보려 한다. 이것들을 마음에 잘 새기면 당신은 경제에 대한 안목과 지능을 키울 수 있게 된다. 그렇게 되면 어떤 것이 자신의 계획에 부합하는지, 또는 부합하지 않는지를 구분할 수 있기때문에, 판단을 신속하고도 올바르게 할 수 있다.

다음의 차이는 우리가 꼭 알고 있어야 한다.

1. 투자와 투기의 차이

기본 원칙 1 : 자신이 투자를 하는지 투기를 하는지 직시하라

오늘날 투자에 대한 기본 원칙 가운데 이것만큼 크게 무시되고 있는 원칙은 없을 것이다. 사람들은 돈을 모으고, 그 모은 돈을 어딘가에 넣어둔다. 그러고는 자신을 '투자자'라고 생각한다. 하지만 사실 그들 가운데 대부분은 그냥 '예금자'에 머물러 있거나, 아니면 '투기자'가 된다. 그들은 '투자자'는 아닌 것이다.

전자의 경우는 쉽게 이해가 될 것이다. 돈을 모아서, 그 돈을 예금통장에 집어넣어 둔 사람은 실제로 누가 보더라도 투자자라고 할 수 없다. 이런 사람은 그냥 '예금자'일 뿐이다. 이들은 돈을 모으고, 그 돈을 예금통장에 집어넣고, 그러고는 더 이상 아무것도 하지 않는다. 그래서 이들이 손에 쥔 것은 '예금 수첩'일 수는 있어도 '투자 수첩'은 아니다. 잠시 후 세 번째 기본 원칙을 보면 알겠지만, 이러한 예금이 나쁠 이유는 하나도 없다.

반대로, 최소한 이렇게 예금이라도 하는 사람은 그렇게 하지 않는 사람보다 백배는 낫다. 하지만 자기 돈을 확실하게 불리는 것은 투자자만이 할 수 있다.

투기와 관련해서는 사람들 사이에 더 큰 오해가 퍼져 있다. 나 역

시 투자와 투기 사이의 기본적인 차이를 전에는 잘 알지 못했다. 그건 어찌 보면 당연한 일이기도 했다. 나는 전형적인 중산층 가정에서 자랐다. 우리 같은 사람들은 모든 것을 투자로 보는 데 익숙해 있었다. 집을 사는 것은 말할 것도 없이 가장 큰 투자였고, 집을 수리하는 것 역시 물건의 가치를 높이는 일 이었으므로 '필요한 투자'라고 생각했다. 보석, 자동차…… 거의 모든 것이 우리에겐 투자였다.

몇 년 전, 나는 소위 '명품'이라는 시계를 하나 산 적이 있다. 두서너 해만 이 시계를 갖고 있으면 그 가치가 크게 뛰어올라, 지금 산 것보다 훨씬 좋은 값에 되팔 수 있을 거라고 확신했다. 나는 당연히, 내가 아주 현명한 투자를 했다고 믿었다. 나는 나의 재정 멘토에게 자랑삼아 이 이야기를 늘어놓았다.

그런데 놀랍게도 나의 재정 멘토는 전혀 뜻밖의 반응을 보였다. 그 시계는 투기지 투자가 아니라는 것이었다. 그리고 그는 말했다. "투자자는 팔면서 돈을 버는 게 아니라 사면서 돈을 번다."

뿐만 아니라, 투자란 처음부터 고정적인 수익을 보장하는 것이어야 한다. 당신 손에 돈이 들어오지 않는 한, 당신은 돈을 어딘가에 '보관'한 것일 수는 있어도 투자한 것은 아니다. 나의 재정 멘토는 말한다. "모름지기 투자란 투자한 곳으로부터 고정적으로 돈을 뽑아낼 수 있어야 한다. 자기가 산 것을 되팔면서 비로소 돈을 손에 쥐는 사람은 투자가가 아니라 투기자이다."

많은 사람들이 저축을 등한시한다. 그리고 저축을 하는 사람들도 자기 돈을 수익이 나지 않는 곳에 보관만 하는 경우가 많다.

투기를 하더라도 알고 하라

하지만 사실 투기라고 꼭 나쁠 이유는 없다. 억만장자 앙드레 코스톨라니 역시 투기자였다. 물론 평범한 투기자는 아니고 아주 성공한 투기자였다. 그는 투기를 통해서 아주 큰 부를 축적했고, 이것은 본인 스스로 고백한 바이기도 하다.

그런 코스톨라니도 경고한다. "투기를 통해서 고정적으로 돈을 '번다'는 생각은 아예 하지 말아야 한다. 사람들은 주식으로 큰돈을 따거나 잃을 수는 있다. 하지만 주식으로 돈을 벌 수는 없다."

그러므로 우리는 말할 수 있다. 투자자는 돈을 '번다'. 그리고 투기자는 돈을 '딸 수 있다'. 다시 한번 말한다. 투기가 나쁠 이유는 없다. 하지만 당신이 실제로는 투기를 하면서 투자를 했다고 믿는다면, 그것은 낭패다. 당신은 자기 돈을 실제로 어디에 넣어둔 것인지 분명히 알아야 한다. 그리고 애당초 생겨날 수도 없는 고정적인 수입을 기대해선 안 된다.

당신은 투기를 해서 성공할 수 있다. 하지만 실패할 수도 있다. 그런데 대개의 경우, 벼락같은 성공이 다가오든, 아니면 폭풍우 같은 실패가 몰려오든 당신은 아무 힘도 영향력도 발휘할 수 없다. 그냥 앉아서 남의 처분만 기다릴 수밖에 없다는 얘기다. 물론 당신이 매번 따지 못한다고 해서 크게 문제가 되지는 않을 것이다. 여러 번 시도해서 한두 번 크게 먹는 것만으로도 당신은 얼마든지 큰돈을 손에 쥘 수 있다. 나 역시 수년 전부터 투기를 해오고 있다. 그것은 흥미진진할 뿐 아니라, 생각지도 못한 큰돈을 가져다주기도 한다. 하지만 나는 거기서 고정적인 수입 같은 것을 기대하지는 않는다. 왜냐하면 투기에는 그런 것이 절대로 있을 수 없기 때문이다.

주식과 주식펀드는 투자가 아니다

한 번만 더 물어보자. 투기에서 절대 기대하면 안 되는 것 하나가 무엇인가? 그렇다. 고정적인 수입이다. 그러면 지금 당신은 왠지 모를 거부감 속에 혼란스러워하고 있을지 모른다. 특히 주식이나 주식펀드를 떠올리면 더더욱 그럴 수 있다. 많은 사람들이 '나는 주식과 펀드에서 고정적인 수입을 기대했다'고 말할 것이다. 하지만 그들이 예사로 보아 넘긴 것이 있다. 누가 뭐래도 주식은 기본적으로 투기다.

내 말을 오해하지 말라. 나는 여기서 주식과 주식펀드가 나쁘다는 말을 하는 게 아니다. 그 반대다. 우리는 절대로 주식을 소홀히 생각하면 안 된다. 더 나아가, 주식은 우리의 경제시스템 전체를 유지하는 기본 틀이다. 모든 것이 이 틀 위에 세워져 있다.

돈을 가진 사람들이 투자하지 않으면 기업은 새로운 고용을 창출할 수도, 새로운 설비와 연구에 투자할 수도 없게 되어, 성장 자체가 불가능해진다. 그렇게 되면 일자리는 점점 줄어들고, 모든 것이 마비되어, 결국엔 이 세계 전체가 붕괴되고 말 것이다.

나 역시 수년 전부터 주식펀드에 투기하고 있다. 수많은 판단 착

오와 시행착오가 있었지만 전체적으로 보면 제법 큰 이윤을 남겼다. 최근 몇 년 사이 주식펀드는 돈을 증식하는 가장 유력한 수단으로 부상했다. 하지만 주식과 주식펀드는 여전히 투기이고, 앞으로도 그렇다. 그것은 투자가 될 수 없다.

왜냐하면, 일부 주식배당금을 받는 것 말고 당신은 주식을 팔고 난 다음에야 돈을 손에 쥘 수 있기 때문이다. 이때 돈을 딸 수 있지만, 반대로 돈을 잃을 수도 있다.

주식에 몰방하지 마라

그렇기 때문에 당신은 투기를 하더라도 당신이 가진 돈의 일부만 걸어야 한다. 최대 반 이상을 걸어선 안 된다. 앞일이 어떻게 될지는 아무도 정확히 알 수 없다. 그리고 주식을 되팔지 않는 한 당신이 이 투기를 통해서 기대할 수 있는 수익은 아무것도 없기 때문이다. 심하게 말해서, 만약 당신이 주식에 몰방했다면, 주식을 되팔기 전까지 당신은 무일푼이다.

여기에 아주 결정적인 예외가 있기는 하다. 만약 당신이 착실한 배당금이 보장되는 주식이나 주식펀드에 투자한다면, 그것으로 당신은 외적 위험요소를 상당 부분 줄일 수 있다. 배당금은 정기적으로 지불되는 수익금이기 때문이다. 그러므로 순전히 배당금을 목적으로 해서 주식을 산다면 그것을 투자라고 할 수 있다.

그 외에 생각할 수 있는 전통적인 투자법은 기껏해야 두 가지 밖에없다. 하나는 '수익형 부동산'을 매입하는 것이고, 다른 하나는 아예 회사를 하나 만드는 것이다. 만약 당신이 좋은 부동산 물건을 하나 잘 고른다면, 처음부터 고정적인 수입이 보장될 것이다. 또 스스로 발전 가능성 있는 회사를 만들면 거기서도 고정적인 수입이 얻어질 것이다. 하지만 그것은 쉬운 일이 아니다. 그러기 위해선 그 분야에 대해서 잘 알아야 한다. 탁월한 투자법을 배우려는 사람은 그를 위해 많은 시간을 투자해야 한다. 이런 투자를 게을리하는 사람에게 투자펀드는 계속 흔들리는 과녁으로 남게 된다. 이 경우 현금이라는 실탄이 쓸데없이 허공에 낭비될 것은 불을 보듯 뻔한 일이다.

투기자는 장사꾼이다

투기자는 정확히 말해서 장사꾼이다. 많은 사람이 자신을 투자자라고 생각하지만, 사실은 장사꾼인 것이다. 투자자는 갖고 있기 위해서 사들인다. 그리고 투자자는 처음부터 돈을 번다. 장사꾼은 가능한 한 좋은 값에 물건을 사서 더 높은 가격에 팔려고 한다. 당신이 닭 한 마리를 산다면 그 목적은 두 가지 가운데 하나다. 하나는 닭이 낳는 달걀을 갖기 위해서든가, 아니면 더 비싼 값에 양계업자에게 팔기 위해서이다.

두 가지 모두 지식과 식견이 필요하다. 장사꾼은 언제 사고 언제 팔아야 가장 좋은지 알아야 한다. 그것이 꼭 그 물건이 가지는 실제 가치와 상관관계가 있지는 않다. 그냥 자신이 사들인 것보다 더 높은 가격에 팔 수 있다면 그것으로 충분하다. 그러므로 장사꾼은 시장을 보고 판단할 줄 알아야 한다. 반면 투자자는 기업이나 부동산이 지닌 가치 자체를 평가할 줄 알아야 하며, 그것들로부터 가능한 수익을 계산해 낼 수 있어야 한다.

그러면 이제 결론은 거의 난 셈이다. 두 가지를 다 할 줄 아는 것이 최상이다. 언제 사고 언제 팔아야 하는지를 아는 것은 물론, 그 물건이 지닌 실제 가치와 거기서 얻어낼 수 있는 수익을 계산할 줄도 안다면 더 이상 바랄 것이 없다. 좋은 투자자는 이 두 가지를 다 할 수 있어야 한다.

그래서 좋은 투자자는 투기도 한다. 그것이 투자에 도움이 되는 한에 있어서 그렇다. 물론 시장과 경향을 정확하게 읽고 분석하는 것을 배우면 좋다. 하지만 너무 산만하지 않은 범위 내에서 다양한 투자대상에 자금을 분산해서 운용하고 유지하는 것 역시 바람직한 일이다. 그래야 안정성이 추가로 확보되고 관리도 쉬워진다.

기본 원칙 2 : 돈을 묶어두는 것과 투자하는 것을 구분하라

돈을 묶어두는 것과 투자하는 것의 차이에 대해선 이미 앞 장에서 간략하게 설명한 바 있다. 그 차이는 당신 스스로 결정적인 질문 하나만 해 보면 분명하게 알 수 있다. '어떤 방향으로 돈이 흐르는가? 돈이 당신에게 흘러드는가, 아니면 당신으로부터 흘러 나가는가?' 그러니까 만약에 돈이 당신 주머니로부터 흘러 나간다면 그것은 돈을 어딘가에 묶어두는 것이고, 당신 주머니로 흘러들어오면 그것은 투자이다.

　많은 사람들이 자신의 경제적인 여건을 개선하지 못하고 그 자리에서 맴돌고 있다. 그들이 너무 적게 벌기 때문이 아니라, 너무 많이 쓰고 너무 적게 투자하기 때문이다. 묶어두는 돈이 많으면 많을수록 우리가 투자할 수 있는 돈은 줄어들게 마련이다. 나의 재정 멘토는 항상 나에게 '돈을 물어다 주는 거위'를 키우라고 했다.

　거위란 다름 아닌 투자를 상징한다. 그리고 비싼 자동차를 사들인다는 것은 돈을 묶어두는 것에 비유했다. 돈이 묶이는 것을 그림으로 그리면 다음과 같다.

　반면 투자는 아주 다른 그림이 그려진다.

　당신의 돈이 흐르는 방향만 보더라도 그 차이는 분명해진다. 당신의 돈이 궁극적으로 당신에게서 멀어져 가면 그것은 돈을 묶어둔 것이다. 반면 투자한 돈은 결국 당신에게로 되돌아와 당신의 수입을 불린다.

대출로 집을 사는 것이 과연 투자인가

앞서, 나의 부모님은 우리 집을 하나의 투자로 보았다고 한 것을 기억하는가. 하지만 그것이 주택이든 아파트든, 우리가 직접 들어가 사는 집은 투자가 될 수 없다. 그것은 집에 돈을 묶어둔 것일 뿐이다.

이와 관련해서 아마도 당신은 지금까지 전혀 다른 얘기들을 들었으리라는 것을 나는 잘 알고 있다. 많은 사람들이 그러지 않던가? '내 집을 마련하는 것만큼 좋은 투자는 없다.' 하지만 한번 생각해보라. 도대체 '누가' 그런 말을 하는지, 도대체 누가 그런 소문을 세상에 퍼트리는지 말이다. 그건 주로 은행이나 대출업체들이다. 내가 이 얘기를 내 세미나에서 하니까 어느 나이 지긋한 부인이 물었다.

"하지만 그럼 왜 은행 사람들은 집을 사는 게 투자라고 주장하는 거죠?"

"그게 맞는 말이기 때문에 그렇죠."

내 대답에 어리둥절한 그 부인이 이해할 수 없다는 표정으로 다시 물었다.

"좀 전에 선생님은 자기 집을 사는 건 돈을 묶어두는 것이지 투자는 아니라고 하시지 않았나요? 그런데 지금 또 집을 사는 게 투자라고 하시니, 도대체 어느 게 맞는 거죠?"

내가 설명했다.

"둘 다 맞습니다. 그런데 결정적으로 중요한 문제는 따로 있습니다. '도대체 그게 누구를 위한 투자냐'는 겁니다. 투자는 돈이 고정적으로 '여러분 주머니로' 흘러들게 합니다. 하지만 '여러분 주머니에서' 돈이 계속 흘러 나간다면 거기에 돈을 묶어둔 것에 불과하죠. 여러분이 집을 사면 은행에서 대출을 받게 되고, 그러면 다달이 은행 이자를 물어야 합니다. 돈이 여러분 주머니에서 계속 흘러나오는 것이지요. 따라서 여러분은 집에 투자를 한 게 아니라 돈을 묶어둔 것입니다."

"아 예, 이제야 이해가 되네요."

내가 계속 설명했다.

"여러분 주머니에서 흘러나온 바로 그 이자는 고스란히 은행의 주머니로 흘러 들어갑니다. 은행은 여러분에게 돈을 빌려주고, 그 대가로 적지 않은 이자를 챙깁니다. 뿐만 아니라, 여러분의 집과 재산 전체를 담보로 잡고서 말입니다. 은행 입장에서 보면 그 이상 좋은 장사가 또 어디 있겠습니까? 그러므로 '집은 투자다'라는 은행 사람들 말은 맞습니다. 다만 그들은 결정적인 말 하나를 하지 않을 따름이죠. '누구를 위한 투자인가?' 여러분을 위한 투자는 분명 아닙니다. 그것은 돈을 묶어둠으로써 생긴 짐입니다. 하지만 은행의 입장에서는 여러분의 집은 투자입니다. 이 투자를 통해 은행은 처음부터 이자로 수입을 올립니다. 그리고 여러분이 돈을 다 갚기 전까지, 그 집은 여러분 소유가 아니라 은행 소유입니다."

대출을 상환해도 집은 여전히 짐이다

내가 이 차이를 거듭 강조해서 설명하는 이유는, 우리도 은행이 하는 것처럼만 하면 그게 바로 '투자'라는 걸 알게 하기 위해서다. 우리가 돈을 쓰면 항상 그것은 다른 사람의 수입이 된다. 우리가 어딘가에 돈을 묶어두면, 그것은 다른 사람에게 투자가 된다.

그 부인이 한 가지 더 물었다.

"하지만 집에 대한 대출금을 언젠가 다 갚게 되면, 그 집은 온전히 내 소유가 되는 것 아닌가요? 그렇게 되면 그것은 투자가 되는 것 아닌가요?"

나는 이렇게 대답했다.

"내 재정 멘토가 그 차이를 처음 설명해 주었을 때 나도 똑같은 질문을 했습니다. 그때 그는 말했습니다. 그 '언젠가'라는 게 대개 25년에서 30년 후다. 그리고 설사 빌린 돈을 다 갚는다 해도 당신 주머니로 돈이 굴러들어 오지는 않는다. 당신이 집을 판 다음에야 비로소 당신은 돈 구경을 할 수 있다……."

부인이 다시 물었다.

"좋습니다. 집이 투자가 아니라는 말은 이해하겠습니다. 하지만 그럼 도대체 집은 뭡니까?"

"집은 여러분이 대출을 완전히 상환한 후에도 여전히 짐입니다. 계속해서 고정적으로 돈을 잡아먹기 때문이죠. 세금, 보험료, 수리비 등, 집을 유지하려면 돈이 필요합니다. 그러므로 가장 좋은 것은, 집을 여러분의 투자 자산으로 계산하지 말고, 일종의 사치를 누리기 위한 자산으로 인식하는 것입니다. 집을 여러분의 투자 자산으로 계산하는 것은 자기 편의에 따른 계산일 뿐입니다. 사치품은 그것을 유지하는 데 돈이 듭니다."

먼저 투자부터 하라

나는 지금 집을 사는 것이 나쁘다고 말하는 게 아니다. 오히려 그 반대다. 아무리 코딱지만 한 집이라도 자기 집에 산다는 것은 우리 삶에 그 무엇과 비교할 수 없는 안정감을 주는 게 사실이다. 사치라면 사치지만, 그것은 분명 의미 있는 사치다. 문제는, '집을 언제 사야 하는가'이다. 먼저 투자부터 할 것인가, 아니면 먼저 돈을 묶어둘 것인가?

당신이 먼저 아무런 투자도 하지 않은 상태에서 집을 사면, 당신에겐 투자에 필요한 돈이 얼마 남지 않을 것이다. 반면 당신이 먼저 투자를 하면, 투자에서 생기는 추가 수입에 힘입어 좀 더 쉽게 집을 살 수도 있다.

나의 재정 멘토는 많은 가정이 이 순서를 지키지 않아서 큰 곤경에 빠지고 있다고 설명했다. 많은 사람들이 자신의 수입이 지금 당장 허용하는 범위 안에서 가장 비싼 집을 산다. 그렇게 되면 아무리 투자를 하고 싶어도 돈이 없어서 할 수 없게 된다. 나의 재정 멘토는 이런 사람들을 가리켜 '하우스 푸어House Poor'라 불렀다. 그들은 죽어라 일하고, 적지 않은 돈을 벌어들인다. 하지만 허리가 휘도록 일해 봐야 상당 부분 은행에만 좋은 일을 하는 셈이다. 그들 자신은 자기 집을 위해서 열심히 일한다고 생각하지만, 실제론 은행을 위해서 일하는 것이다. 그들이 내는 이자를 은행이 꼬박꼬박 수입으로 챙기기 때문이다.

하지만 가장 절망적인 경우는 따로 있다. 돈을 묶어두는 것과 투자하는 것 사이의 차이를 전혀 인식하지 못하는 경우이다. 앞서 말했듯이, 많은 사람들이 '투자'로 생각하고 집을 산다. 그리고 모든 게 제대로 잘 되었다고 철석같이 믿는다. 그런데 자신들의 경제적인 문제가 왜 이렇게 잘 안 풀리고 계속 꼬이는지에 대해선 설명할 길이 없어 답답하기만 할 것이다……

기본 원칙 3 : 돈을 굴리는 데 어떤 방법이 있는지 정확히 파악하라

이제 당신은 돈을 굴리는 데 어떤 방법이 있는지 분명히 알아야 한다. 그래야만 자신이 기본 원칙에 맞게 돈을 활용하고 있는지 확신할 수 있게 된다. 당신이 나중에 되찾을 요량으로 돈을 굴리는 방법은 크게 나눠 다음 세 가지밖에 없다.

1. 금전의 가치에 거는 방법
2. 현물의 가치에 거는 방법
3. 도박에 거는 방법

금전의 가치에 거는 방법이란 말 그대로, 당신의 돈을 돈으로 보전하는 것이다. 이것은 인플레이션과 세금이 그나마 얼마 되지 않는 수익을 갉아먹는 것이 단점이지만, 그만큼 안전한 것이 장점이다. 아무튼 이것은 결코 포기해서는 안 되는 투자 방법이다.

현물의 가치에 거는 방법이란, 당신의 돈을 가치를 지닌 현물과 맞바꾸는 방법이다. 현물이란 예를 들어, 부동산이나 주식, 주식 펀드 같은 것들이다. 기업에 지분 참여를 하는 것도 같은 맥락이다. 이 방법은 크고 작은 위험이 뒤따르며, 좀 더 전문적인 지식을 요구한다. 하지만 그에 비례해서 높은 수익을 기대할 수 있다.

도박에 거는 방법이란, 당신의 돈으로 게임을 하는 것이다. 나의 재정 멘토는 말했다. "도박도 하고 싶다면 해라. 하지만 재미로만 해라. 그리고 절대로 도박과 투자를 혼동해선 안 된다." 내 생각은 이렇다. '당신이 도박에 도가 통한 사람이 아닌 한 도박에는 손도 대지 마라.'

이런 구분은 어째서 필요한가? 그것은 하나의 체계를 세우기 위해서 필요하다. 당신은 절대로 기분 내키는 대로 돈을 굴리거나 투자해서는 안 된다.

당신이 가진 돈 가운데 얼마를 금전에 걸고, 또 얼마를 현물에 걸어야 하는지에 대해 스스로 확신이 있어야 한다. 문제는 '금전에 거는 게 좋은가, 아니면 현물에 거는 게 좋은가'하는 선택 사항이 아니란 것이다.

그러므로 당신은 이렇게 물어야 옳다. '나는 얼마를 금전에 걸고, 얼마를 현물에 걸 것인가?'

이 질문에 대해서 나는 당신의 입맛에 딱 맞는 답변을 줄 수는 없다. 그것은 최소한 다음 네 가지 요소에 의해 좌우되기 때문이다.

1. 당신은 어떤 목표를 갖고 있는가?(자신의 경제적 목표를 세우는 방법은 다음 장에서 알 수 있다)
2. 당신이 현재 보유하고 있는 자금은 얼마인가?
3. 당신은 얼마나 큰 위험을 감수할 준비가 되었는가?
4. 당신은 지금 몇 살인가? 그리고 언제 얼마의 돈을 다시 손에 쥐어야 하는가?

얼마를 금전에 걸고, 얼마를 현물에 걸 것인지 알기 위해서 당신은 이 장의 끝부분에 언급될 중요한 결정 몇 가지를 해야 한다.

기본 원칙 4 : 현물의 가치는 금전의 가치를 누른다

현물의 가치는 이미 오래전부터 금전의 가치를 항상 눌러 이겨왔다. 이것은 앞으로도 계속 그럴 것이다. 그 이유는 무엇보다 인플레이션 때문이다. 만약 당신이 일정한 금액을 그냥 돈으로 보전하는 경우, 시간이 흐를수록 이 돈의 가치는 인플레이션을 통해 줄어든다. 우리는 똑같은 돈을 갖고 10년 전에 살 수 있었던 것들을 오늘날 더 이상 살 수 없다. 모든 게 비싸졌기 때문이다. 인플레이션이 휩쓸고 지나간 결과다.

이것은 또 이런 얘기도 된다. 자기 돈을 은행 예금통장에 넣어두는 사람은 결국 '저축해서 가난해지는 사람'이 되고 만다. 예를 들어, 당신 예금통장에 100만 원이 들어있다고 치자. 여기에 인플레이션 비율이 평균 3%면 당신 돈은 일 년 뒤에 97만 원이 돼버린다. 물론 은행 이자가 있기는 하다. 보통 은행 이자는 인플레이션 비율보다 낮게 책정되기 마련이므로 2% 정도밖에 기대할 수 없다. 즉 이자는 2만 원이다.

그렇게 되면 당신이 이자로 얻는 돈보다 인플레이션 때문에 잃는 돈이 더 크게 된다.

그러므로 인플레이션은 모든 것을 비싸게 만들고, 결국 당신의 돈을 야금야금 갉아먹는다. 하지만 모든 게 비싸진다면, 당신이 갖고 있는 물건 역시 비싸지는 게 당연한 이치다. 당신이 만약 부동산에 투자했다면 그 가치 역시 올랐을 것이다. 주식 역시 마찬가지다. 인플레이션으로 모든 게 비싸지면 '현물의 가치' 역시 상승한다.

현재 독일의 실제 인플레이션(돈 가치의 감소) 비율은 평균적으로 대략 3% 정도라는 말을 많이 듣게 된다. 이 말이 사실이고, 앞으로도 이 정도의 인플레이션 비율이 항상 유지된다고 할 때 당신의 100만 원은 시간이 흐름에 따라 다음과 같이 그 가치가 떨어진다.

- 10년 후: 73만 7천 4백 원
- 20년 후: 54만 3천 8백 원
- 24년 후: 48만 1천 4백 원

그다지 고무적인 수치는 분명 아니다. 물론 실제로는 더 좋지 않다. 다시 말해, 정부에서 말하는 인플레이션 비율 3%는 사실이 아니다. 유로화가 도입되던 때를 생각해 보라. 많은 사람들이 물가상승을 걱정했다. 모두 알다시피 통계는 우리의 눈을 아주 교묘하게 속인다. 유로화 도입 후 거의 모든 것이 비싸졌다. 그건 우리 모두 몸으로 느끼는 결과다. 그런데도 통계는 인플레이션 비율이 1%밖에 안 된다고 줄기차게 우리를 설득하려 했다. 실제 인플레이션 비율은 4~5%에 육박하는데도 말이다.

1965년 독일에서 아침에 먹는 빵 한 조각 가격이 얼마였는지 기억하는가? 60원이었다. 그때 편지 한 장 부치는 값은 120원이었다. 빌트(독일의 대표적 황색 신문)지 1부는 60원, 머리 한번 커트하는 값은 2,300원이었다. 그리고 당시 벤츠 200D는 520만 원 정도였다.

이들 예에서 보듯이, 실제로 물가는 매년 4~5%씩 상승했다. 이런 식이라면 물가가 두 배로 뛰는 데 걸리는 시간은 길게 잡아야 18년이다. 그러니까 당신 돈은 18년이 지날 때마다 그 가치가 반 토막이 난다는 얘기다. 하지만 동시에 그것은 당신이 갖고 있는 현물의 가치는 평균적으로 18년마다 두 배가 된다는 뜻이기도 하다.

인플레이션 영향을 쉽게 계산하는 간단한 공식이 있다.

---

72 ÷ 인플레이션 비율 = 돈의 가치가 절반으로 떨어지는 햇수

예를 들어, 인플레이션 비율이 4% 수준을 계속 유지하면, 72를 4로 나눈 18, 즉 18년 후 돈의 가치가 절반으로 떨어진다. 9% 인플레이션이면 당신 돈의 가치가 절반이 되는 데 8년밖에 걸리지 않는다. 그 정도의 인플레이션도 우리는 이미 현실에서 경험했다. 그리고 그것은 그렇게 아주 오래된 일도 아니다.

인플레이션은 적이 아니라 아군이다

요약하면 이렇게 말할 수 있다. 인플레이션은 당신의 돈에는 적이고, 당신의 현물에는 아군이다. 인플레이션으로 당신 돈의 가치가 떨어졌다는 것은 곧 당신이 가진 현물의 가치가 올라갔다는 반가운 소식이기도 하다.

다시 한번 단순하게 말하면, '우리가 돈에 대해서 인플레이션이라 부르는 현상은 현물에 대해서는 가치상승이라 불러도 좋다'는 것이다. 그러므로 우리가 현물에 투자하면 인플레이션을 겁낼 필요가 없어진다. 바로 그 인플레이션이 돈의 가치는 파괴하지만 당신이 투자한 현물의 가치는 높여주기 때문이다. 결론적으로, 우리는 현물에 투자하는 것 외에 다른 살 길이 전혀 없다는 얘기다.

기본 원칙 5 : 위험은 감수할 수밖에 없다

당신은 경제적 자유를 얻기 원하는가? 아니면, 그보다는 차라리 안전한 것에 최대 가치를 두는가? 많은 사람들이 이 질문에 대해 이렇게 대답한다. "나는 둘 다 원한다." 하지만 안타깝게도 그건 불가능하다. 경제적인 자유로 가는 길과 절대적으로 안전한 길을 동시에 갈 수 있는 사람은 아무도 없다.

그 이유는 간단하다. 경제적 자유와 안전은 서로 공존할 수 없기 때문이다. 말하자면, 그것은 서로 반대 방향으로 내닫는 두 길과 같다. 우리가 한 방향으로 한 발을 내디딜 때마다 반대쪽의 목표로부터는 그만큼 멀어진다.

많은 사람들이 경제적 자유를 꿈꾸고, 그 방향으로 조금씩 움직이기도 한다. 하지만 동시에 안전성이라는 포기할 수 없는 큰 가치가 그들의 발목을 잡아끌면, 그들은 다시 반대 방향으로 움직인다. 쉽게 말해, 한 번은 이쪽 방향으로 한 걸음 떼고, 다음엔 다른 방향으로 한 걸음 물러서는 형국이다. 그 결과는 당연히 한 걸음도 앞으로 나아가지 못하는 '제자리걸음'이다. 그러면 그들은 하루 종일 쳇바퀴를 도는 햄스터와 다를 바가 없다. 아무리 달리고 달려도 항상 제자리에 있는 햄스터 말이다.

경제적 자유와 안전은 서로 상반되는 개념이다. 경제적 자유를 추구하는 사람은 안전성에 최우선 가치를 두는 사람과는 초점이 다를 수밖에 없다. 다른 것은 다 필요 없고 안전성만 확보하면 된다는 사람은 경제적 자유를 희생해야 한다. 그러므로 안전을 추구하면 할수록 경제적 자유는 점점 축소된다.

안전하다고 안전하지도, 자유롭다고 자유롭지도 않다

안전을 추구하는 사람은 무엇보다 우선 잃지 않으려는 사람이다. 손실에 대한 두려움이 이익을 남기고 싶은 욕구보다 큰 것이다. 반대로 경제적 자유를 선택하는 사람은 이기려는 사람이다. 이런 사람들의 경우는 부에 대한 열망이 손실에 대한 두려움을 훨씬 압도한다. 나의 재정 멘토는 항상 말했다. "지지 않기 위해서 게임을 하지 말고, 이기기 위해서 게임을 하라." 바꿔 말하면 이렇다. "돈을 묶어두기만 해서 가난해지지 말고, 돈을 굴려서 불려라."

안전에 대한 불안감은 아주 커다란 단점을 갖고 있다. 완벽한 안전을 추구하는 사람이 결국 얻는 것은 공포감이다. 안전 제일주의로 가는 사람들은 예외 없이 소심하고 겁 많은 사람이다. 그들이 보는 세상은 항상 어둡고 위험하기만 하다. 시각이 지나치게 안전에만 고정된 사람은 항상 부정적인 세계관을 갖게 마련이고, 끊임없이 새로운 위험을 찾아낸다.

정확히 말하면, 안전하다고 해서 절대로 안전한 것이 아니다. 당신이 안전한 곳에만 투자한다면 확실하게 보장되는 것은 딱 하나다. 인플레이션과 세금이 당신 돈을 갉아먹을 거라는 점이다. 그러므로 '안전한' 투자만 골라서 하는 사람은 몇 년 후, 위험을 감수하고 투자한 사람보다 훨씬 적은 돈을 손에 쥘 수밖에 없다.

하지만 자유롭다고 해서 절대로 자유로운 것도 아니다. 자유는 그 대가를 요구한다. 용기와 강인함, 실패를 감수할 준비 같은 것들이다. 자유를 위해 지불해야 하는 대가는 결코 적지 않다. 때때로 엄습하는 불안감, 회의, 무모한 사람이라는 주변의 따가운 시선 등등……. 하지만 당신이 뭔가 감행하려는 용기만 내면, 실패를 기꺼이 맞을 힘을 가지면, 그리고 패배를 다루는 법을 배우기만 하면, 당신은 지금까지 아주 극소수의 사람만이 맛보았던 자유를 누릴 수 있다.

패배 없는 승리는 없다

위험을 무릅쓰는 것은 실패를 견뎌낼 준비가 된 사람만 할 수 있다.

'내가 보기에 그건 너무 위험해'라는 말은 '나는 실패하고 싶지 않아'라는 말과 똑같다. 그리고 이런 사람들은 말한다. "어쨌거나 실패는 기본적으로 좋지 않은 것이야."

하지만 진짜 투자가는 안다. 잃는 것도 얻는 것의 일부라는 것을. 가슴이 찢어지는 아픔을 한 번도 겪지 않고 제대로 사랑을 했다고 말할 수 있는 사람은 아무도 없다. 그리고 한 번도 손실을 내지 않고 그냥 부자가 된 사람도 없다. 돈을 한 번도 잃지 않은 성공한 투자가를 나는 지금까지 단 한 사람도 본 적이 없다. 하지만 나는 돈을 굴리면서 한 번도 손해를 본 적이 없는 가난한 사람은 많이 보았다.

위험 근처에는 아예 가지도 않으려는 조심성은 오히려 더 위험하다. 그러다 보면 자신이 차지할 수 있는 많은 돈을 그냥 흘려보내게 된다. 무언가 감행하고, 새로운 것을 시도하는 사람이 끝내 무엇을 얻어도 얻는다. 그리고 새로운 것을 감행하는 사람은 실수를 하게 돼 있다. 이때 실수는 우리에게 아주 위대한 것을 남긴다. 그것은 우리의 주위를 환기시키고, 우리를 겸손하게 한다. 겸손한 사람은 모든 문제의 정답을 이미 다 알고 있다고 믿는 사람보다 더 많이 배울 수 있다.

문제는 우리가 실수와 실패에서 무엇을 보느냐에 있다. 실패 후 짊어져야 할 미래의 빚과 짐을 볼 것인가? 아니면 우리 미래의 투자를 볼 것인가?

실용적인 방법을 찾아라

그러면, 어떻게 하는 게 가장 실용적이고 현명한 방법인가? 기본적으로 당신은 가진 돈의 일부는 금전으로 보전하고 있어야 한다. 정기예금이나 캐시 펀드, 유가증권 같은 것으로 말이다. 그리고 나머지는 현물에 투자한다. 직접 주식을 사고팔 시간이 없으면 주식 펀드를 이용하면 된다. 좀 더 전문적인 투자를 하고 싶다면 부동산이나 기업에 투자하는 방법도 있다.

기본 원칙 6 : 분산하라

이 기본 원칙이야말로 가장 중요한 원칙이다. 당신이 리스크가 수반되는 빠른 길을 택하든, 안전하게 천천히 돌아가는 길을 택하든 전혀 상관없다. 분산하라!

우리 가운데 그 누구도 미래를 예측할 수 없다. 돌이켜 볼 때 어떤 투자가 정말 최상의 선택이었는지는 수년이 지난 다음에야 비로소 알게 된다. 그러므로 분산하는 것 외에 달리 다른 방도가 있을 수 없다.

앞으로 10년 동안 인플레이션이 다가올지, 디플레이션이 다가올지 우리는 알 수 없다. 경기가 호황일지, 경기 불황과 침체가 이어질지, 아니면 경제가 제자리걸음을 할지 아무도 모른다. 우리는 앞으로 일어날 일에 대해 아무것도 알 수가 없기 때문에, 우리 돈의 일부는 금전에, 그리고 일부는 현물에 나눠서 투자해야 한다. 그리고 그 가운데서도 어떤 것이 가장 잘 풀릴지 알 수 없으므로, 금전은 금전대로, 현물은 현물대로 다시 다양한 곳에 분산하라. 돈이 많으면 많은 대로, 적으면 적은 대로 분산하고 또 분산하라.

기본 원칙 7 : 전문적인 투자가와 일반 투자자는 이렇게 다르다

보통 평범한 투자자는 '평균'에 관심을 갖는다. 이런 사람들은 대개 이런 식으로 묻는다. "이 투자의 경우 지난 5년, 10년, 20년간의 평균 수익률이 어떻게 되나요?" 평균은 평범하고 평균적인 투자자들을 위한 것이다. 천천히 가는 길을 선택하면 평균적인 결과만으로도 충분할지 모른다. 하지만 당신이 좀 더 빨리 부자가 되고 싶다면 최소한 평균보다는 나은 결과를 손에 쥐어야 한다.

평범한 투자자는 대부분 주가가 상향곡선을 그릴 때만 수익을 얻는다. 주가가 하향곡선으로 돌아서면 그들이 할 수 있는 일은 단 하나밖에 없다. 다시 좋은 시절이 오기만 기다리는 것이다. 하지만 진정한 투자가는 경기가 좋지 않은 시기에 무작정 기다리지만 않는다. 그들은 행동한다. 그러려면 아주 많은 시간을 들여야 하고, 전문적인 지식이 있어야 한다.

이때 그들의 행동이 항상 성공으로 연결되는 것은 결코 아니다. 하지만 그들은 좌절하지 않고 자신의 실수에서 교훈을 얻는다. 진정한 투자가는 실패해도 평균을 훨씬 상회하는 모든 성과의 한 부분으로 받아들인다. 반면 평범한 투자자는 어떻게든 실패를 피하려고 한다. 그리고 그들은 실패를 개인적인 패배로 생각한다.

평범한 투자자는 증시가 오르락내리락하다 보면 평균적으로 한 번은 반등하는 시기가 온다는 것을 무조건 신봉한다. 말하자면 자기 비행기를 자동조정 모드에 맞춰두고 가만히 기다리는 셈이다.

지난 50년 동안 세계 증시는 언제나 평균적으로 12%가 넘는 수익을 돌려주었다. 그렇게 많은 위기가 있었고, 대공황과 전쟁까지 있었는데 말이다. 그러므로 평균은 결코 나쁜 게 아니다. 하지만 평균은 어디까지나 '평균적'일 뿐이다. 그게 다다. 그것은 다만 선택의 문제일 뿐이다.

모든 것에는 항상 그에 상응하는 대가가 있다. 만약 당신이 '평균'을 택하면, 당신은 경기가 나쁜 시기에 무기력하게 남의 처분만 바라보게 된다. 이때 당신이 할 수 있는 거라곤 가진 것을 파는 것뿐인데, 이 경우 이득은 고사하고 손해만 보지 않으면 다행이다. 아니면 그냥 쥐고 있으면서 경기가 좋아지길 기다려야 하는데, 그러면 그때까지 당신 손에 쥐어지는 수익은 아무것도 없다. 물론 평균을 택해서 누릴 수 있는 큰 혜택도 있다. 돈을 투자해 놓고 이 때문에 크게 신경 쓰거나 시간을 들일 일이 없다는 점이다. 어쨌거나 그렇게 해도 과거의 예로 볼 때 평균 12% 정도의 수익은 기대할 수 있기 때문이다.

반면 당신이 좀 더 전문적인 투자를 하고 싶다면, 당신은 끊임없이 연구하고, 거기에 많은 시간을 쏟아부어야 한다.

헤지펀드에서 배워라

이미 말했듯이, 진정한 투자가는 평범한 투자자들이 상승장에서 얻게 되는 수익만으론 만족하지 못한다. 그래서 자금이 풍부한 투자가들이 선택하는 게 바로 헤지펀드다. 이것은 양 떼들이 달아나지 못하도록 울타리를 치는 것처럼, 투자한 돈을 크게 잃는 것을 막기 위해 울타리(hedge)를 치는 것이다. 그래서 헤지펀드는 다양한 옵션을 통해 불경기로부터 투자 자금을 보호한다. 말하자면, 헤지란 손실에 대비한 일종의 보호막이며 보험인 셈이다.

일반 투자자들이 손실에 대해서 무방비로 노출되어 있는 반면, 헤지펀드는 방어와 보호를 시도한다. 그래서 헤지펀드는 하락장에서도 수익을 기대할 수 있는 것이다. 경우에 따라선 아주 큰 수익을 내기도 한다.

물론 여기에도 절대 안전이란 있지 않다. 헤지펀드가 '현자의 마지막 결론'이라고 오래 전부터 공인되어 왔음에도 말이다.

실제로 헤지펀드에서 감행되는 복잡한 저울질은 위험을 증대시킬 수 있다. 이들이 거는 옵션들은 일반 투자자들이 보기에 매우 위험해 보이고, 그것은 사실이기도 하다. 하지만 진정한 투자가는 이렇게 반론한다. "자기가 투자한 돈에 대해서 아무런 안전장치도 하지 않는 것이 더 위험하다."

여기서 중요한 것은 '누구 말이 옳은가'하는 것이 아니다. 동전에는 항상 양면이 있게 마련이다. 나는 여기서 여러분에게 진정한 투자가들이 실천하는 원칙 하나를 알려주려는 것이다. '무작정 기다리지만 말고, 평균 이상으로 많이 움직여라. 단순히 주어진 상황에 만족하지 말고 새로운 길을 찾아라.'

두 가지 길 가운데 선택하라

우리가 인생을 살다 보면 두 길 가운데 하나를 정해야 하는 선택의 기로를 끊임없이 만나게 된다. 그것은 이 책을 읽으면서도 마찬가지일 것이다. 경제적 자유로 가는 빠른 길을 선택할 것인가? 아니면 느린 길이라도 상관없는가? 만약 당신이 경제적 안정을 확보하는 데 20년 정도가 걸려도 상관없다고 생각하면, 천천히 가는 길을 선택해도 좋을 것이다. 그것은 평균의 길이고, 그것은 전혀 나쁜 것이 아니다. 그것은 당신이 어떤 인생을 꿈꾸고 그리는지, 또 어디에 가치를 두고 무엇에 우선권을 주는지의 문제이다. 그것은 당신의 결정이고, 무엇보다 당신은 그 결정으로 편안함을 느낄 수 있어야 한다.

반면 당신이 빠른 길을 선택하면, 당신은 최소한 평균보다는 나아야 한다. 남들보다 아주 많이 벌든가, 아니면 아예 회사를 하나 만들 능력이 있든가, 그것도 아니면 최소한 다른 투자자들이 올리는 평균적인 성과를 훨씬 뛰어넘는 성과를 올려야 한다. 이 세 가지 모두 많은 시간을 투자해서 배우고 또 배워야 가능한 것들이다. 기억하라. 가장 빨리 배우는 길은 좋은 재정 멘토한테서 배우는 것이다.

이제 당신 스스로 해야 할 중요한 선택의 순간이 다가왔다…….

제2부 : 당신이 해야 할 중요한 선택

지금까지 투자의 기본 원칙들이 무엇인지 이해했다면, 이제는 몇 가지 중요한 선택을 해야 할 시간이 되었다. 선택이란 두 가지를 동시에 고를 수 없다는 것이 그 본질이다. 그러므로 당신은 두 가지 가능성 가운데 하나는 버려야만 한다.

다음 질문들은 당신이 지금까지 이 책을 읽으면서 '나는 최소한 저축해서 묶어두는 가난한 바보는 되지 말아야겠다'는 각성을 했다는 것을 전제로 한다. 그러므로 가진 돈을 모조리 금전으로만 묶어두는 것은 고려 대상도 아니다.

질문 1: 생활의 편의가 우선인가, 경제적 안정이 먼저인가?

당신에게는 어떤 것이 더 중요한가? 가능한 한 빨리 안락하고 폼

나게 살기를 원하는가? 아니면 그 전에 먼저 어느 정도의 경제적 목표를 달성하기를 원하는가? 이 질문에 최종적으로 대답하기에 앞서 먼저 12장을 읽어보라. 당신이 가장 빨리 부유해지는 길은, 먼저 경제적 안정을 확보한 다음, 당신이 누리고 싶은 것들에 돈을 묶는 것이다. 세상의 내로라하는 부자들은 편안하고 안락한 생활을 위해 돈을 묶기 전에 경제적인 자유부터 이룬 사람들이다.

질문 2: 투자하기 원하는가, 아니면 투기로 만족하는가?

이미 말한 것처럼, 당신은 어떤 경우를 막론하고 돈의 일부를 주식이나 주식펀드에 할당해야 한다. 당신이 투자가의 길을 가기로 굳게 마음먹었다 하더라도 '주식이나 주식펀드의 투기'는 피할 수 없는 길이다. 투자의 가장 중요한 기본 원칙은 '분산'이라고 누차 강조하지 않았던가.

그러므로 여기서의 질문은 단지 이런 것이다. 당신은 다른 많은 사람들처럼 투기자로 남는 것에 만족하는가, 아니면 한 걸음 더 나아가 투자자가 되길 원하는가? 질문에 대답하기에 앞서 이런 것들을 생각해 보라. 당신은 얼마나 많은 시간을 투자할 수 있는가? 당신의 주변 여건이 그것을 허락하는가? 당신은 평균적인 수익만으로 만족하는가, 아니면 당신의 투자에서 처음부터 고정적인 수입을 얻기를 바라는가?

투자자가 되는 것이 어째서 경제적 자유로 가는 빠른 길인지 하나만 더 예를 들어보겠다. 만약 당신이 수익형 부동산을 매입하려 한다면, 은행에서 대출을 받아낼 수 있는 길이 얼마든지 열려 있다. 반면 당신이 주식을 매입하려는데, 그 자금을 대출해 줄 정신 나간 은행은 세상 어디에도 없다.

그렇다면 어느 게 더 빠르겠는가? 주식에 투기하기 위해 자기 생돈 5억 원을 모으는 것과 일단 자기 돈은 1억 원만 조달하고 4억 원을 대출받아서 5억 원짜리 부동산을 사는 것 중에서 말이다.

하지만 잊지 말자. 그러기 위해서는 전문적인 지식과 많은 경험이 있어야 한다. 당신이 진정 투자가의 길을 가고 싶다면 무조건 많이 읽고, 많이 보고 듣고, 이미 성공한 사람한테서 많이 배워야 한다.

질문 3: 혼자서 할 것인가, 아니면 전문가의 도움을 받을 것인가?

지금까지 인류는, 각자 자신이 가장 잘할 수 있는 일에 집중해서 매달림으로써 삶의 질을 크게 향상시킬 수 있었다. 자신이 잘 모르는 것은 그 분야에 능통한 사람에게 위임하는 것이 현명한 방법이다. 그래서 나는 항상 전문가들을 전적으로 신뢰해 왔고, 그것은 정말 옳은 결정이었다.

그러므로 당신 스스로 투자자로서 투자할 곳을 선택하고 관리할 것인지, 아니면 능력 있는 전문가의 도움을 받을 것인지 결정하라. 최상의 전문가를 찾는 가장 좋은 방법은 역시, 기회 있을 때마다 주변 사람들에게 묻고 또 물어서 자신에게 맞는 사람을 추천받는 것이다.

질문 4: 금전과 현물에 어떤 비율로 돈을 배분할 것인가?

앞서 말했듯이, 이 문제는 전적으로 당신의 목표가 무엇인지에 달려 있다. 이에 대한 것은 다음 장에서 좀 더 자세히 다루겠다. 그리고 구체적인 배분 방법도 거기에 소개될 것이다.

그다음으로 여기서 결정적인 것은 당신이 위험에 대해서 얼마나 예민한 사람인가 하는 점이다. 이것은 정말 판단하기 어려운 문제로, 같은 사람이라도 경제 여건이나 증시 상황에 따라 위험을 느끼는 감도가 달라지기 때문이다.

또한 돈을 배분하는 것은 현재 당신이 얼마의 돈을 갖고 있는지에 따라서도 달라지며, 마지막으로, 당신의 나이도 충분히 고려해야 한다. 나이에 따른 배분 비율을 산출하는 다음 공식은 하나의 좋은 가이드라인이 될 것이다.

> 100 − 나이 = 주식이나 주식펀드에 할당해도 좋은 최대한의 비율

질문 5: 어떤 투자 상품을 선택할 것인가?

적당한 투자 상품을 찾는 데는 여러 가지 가능성이 있다. 전문가의 조언을 구하거나 관련 전문 잡지나 신문 등을 탐독하는 것도 한 방법이다. 만약 여러분이 나나 우리 전문가 팀이 분석 평가한 최신 자료를 얻고 싶다면, 인터넷 사이트 www.reintgen.de를 둘러보기 바란다. 여기에 보면, 주로 독일 상황에 국한된 것이긴 해도, 우리가 신중하게 평가하고 선정한 다양한 투자 상품이 소개되어 있다.

동화와 환상은 실현된다

　나는 다음 장에서 경제적 자유로 가는 3단계 계획을 수립하는 방법을 자세히 설명할 것이다. 하지만 그 전에 '미래의 설계'라는 좀 더 포괄적인 문제를 잠시 생각해 보자.

　우리가 어떤 미래를 꿈꾸고 그린다고 해서 그것이 그대로 이루어지지는 않는다.

　그것은 항상 우리 생각과는 다르게 다가온다. 때론 완전히 다르기도 하고, 또 어떤 때는 조금만 다르기도 하다. 그것이 생각보다 나쁠 때도 있고, 오히려 좋을 때도 있지만, 아무튼 항상 다르게 마련이다. 미래에 대한 우리의 상상은 기본적으로 '동화'이다. 그리고 그 동화는 그대로 실현되지 않는다.

　그래서 우리가 우리 미래에 대해서 말하는 모든 것은 실제로 환상이다. 우리는 우리 미래를 예측할 수 없다. 그렇기 때문에 사실 모든 형태의 계획은 그 실현 여부를 의심할 수밖에 없다. 그렇다면 미래에 무슨 일이 벌어질지 알지도 못하면서 미래를 계획하는 것이 정말 무슨 의미가 있을까?

　그 대답은 당연히 '의미가 있다'이다. 아니, 우리는 어떠한 경우든 계획을 포기해선 안 된다. 왜냐하면 우리가 생각하고 말하는 모든 것은 그것이 실제로 그렇게 되도록 하려는 경향을 갖고 있다. 우리가 우리 미래에 대해 자신에게 들려주는 동화와 환상은 상당 부분 실제 우리의 미래가 된다.

한 가지 더 분명한 것은, 계획은 언제든 누구에 의해서든 세울 수 있다는 점이다. 당신이 계획을 세우지 않으면 다른 누군가가 당신을 위해 계획을 세워줄 수도 있다. 당신 인생의 스케치는 당신이 그려도 되고, 다른 사람이 당신을 위해 그리도록 해도 된다. 중요한 것은 그 계획과 스케치를 실행에 옮기고 스스로 미래를 만들어 가느냐이다. 그렇게 하는 사람만이 한발 한발 자신의 꿈을 실현해 나갈 수 있기 때문이다.

우리는 미래를 알 수 없다. 하지만 미래를 만들어 갈 수는 있다. 이때 긍정적인 생각과 말만 미래를 만들어 가는 것이 아니라, 부정적인 생각과 말도 미래에 똑같이 간섭하고 끼어든다. 비관적인 생각 역시 그것을 실현하려는 경향을 가진다. 많은 사람들이 자기 인생엔 주로 안 좋은 일만 많이 생긴다고 스스로 주문을 건다. 문제는 그런 생각이 실현된다는 점이다.

인생에서 아무런 성과도 올리지 못하고, 자기 꿈을 이뤄본 적도 없는, 그래서 아주 불행한 삶을 사는 사람과 한번 이야기해 보라. 이들은 대부분 자기 미래를 아주 불길한 시나리오로 가득 채우는 사람이다. 그들은 말한다. "나 같은 사람은 절대 돈을 벌 수 없어." "흥, 경제적 자유? 나 같은 사람한텐 소설 같은 얘기지." "내 앞길은 도무지 전망이 보이질 않아."

물론 이런 부정적인 생각과 말 역시 동화이고 환상이다. 아직은 실현되지 않은 시나리오다. 하지만 실현될 힘을 가진 시나리오이기도 하다.

이런 사람들은 자기처럼 암울한 미래를 예측하는 사람들을 만나면서 자기 생각을 더욱 굳건하게 한다. 그래서 부정적인 사람들은 끼리끼리 어울린다.

끊임없이 어두운 미래를 예언하는 사람은 결국 그렇게 어두운 미래에 살게 된다. 그리고 그들은 이렇게 말한다. "거 봐, 내 말이 맞았잖아. 잘될 거라는 둥, 듣기 좋은 말만 늘어놓던 사람들은 모두 어디 가셨나?"

하지만 알아야 한다. 실제로 그들은 자신의 미래를 정확하게 예측한 것이 아니라, 자신이 자기 미래를 그렇게 만들었다는 사실 말이다.

위대한 가능성을 보라

여기에서 아주 위대한 가능성이 하나 생겨난다. 우리가 미래에 대해 말하는 모든 것은 한편으론 동화이면서 환상이다. 하지만 다른 한편으로 그것은 진짜로 실현되려는 경향을 가진다. 그것은 부정적인 상상이든 희망적인 꿈이든 마찬가지이다.

그렇다면 이왕지사 우리 마음에 드는 시나리오를 그리지 않을 이유가 무엇인가? 미래의 수많은 변화 가능성 가운데 이왕이면 내가 기꺼이 살아보고 싶은 미래를 선택하지 않을 이유가 무엇인가? 그리고 이 세상의 많고 많은 변화 가능성 가운데 하필이면 내가 살고 싶지 않은 미래를 선택할 이유는 또 무엇인가?

오랜만에 친구들은 만나 보면 이것이 얼마나 무서운 진실인지 확실히 알 수 있다.

얼마 전 나는 20년 만에 학교 동창들을 만날 기회가 있었다. 나는 그들의 얼굴을 하나하나 보면서 그들이 옛날에 주로 어떤 말을 했는지 떠올릴 수 있었다.

예를 들어, 나는 언제가 부자가 될 거라고 입버릇처럼 말하던 친구가 있었다. 그리고 그는 형형색색으로 빛나는 찬란한 미래를 소설처럼 묘사하곤 했었다. 그런데 이제 정말 큰 부자가 된 그를 보는 것은 참으로 반갑고도 흥미로운 일이었다.

또 다른 친구는 이런 말을 자주 했었다. "나는 그냥 조그만 가게 나 하나하면서 살고 싶어. 그런데 난 항상 숫자에 약해서 장사를 잘 할지 걱정이야." 학교 때부터 그 친구는 가게 일을 쫓아다니며 배우더니, 결국 학교 조그만 매점의 주인이 되어 있었다. 그리고 그는 친구들에게 이렇게 털어놓았다. "한때 나는 장사가 잘 되는 큰 가게를 운영하기도 했었지. 그런데 내가 숫자에 약한 걸 악용한 동업자한테 사기를 당했어."

옛날부터 두 친구는 다른 사람들에게, 그리고 자기 자신에게, 자신의 미래에 대한 완전히 다른 동화를 들려주었다. 두 사람 모두 실제로 자신들에게 어떤 미래가 펼쳐질지는 알 수 없었을 것이다. 하지만 그사이 두 가지 동화는 모두 현실이 되고 말았다.

어두운 시기를 비추는 우리의 말들

당신은 어렵고 어두운 시기에 자신에게 무슨 말을 하는가? 자신의 미래에 대한 어떤 동화를 자신에게, 그리고 다른 사람에게 들려주는가? 어떤 시나리오가 당신에게 떠오르는가?

나는 스물여섯 살에 경제적으로 파산을 했다. 그때 나는 정말 견디기 힘들었다. 나의 어머니는 말했다. "봐라, 다니라는 학교도 제대로 안 다니고, 변변한 직업도 없이 빌빌하더니 오늘날 그 꼴이 된 거 아니냐."

실제로 그때 나는 모든 걸 포기하고만 싶었다. 침대에 파묻혀 끝없이 잠만 자고 싶었다. 당시 나는 지금 내가 지닌 강인한 힘의 부스러기만 한 힘도 갖지 못했었다. 하긴 그 힘은 어려운 상황에서 비로소 꿈틀거리며 생겨나는 힘이긴 했다.

아무튼 나는 어머니가 내게 한 말에 정당성이 부여되는 것을 허락할 수 없었다. 그래서 나는 말했다. "어머니, 언젠가 나는 진짜 부자가 되고 말 겁니다. 내기를 해도 좋아요. 그리고 언젠가 어머니가 나를 아주 자랑스럽게 생각하게 될 겁니다. 약속할 수 있어요."

그때부터 나는 딜레마에 빠졌다. 어머니에게 부자가 되겠다고 큰소리는 쳤는데, 막상 현재의 내 모습은 초라하기 그지없었다. 하지만 나는 모든 잡념을 떨쳐버리고, 나의 재정 멘토와 함께 몇 가지 경제적인 계획을 구체화했다. (그 계획을 어떻게 수립하는지는 다음 장에 자세히 소개된다) 아울러 나는 나의 재정 멘토에게도 그것을 실현하기 위해 전력을 다하겠다는 것과 포기하지 않겠다는 것을 약속했다. 그리고 나의 친구들과 몇 안 되는 동료들에게도 내가 어떤 성과를 올리는지 지켜보라고 말했다. 나는 나의 약속을 깰 수 없었다. 하지만 다른 한편으론 끊임없이 회의와 의심이 드는 것도 피할 수 없었다.

우리가 잘 나가는 시기에 우리의 미래에 대해서 낙관적이 되는 것은 어렵지 않다. 하지만 어렵고 힘든 시기에는 어떤가? 나 역시 나의 재정 멘토와 함께 어려운 시기를 보내면서 정말 버티기 힘든 상황에 여러 번 부닥쳤다. 그때마다 그는 이렇게 말하곤 했다.

"지금이야말로 당신의 목표를 상향 조정해야 할 시점이오."

그 말에 나는 이렇게 대답했다.

"정말이지 그건 현실적인 방법이 아닙니다."

나의 재정 멘토가 다시 말을 이었다.

"당신이 당신의 미래에 대해 자신에게, 그리고 다른 사람들에게 말하는 모든 것은 어차피 동화 아니오. 이왕이면 아름답고 좋은 동화를 들려주는 게 가장 좋지 않겠소? 만약 그 동화가 현실이 된다면 당신은 꿈속에 살게 되는 거요. 악몽이 아닌 기분 좋은 꿈속에 말이오."

그 후에도 그는 틈만 나면 나에게 난데없이 물었다.

"당신 미래에 대한 당신의 동화는 어떻게 되오?"

그는 부정적인 시나리오는 절대 인정하지 않았다. 그래서 나는 항상 그에게 아주 찬란한 미래에 대해서만 말해야 했다. 정말 내가 생각해도 황당하기 그지없는 얘기를 할 때가 많았다.

한 번은 도저히 안 되겠다 싶어서, 도대체 이게 무슨 의미가 있는지 회의가 든다고 투덜거렸다. 그러자 그는 이렇게 말했다.

"그런 회의는 당연한 것이오. 그런데 문제는 그것이 지속되면 미래에 대한 부정적인 생각이 당신의 생각을 완전히 지배하게 된다는 점이오. 두 가지만 명심하시오. 첫째, 당신은 그런 회의에 대해 나 말고 다른 누구에게도 말해서는 안 되오. 둘째, 그런 회의가 들 때면, 곧바로 나에게 전화를 하시오. 그러면 우리는 그 비참한 동화를 다시 아름다운 동화로 바꿀 수 있을 것이오."

나는 그의 말을 따랐다. 나의 회의감은 시간이 갈수록 줄어들었고, 나의 긍정적인 시나리오들이 점점 힘을 얻기 시작했다.

이 책의 앞부분에서 언급했던 나의 조언을 다시한번 강조한다. '부정적인 사람들을 멀리하고 긍정적인 사람들과 어울리라.' 당신으로부터 악몽이 아닌 기분 좋은 꿈 이야기를 듣고 싶어 하는 사람들 말이다.

까만 옷을 입은 사람이 오더라도 도망치지 마라

우리가 어려서 하던 놀이 중에 '누가 까만 옷을 입은 사람을 무서워 하나'라는 놀이가 있었다. 나는 오랫동안 이 '까만 옷을 입은 사람'을 무서워했다. 한동안 나는 정말로 그런 사람이 나타날까 봐 밤마다 침대 밑을 들여다보고 옷장을 열어보았다. 날이 어두워지면 지하실에는 내려가지도 못했다.

많은 사람들이 어른이 되고 나서도 한참 동안 이 '까만 옷을 입은 사람'에 대해서 무서움을 느낀다. 심지어는 그것이 평생을 가기도 한다. 여기서 '까만 옷을 입은 사람'이란 다름 아닌, 악랄한 상사이기도 하고, 반갑지 않은 세무공무원이기도 하고, 항상 한 발씩 나를 앞서가는 경쟁자이기도 하다. 이렇게 우리 주변에는 까만 옷을 입은 사람이 널려 있어, 우리를 잠 못 들게 만들고, 우리로 하여금 어두운 색깔로 비참한 시나리오를 그리도록 한다. 악몽 말이다.

그 결과 많은 사람들이 우리가 놀이에서 하던 그대로 한다. '까만 옷을 입은 사람이 오면 도망치자.' 미래로부터 도망치는 사람은 불행만이 아니라 행복으로부터도 도망치게 된다. 그래서 마땅히 자신에게 주어져야 할 미래로부터 도망가는 것이다. 그러다 보면 도망이 하나의 계획이 되어버리고, 그것은 유용하고 낙관적인 다른 계획들이 차지할 자리를 대신 꿰차게 된다.

우리 누구한테나 잠재해 있는 두 가지 서로 다른 본성을 생각해보라. 하나는 경제적 패배자의 목소리로, 다른 하나는 경제적 성공자의 목소리로 우리에게 말을 건다.

하나는 악몽을 보고, 다른 하나는 찬란한 미래를 본다. 그리고 둘 다 우리에게 동화를 들려준다. 그런데 문제는 두 가지 동화 모두 진짜로 실현되려는 경향을 보인다는 점이다.

그렇다면 당신은 어느 쪽을 택하겠는가? 이왕이면 환상적인 미래를 말하는 목소리에 귀를 기울이라. 의심과 회의를 불러일으키는 부정적인 시나리오엔 눈길도 주지 말라. 아름다운 꿈을 바라보라. 언젠가 마땅히 현실이 되어야 할 동화를 선택하라. 그리고 다음 장의 조언들을 도움 삼아 바로 계획을 세워라.

이 계획을 한발 한발 따라가다 보면 어느 새 당신의 동화는 현실이 되어있을 것이다.

*당신에게 꼭 필요한 파워 아이디어

● 투자와 투기, 투자하는 것과 돈을 묶어두는 것의 차이를 구분하는 법을 배워라.

● 투자가는 팔면서 이득을 보지 않고 사면서 이득을 본다.

● 너무 일찍 자신이 가진 돈을 묶어버리는 우를 범하지 말라. 자기 집을 마련하기 전에 돈을 충분히 비축하라.

● 자기 집은 투자 자산이 아니라 사치를 위한 자산이다.

● 투자자는 돈을 벌지만 투기자는 돈을 딴다.

● 현물의 가치는 금전의 가치를 누른다.

● 경제적 자유에 이르고 싶다면 리스크를 감수해야 한다.

● 분산하라. 돈의 일부는 금전에 투자하고 나머지는 현물에 나눠서 투자하라.

● 투자가는 끊임없이 배우고, 많은 시간을 투자할 준비가 되어 있어야 한다.

● 당신은 15~25년이 걸려 경제적 안정을 얻는 것에 충분히 만족하는지, 아니면 더 빠른 길을 원하는지 결정하라. 그리고 당신은 투기자로 남는 것에 만족하는지, 아니면 투자자가 되길 원하는지 결정하라.

● 우리는 미래를 예측할 수 없다. 그러나 우리는 미래를 만들어
  갈 수 있다.
● 당신 안에 있는 소리 가운데 환상적인 미래를 예언하는 목소리
  에 귀를 기울여라. 꿈은 그것을 이루려는 경향을 갖는다.

12

돈으로부터 자유로워지는 3단계

행복을 이루는 데는 두 가지 방법이 있다.
소망을 축소하든지, 아니면 수단을 확장하는 것이다.
현명한 사람은 이 두 가지를 동시에 추구한다.

벤저민 프랭클린

누구나 자신의 경제적 소망을 추구할 권리가 있다. 그러나 꿈을 이루려면 먼저 그 꿈의 실체를 정확히 알아야 한다. 과연, 경제적으로 완전한 자유를 누리기 위해선 얼마나 많은 돈이 있어야 하며, 얼마나 오랜 시간이 걸릴까?

1단계 : 먼저 경제적 에어백을 마련하라

아마도 당신은 목표를 제대로 세우는 것이 중요하다는 말을 많이 들어보았을 것이다. 하지만 자신의 경제적인 목표를 세울 때는 그 중요성을 얼마나 진지하게 고려하고 있는가?

다음 질문에 답해 보라. 예컨대, 당신의 수입이 갑자기 끊기고, 당신한테서 돈을 빌려 간 사람들은 제때 돈을 갚지 않는다고 하자.

또는 갑자기 직장을 잃거나, 병이 들었다고 하자. 그런 상태로 당신은 얼마 동안 생활할 수 있는가? 이런 위기 상황에도 반드시 지출해야 하는 '최소비용'이 얼마나 되는지 적어보자. _____

이러한 최소비용이 몇 달 동안이나 필요한지는 사람마다 다르지만, 보통 6개월에서 1년 정도의 생활비는 여유로 갖고 있어야 크게 불안해하지 않으면서 새로운 수입원을 찾을 수 있다.

그러면 이제, 당신이 병에 걸려 직장을 그만두게 되었다고 하자. 당신이 다시 건강해져서 마음에 드는 새 일자리를 구하기까지 최소 얼마의 기간이 필요한가? _____ 개월

앞의 최소비용과 이 비용이 필요한 최소 개월 수를 곱해 보라.

_____ × _____ 개월 = _____

이 금액은 당신이 자신의 건강과 정서적 안정감에 대한 책임을 다하기 위해 절대적으로 필요한 안전장치인 '경제적 에어백'이다. 이 비용을 마련해야 하는 사람은 당신 자신이다. 그리고 당신한테는 가족에 대한 책임도 있다.

설사 오랫동안 아무런 위기 상황이 발생하지 않더라도 이 정도 돈은 확보하고 있어야 마음의 안정을 얻을 수 있다. 모든 사람은 보호받고 싶은 욕구를 갖고 있다. 아무리 배짱 두둑한 사람이라도 뒤가 든든해야 여유를 갖고 자기 일을 해 나갈 수 있다. 경제적 에어백은 당신을 든든하게 받쳐주는 버팀목이다.

갑작스러운 사고나 천재지변으로부터 안전하다고 말할 수 있는 사람은 아무도 없다. 하지만 이런 상황을 여유 있게 넘길 수 있는 대비는 누구나 할 수 있다. 갑작스러운 천재지변에 경제적 어려움까지 겹치면 어떻게 하겠는가? 그러한 경제적 어려움 때문에 인생이 원치 않는 방향으로 흘러가면 어떻게 하겠는가?

경제적 에어백을 확보하는 데 시간이 얼마나 걸리나?

여기엔 간단한 규칙이 적용된다. 목표가 작을수록 그만큼 빨리 도달할 수 있다. 이것은 앞에서 얘기한, 가능한 한 목표를 크게 잡으라는 말과 모순되는 얘기가 아니다. 앞에서의 목표는 장기적 목표이며, 그 장기적 목표가 클수록 그 실현 가능성이 더 커진다는 뜻이었다.

하지만 경제적 에어백 마련은 장기적 목표가 아니다. 그것은 바로 다음 목표이면서, 가능한 빨리 도달해야 하는 목표이다.

이 목표를 작게 세우는 것이 유리한 이유는 세 가지가 있다. 먼저 예를 하나 들어보겠다.

흥청망청 돈 쓰는 재미에 사는 루카스라는 사람은 한 달에 3백만 원을 벌어 그중 2백 85만 원을 써버린다. 이 사람이 저축할 수 있는 돈은 15만 원에 불과하다. 생활과 마음의 안정을 얻으려면 10개월 정도의 생활비는 여유로 갖고 있어야 한다고 그는 생각한다. 따라서 최소 2천 8백 50만 원이 필요하다. 한 달에 15만 원씩 저축해서 이 돈을 모으려면 장장 16년 10개월이 걸린다(편의상 이자 없이 계산했다). 가능하면 빨리 도달해야 하는 목표인 경제적 에어 백 마련에 이렇게 오랜 시간이 걸리면 경제적 자유는 꿈도 꿀 수 없다. 다른 예를 보겠다.

알뜰살뜰 돈 모으는 재미에 사는 햄스터라는 사람도 마찬가지로 한 달에 3백만 원을 벌고, 10개월의 생활비를 경제적 에어백으로 확보하려 한다. 하지만 그는 2백 10만 원으로 한 달 생활을 꾸려간다. 그래서 그의 목표는 그리 크게 보이지 않는다. 2천 1백만 원만 있으면 되니까. 게다가 그는 더 많은 돈을 저축할 수 있고, 따라서 2천 1백만 원이라는 '작은 목표'에도 그만큼 빨리 도달하게 된다. 그는 2년 만에 목표에 도달한다.

작은 목표가 유리한 이유 세 가지는 다음과 같다.

1. 첫 목표를 작게 설정하면 그만큼 빨리 도달할 수 있다.
2. 더 적은 비용으로 생활할 수 있으면, 더 많이 저축할 수 있고, 경제적 에어백을 확보하는 데 걸리는 시간도 줄어든다.
3. 설정한 목표가 바로 눈앞에 보이기 때문에 끝까지 밀고 나갈 수 있다.

예산안을 만들어라

나는 예산안을 꼼꼼하게 짜는 것을 그리 좋아하지 않는다. 그러나 누구나 한 번쯤, 매달 실제로 얼마의 돈을 어디에 쓰는지 점검해 볼 필요는 있다. 또한 당신이 아직도 경제적 에어백을 확보하지 못했다면 지출상황을 점검하는 것은 반드시 필요하다.

지출내역을 솔직히 적어 내려가다 보면 당신은 그 내용에 놀라게 될 것이다. 우선 당신의 수입과 지출 내역을 모두 적어보아라. 물론 내역만으로는 아직 제대로 된 예산안이라고 할 수 없다. 하지만 그것만도 아주 쓸 만한 정보이다. 내역을 적어 보면 교육비, 자동차 유지비, 통신비 같은 항목에 의외로 많은 돈이 들어가는 것을 알 수 있다.

예산안을 만드는 것은 이렇게 모든 비용의 목록을 작성하고 난 다음 비로소 시작된다. 여기에는 두 가지 방법이 있다.

1. 모든 지출 항목 뒤에 당신이 실제 얼마를 지출하고자 하는지 '항목별 목표액'을 적어라. 그것이 비현실적인 액수인지, 아니면 여전히 과도한 액수인지 생각하지 말고 기록하라. 때로 계획은 그것이 불가능해 보일 때도 혼자서 저절로 실행된다.
2. 맨 먼저 매달 총 얼마를 지출하고자 하는지 '총 목표액'을 적어라. 그리고 나서 이 액수를 넘기지 않기 위해 어떤 항목을 줄일 것인지 생각하라.

예산안을 짤 때는, 당신의 강점을 키우고 약점을 보완하는 것이 중요하다. 대부분의 경우 예산안에는 약점이 드러나게 되어 있다.

예산안에 당신의 약점이 보이면 그 해결책을 찾아라.

예산안을 짠 결과, 지금까지의 생활을 그다지 효율적으로 잘 꾸려오지 못한 것으로 판단되면 생활방식을 개선하려는 노력이 뒤따라야 한다. 이제 술을 줄이고, 외식하는 횟수도 줄여야 한다.

반대로, 당신이 나름대로 검소하게 살고 있다고 판단되면, 그것을 확인하는 것만으로도 충분히 의미가 있다. 그러나 문제점이 드러나면 어떤 식으로든 해결책을 찾아야 한다.

더 벌 것인가, 아니면 덜 쓸 것인가?

당신은 더 많이 버는 쪽을 택하겠는가, 아니면 더 적게 쓰는 쪽을 택하겠는가? 하지만 당신에게는 이 두 가지 말고도 선택 가능성이 하나 더 있다. 벤저민 프랭클린은 그에 대해 정확한 답변을 하고 있다.

"행복을 이루는 데는 두 가지 방법이 있다. 소망을 축소하든지, 아니면 수단을 확장하는 것이다. 이 두 가지 모두 목표에 도달하는 방법이며, 그 결과 또한 같다. 어떤 쪽을 택하느냐는 각자 정할 문제이다. 모든 사람은 자신에게 더 쉽게 여겨지는 익숙한 방법을 택한다. 병들고 가난한 사람이라면, 소망을 축소한다는 것이 아무리 힘들다 해도 수단을 늘이는 것만큼 힘들지는 않다. 반면 건강하고 돈 많은 사람은 수단을 확장하는 것이 소망을 줄이는 것보다 훨씬 수월하다. 하지만 돈이 많든 적든, 건강하든 병들었든, 또는 젊었든 늙었든, 현명한 사람은 두 가지 방법을 동시에 추구할 것이다. 그리고 아주 현명한 사람은 그것을 사회에 기여하는 방식으로 추구할 것이다."

이제 당신도 자신에게 더 쉬운 방법을 택하라. 이 두 가지 방법을 동시에 추구한다면 가장 좋겠지만. 어떤 경우든 당신이 경제적 에어백을 확보할 때까지 멈추지 마라. 그리고 나면 반은 성공한 것이다. 그다음은 그리 어렵지 않다. 무슨 일이든 처음 시작이 가장 힘든 법이다. 단, 잊지 말아라. 쉬운 일도 처음에는 어렵다. 또 어려운 일도 나중에는 쉽다. 절약하는 것은 어려운 일이 아니다. 그러나 그것이 처음 하는 일이라면 적어도 한동안은 불편하다. 그 고비를 넘겨야 한다. 이렇게 절약하여 모은 돈을 현명하게 투자하려면 좀 더 노련한 기술이 필요하다. 하지만 그것도 손쉬운 투자방법이 많이 있기 때문에 전혀 어렵지 않다.

경제적 에어백을 어떻게 관리할 것인가?

이 자금을 관리하려면 계획과 철학이 필요하다. 구체적인 투자철학에 대해선 뒤에 가서 설명하기로 하고 우선 기본원칙 한 가지만 이야기하겠다.

가장 중요한 것은 이 돈을 안전하게 보관해야 한다는 것이다. 위험을 피하려면 그만큼 낮은 수익을 감수할 수밖에 없다. 그렇지 않으면 경제적 에어백으로써의 효과가 줄어들기 때문이다. 그리고 이 돈은 절대적인 위기가 아니면 사용하지 말아야 한다. 투기성 투자는 더더욱 금물이다. 경제적 에어백을 확보하는 것이 마냥 어렵게 느껴질 수도 있다. 하지만 이런 안전장치를 확보하지 않음으로 해서 당신에게 훨씬 더 큰 어려움이 닥칠 수 있다는 사실을 항상 잊지 말아라.

일단 경제적 에어백을 확보하면 당신은 이미 장기적 목표인 '경제적 자유'의 전제조건을 충족시킨 것이다. 그러면 '경제적 자유'란 어떤 의미일까? 또 경제적 자유를 얻으려면 얼마만큼의 돈이 있어야 할까? 이런 질문에 대답하기 전에 '경제적 안정'을 확보하는 방법부터 알아보겠다.

2단계 : 경제적 안정을 확보하라

1단계 목표인 경제적 에어백이 마련되면 유리한 점이 많다. 어떤 위기가 와도 잘 넘길 수 있고, 평소에도 심리적인 안정감 속에 생활할 수 있다. 그러나 최소한의 안전장치에 불과한 경제적 에어백은 결정적인 약점을 갖고 있다. 위급한 상황이 생기면 모아놓은 돈을 써야 한다는 것이다. 그러면 그 위기는 넘길 수 있지만 돈은 사라지고 만다. 확실한 안전장치를 마련하려면 이자만으로도 살아갈 수 있을 정도의 돈을 모아놓아야 한다.

우선 당신이 어떠한 경우에도 매달 지출해야 하는 고정비용을 다시 한번 적어보자. _____

마음이 급하더라도 천천히 따라 하길 당부한다. 우리의 최종목표 인 경제적 자유를 실현할 계획은 잠시 후 설명하겠다. 하지만 그 전 에 먼저 확실한 안전장치를 마련해야 한다. 어떤 일이 생겨도 돈 구 할 걱정 없이 평온하고 풍요로운 생활을 계속할 수 있는 장치를 만 들어야 하지 않겠는가? 게다가 당신은 이미 스스로 돈 버는 기계를 소유하고, 황금알 낳는 거위를 키우는 방법까지 배우지 않았는가?

경제적 안정을 위해선 얼마의 자금이 필요한가?

이제 일정 수준의 생활을 유지하기 위해 매달 필요한 최소비용을 적어보았다. 혹시 당신의 거위가 낳는 황금알이 커야겠다는 생각이 들지는 않는가? 그러려면 우선 거위가 커야 할 것이다.

달리 말하면, 당신은 이자만으로도 이 비용을 충당할 수 있을 만 큼의 자금이 필요하다. 여기서 이자율이 얼마냐가 문제지만, 우선 '조심스럽게' 8%의 순 이자로 계산해 보겠다. 가장 중요한 것은 안 전이니까. 계산법은 다음과 같다.

> 매달 필요한 금액 × 150 = 필요한 자금

예를 하나 들어보겠다. 앞서 말한 함스터라는 사람한테 넉넉잡아 매달 3백만 원이 필요하다고 하자. 이것을 위의 공식에 따라 계산 하면, 매달 3백만 원의 이자를 얻기 위해서 총 4억 5천만 원의 자금이 필요하다(3백만 원×150=4억5천만 원)는 계산이 나온다.

이 돈이 있으면 그는 거위를 잡을 필요가 없다. 4억 5천만 원이 계속 황금알을 낳아주니까. 바로 이렇게, 소유하고 있는 돈만으로 생활할 수 있어서, 이론상 더 이상 일할 필요가 없는 상태를 '경제적 안정상태'이다.

당신이 경제적 안정을 확보하기 위해 얼마가 필요한지 계산해 보자.

당신이 매달 필요한 금액 _____ × 150 = _____

이 금액을 확보하면 당신은 이제 무엇을 해야 할까? 이 질문에 좀 더 쉽게 대답할 수 있는 예를 하나 들겠다.

앞으로 당신이 살날이 6개월밖에 남지 않았다고 하자. 당신은 어떤 일들을 마지막으로 하고 싶은가? 어떤 곳에 가고 싶고, 어떤 사람과 함께 있고 싶으며, 어떤 물건을 남기고 싶은가?

물론 당신은 6개월보다는 오래 살겠지만 그렇다고 영원히 살 수도 없다. 당신 자신에게 정말로 중요한 일을 하는 데 돈보다 더 큰 걸림돌이 무엇이 있겠는가? 돈에 대해, 마땅히 필요한 만큼의 관심을 두지 않는 것은 정말 위험한 일이다. 당신은 자신의 삶에 풍요로운 햇볕이 계속 내리쬐도록 해야 할 책임이 있다.

당신이 위에 적은 금액은 당신 삶에 결정적인 변화를 가져올 것이다. 이 돈이 당신의 삶을 얼마나 크게 변화시킬지 한번 생각해 보자.

당신은 자신의 부에 대해 책임이 있다

7년 뒤 당신은 자신의 경제적 여건을 전혀 바꾸어 놓지 않았을 수도 있고, 부분적으로 경제적 안정을 확보해 놓았을 수도 있다. 7년 후면 당신이 오늘 준비한 미래가 시작된다.

많은 사람들이 자신이 진짜 좋아하는 일을 하지 못하는 주된 이유는 돈이 없어서다. 그것은 정말 안타까운 일이면서 동시에 에너지 낭비이다. 우리는 자신이 좋아하는 일을 할 수 있을 때 비로소 자신의 능력을 최대한으로 발휘할 수 있다. 자기가 정말 좋아하고, 또 유익하게 생각하는 프로젝트에 몰두해 볼 기회를 갖지 못한 사람은 자기 안에 얼마만 한 잠재력이 있는지 영원히 알아낼 수 없다. W. 클레멘트 스톤이 가졌던 신념을 당신도 가질 수 있다. '돈을 모을 능력이 없는 사람은 이성적이니 지성적이니 하는 말을 들을 자격이 없다.'

아무튼 부를 쌓는 데에도 프로와 아마추어의 전략이 있다. 아마추어는 단기적인 부의 획득을 노리지만, 프로는 장기적으로 큰 부를 쌓는 것에 집중한다. 그리고 이 두 가지 방식으로 쌓은 부는 각기 다른 수준의 삶으로 당신을 끌어올린다.

아마추어는 오직 지금 현재에 관심을 두기 때문에 먼 미래의 일을 간과하는 경우가 많다. 그래서 오랜 기간에 걸쳐 관찰하면 동일한 어려움을 반복한다. 현명한 투자를 통해 더 이상 돈 걱정을 하지 않아도 되는 상황을 만들어 낼 줄 모르기 때문이다.

프로의 방법은 이와 다르다. 그는 현재를 살면서 미래를 준비한다. 때문에 그는 먼저 자신에게 대가를 지불할 줄 안다. 당신도 돈의 프로가 돼라.

당신이 여기까지 잘 읽었다면 더 이상 선택의 여지가 없다는 사실도 깨달았을 것이다. 책임은 당신의 몫이다. 당신 삶의 주인도 당신 자신이다. 그리고 언제든지 당신은 자신의 신념을 좋은 방향으로 바꿀 수 있으며, 삶에 대해서도 새로운 태도를 가질 수 있다. 그러면 이제 당신의 꿈을 실현하는 길로 가자.

3단계 : 경제적 자유를 누린다

혹 위에서 말한 경제적 안정만으로도 최종목표로서 충분하다고 생각하는 사람이 있을지도 모르겠다. 하지만 그보다 '많은 것'을 원하는 사람이 훨씬 많을 것이라고 나는 믿는다. 다시 말해, 진정한 경제적 자유를 얻는 것 말이다. 경제적 자유의 달성, 그것은 분명 우리의 꿈이다.

많은 사람들이 자신이 꿈꾸는 삶에 도달하지 못하는 것은, 그것을 이루기 위해 무엇을 할 것인지 구체적으로 생각하지 않기 때문이란 사실을 아는가? 그런 사람들은 꿈을 성취하기 위해 얼마만큼의 비용이 필요한지 모른다. 지금 우리가 생각해 보려는 것이 바로 이것이다.

얼마의 자금이 필요한가?

1. 먼저 소망하는 모든 것들의 목록을 만들어라. 소망의 실현 가능성을 생각하지 말고 적어라. 우선 당신의 꿈이 무엇인지 확인하고 거기에 드는 비용을 알아봐야 한다.

2. 원하는 것들을 모두 적었으면 그 뒤에 그것을 얻는 데 드는 비용이 대충 얼마나 될지 적어 보라.

3. 하지만 절대로 거위를 잡아선 안 되니까 큰 비용이 드는 것은 할부로 구입해야 한다. 이 경우 매달 할부금액이 얼마인지 계산하라. 계산을 간단하게 하기 위해 부동산 할부는 120분할 하고, 그 밖의 것들은 50분할 하라.

소망품목	구입 비용	매달 할부금액
1. 집		
2. 콘도미니엄		
3. 자동차		
4.		
5.		
6.		
7.		

예를 들어, 13억 원짜리 집을 장만하려면 그 액수를 120으로 나눠 매달 1천 8십 3만 3천 원과 그에 따른 이자를 지불하는 것으로 계산한다. 당신이 여행을 좋아해서 매년 수차례 여행경비로 7백만 원을 지출한다면, 이런 경우는 12회로 분할하여 58만 3천 3백 원

을 매달 지불하는 것으로 계산한다. 그래야 매년 같은 비용으로 여행할 수 있다.

꿈의 실현을 위해 매달 지출할 비용 _____

4. 그리고 나서 당신이 현재 다달이 지출하고 있는 생활비 목록을 만들어라. 이것은 당신이 돈으로부터 자유를 얻고 난 뒤에도 계속 들어갈 비용이다. 물론 이 비용도 이자수입으로 지불해야 한다. 그리고 이제 생활수준이 높아진 만큼 이 비용도 훨씬 높게 책정해야 한다.

매달 필요한 생활비 총액 _____

5. 이제 이 두 가지 비용을 합하면 경제적 자유를 위해 매달 소요되는 비용이 나온다.

경제적 자유를 위해 매달 필요한 비용 _____

이제 당신이 경제적 자유를 누리기 위해 매달 필요한 비용을 파악했다. 당신이 꿈꾸는 삶을 사는 데 얼마나 큰 황금알이 있어야 하는지 잘 보았을 것이다.

그럼 이제 거위를 얼마나 크게 키워야 하는지도 한 번 알아보겠다. 당신이 지금 계산한 비용을 감당할 이자가 나오려면 정말 큰돈이 있어야 하고, 또 이 돈이 제대로 투자되어 있어야만 한다. 여기서도 연이율 8%(월 0.67%)로 계산하도록 하겠다. 앞에서와 마찬가지로 필요한 총 자금의 규모를 알려면 매달 필요한 금액에 150을 곱하면 된다.

$$\underline{\hspace{3cm}} \times 150 = \underline{\hspace{3cm}}$$

이것이 모든 꿈을 이루는 데 필요한 돈이다. 이 목표를 달성하기 위해서는 단계별로 최선의 방법을 찾아 돈을 투자하는 것이 아주 중요하다.

경제적 자유로 가는 3단계 투자방법

이제 당신은 세 가지 서로 다른, 하지만 서로 긴밀한 관계를 맺고 있는 경제적 목표를 세웠다. 이 목표들을 달성하는 데에는 서로 다른 투자방법이 각각 필요하다.

경제적 에어백을 위한 '절대 안전' 투자방법

경제적 안정을 확보하기 전에는 위험을 회피해야 한다. 그러므로 안전성이 높은 투자를 선택해라. 그리고 아무리 안전한 곳에 투자를 했더라도 위험을 분산하는 것을 잊지 말아라. 투자금액이 단 500만 원에 불과해도 그것을 모두 한곳에 투자해서는 안 된다. 위험의 분산이 곧 더 높은 수익을 의미한다는 점을 항상 명심해라.

안전한 투자로는 생명보험을 꼽을 수 있다. 하지만 생명보험은 수익률이 너무 저조하므로 총 자산의 20% 이상 투자하지는 마라. 크고 오래된 펀드에 투자하는 것도 추천할 만하다. 경제적 안전장치 마련을 위한 이 단계에서는 안전이 제일이다. 낮은 수익률도 감수하라. 그리고 돈의 일부는 현금으로 은행에 예치해 두어라.

경제적 안정을 위한 '40-40-20' 투자방법

경제적 안정에 이르기 위해서라면 돈을 조금 다르게 분산해도 된다. 소유자본의 40%는 여전히 안전한 곳에 넣어두어라. 그리고 40%는 약간의 위험을 감수하고서 투자하라. 이때도 투자한 돈을 오랜 기간 빼내지 않고 넣어두면 코스트 애버리지 효과를 통해 위험은 현저하게 줄어든다. 이제 남은 20%의 돈은 공격적으로 투자하라. 고수익 펀드나 컨트리 펀드 등과 같은 특수한 펀드들이 대상이 될 수 있다. 위험부담이 큰 만큼 높은 수익을 기대할 수 있다.

다만 여기서 중요한 것은 경제적 안정을 확보하기 위해 투자하는 돈은 절대로 투기성 상품이나 너무 위험부담이 큰 곳에 모험적으로 투자하지는 말라는 것이다. 이때 투자한 돈 역시 장기간 넣어둘 수 있어야 한다.

경제적 자유를 위한 '50-50' 투자방법

경제적 안정을 확보하면 이제 그 돈의 일부를 떼어내 경제적 자유를 이루는 데 사용해라. 이 단계에서는 좀 더 큰 모험을 감행해도 좋다. 최소 20%에서 30%의 수익을 제공하는 투자상품을 찾아라. 비록 한두 군데에서 실패를 본다고 해도 또 다른 투자에서 고수익을 올리면 쉽게 손실을 만회할 수 있다. 누가 뭐라고 하든 이미 확보한 경제적 안정을 해치지 않는 범위 내에서 투자하라.

이 3단계 투자방법을 세 개의 양동이에 비유해 요약하겠다.

양동이에 물을 채울 때는 항상 처음 것부터 채우고 나서 두 번째 것을 채워라. 그리고 두 번째 양동이(경제적 안정을 확보하기 위해 필요한 돈)가 차고 넘쳐서 흘러나온 물만 세 번째 양동이를 채우는 데 사용해라. 이런 방식으로 하면 당신이 확보한 경제적 안전장치는 절대 위협받지 않는다. 그리고 이런 투자철학을 따르는 한 당신

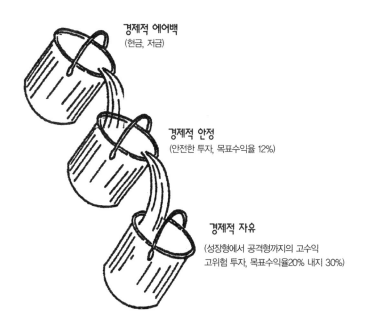

경제적 에어백
(현금, 저금)

경제적 안정
(안전한 투자, 목표수익율 12%)

경제적 자유
(성장형에서 공격형까지의 고수익
고위험 투자, 목표수익율20% 내지 30%)

은 결코 실패하지 않는다. 당신은 항상 안전한 곳에서 당신이 꿈꾸어 온 삶을 하나씩 실현해 갈 수 있다.

목표가 정해지면 절반은 이룬 것이다

이제 가장 중요한 문제가 남았다. 당신은 이제 확고한 결심을 해야 한다. 당신은 정말 경제적 자유를 얻기 원하는가? 경제적 자유에 도달하는 것을 자신의 의무로 삼고자 하는가? 위에서 적은 삶의 소망들을 항상 눈앞에 그리면서 그것을 자신에게 주어진 절대적인 의무로 삼을 준비가 되어 있는가?

이런 확고한 결심이 서지 않았다면 이 책을 읽지 말고 덮어두어라. 그것은 목표 달성에 필요한 모든 일을 반드시 하겠다는 결심이어야 한다. 여러 차례 말했듯이, 신념을 바꾸는 것이 그 시작이다. 이 목표에 도달하지 못하면 큰 고통을 느끼고, 목표에 도달했을 때 무한한 기쁨을 느낄 마음자세가 되어 있어야 한다.

그리고 어째서 자신이 그런 삶을 살고 싶은지, 그 이유들을 명확히 알고 있어야 한다. 매일매일 활동 영역을 넓히고, 항상 최선을 다해야 한다. 끊임없이 배우고 성장해야 한다. 당신은 자신이 가진 능력의 110%를 투입해야 하고, 자신의 잠재력을 최대한 발휘해야 한다.

당신은 정말로 이렇게 하기 원하는가? 부와 행복을 얻고자 원했던 사람이면 누구나 예외 없이 치러야 했던 대가를 당신도 치를 준비가 되어 있는가? 만약 당신이 그런 결심이라면(나는 진심으로 그 것을 권한다) 당신 자신에게 약속하라. 최고가 아니면 절대로 만족하지 않겠다고 말이다. 이 약속을 지킬 수 있을지 의심스러운가?

하지만 이것은 충분히 지킬 수 있는 약속이다. 당신이 목표를 확고하게 정하고, 그 목표를 달성할 계획을 글로 적으면 이미 50%는 달성한 것이다. 이렇게 말하는 데에는 다음 네 가지 근거가 있다.

목표는 더 많은 기회를 포착하게 된다

자신에게 절대적인 의무를 부과함으로써 당신은 만나는 모든 사람들을 지금까지와는 다른 눈으로 보게 된다. 그리고 벌어지는 모든 상황이 당신에게 의미가 있다.

'이것이 나의 목표달성에 어떤 도움이 되는가', '나는 이것을 어떻게 곧장 실천에 옮길 것인가' 하고 끊임없이 자신에게 질문하게 된다. 그러다 보면 자연히 더 많은 기회가 눈에 들어오게 된다.

목표는 해결의 실마리를 함께 제공한다

많은 사람들이 문제에 대해 너무 오래 고심하느라 시간을 낭비한다. 분명한 목표를 가진 사람은 그런 시간의 여유가 없다. 그는 빨리 목표에 도달해야 하고, 그래서 끊임없이 해결과 방법을 모색한다. 그는 오로지 목표에만 몰두한다. 오직 목표에만 주의를 집중하고 있는 한 두려움이 들어올 자리가 없다.

목표는 이기기 위한 게임을 하도록 한다

지지 않기 위한 게임과 이기기 위한 게임은 큰 차이가 있다. 어떤 사람을 만났을 때 그가 패하지 않기를 원하는지, 아니면 승리하기를 원하는지 금방 알 수 있다. 그 사람의 눈을 보면 알 수 있고, 그 사람의 걸음걸이를 보면 알 수 있고, 그 사람의 목소리를 들어보면 알 수 있다. 큰 목표는 우리가 초라하게 최소한의 삶을 살아가도록 허락하지 않는다. 당신은 자신의 최대치를 투입해야 한다. 당신은 승리하기 위한 삶을 살아야 한다.

목표가 있는 한 중요하지 않은 것은 없다

목표가 없는 사람들은 대개 이런 모토로 살아간다. '이런들 어떠하리, 저런들 어떠하리…….' 그러나 확고한 목표를 가진 사람들에게는 세세한 모든 것이 다 중요하다. 예를 들어, 자전거 경주에 출전한 선수가 '1kg이 더 나간들 어떠하리'라고 말할 수 있겠는가? 프로선수라면 절대로 그렇게 말하지 않는다. 그는 초급을 다투는 경기에서 1kg이라는 무게가 가파른 언덕길을 올라갈 때 어떤 결과를 초래하는지 잘 알기 때문이다.

이처럼 목표를 정하는 순간 당신에게는 모든 것이 중요해진다. 당신의 모든 행위는 당신을 목표로 더 가깝게 이끌거나, 아니면 목표에서 멀어지게 하거나 둘 중 하나이기 때문이다. 중간은 없다.

이미 말했듯이 확고한 결정은 항상 모든 것의 전제이다. '나중에 결정하지'라고 말하는 사람은 자신을 기만하는 것이다. 당신이 '지금' 결정을 내리지 못한다면, 그것 자체가 이미 당신의 결정이다. 당신은 모든 것을 지금 그대로 두고 아무것도 바꾸지 않기로 결정한 것이다. 그리고 목표에서 멀어지기로 결심한 것이다. 그러므로 지금 당장 결정하라!

돈으로부터의 자유, 그것은 도달하기 힘든 목표인가?

당신도 이미 답을 알고 있으리라 믿는다. 그렇다, 이 목표에 도달하는 것은 힘든 일이다. 그러나 목표에 도달하지 않는 것은 더 힘든 일이다. 자신에게 어떤 능력이 있는지 알지 못한 채 이 세상을 살아가는 것은 불행한 일이다. 우리는 자신이 지닌 모든 능력을 남김없이 발휘한 다음에야 비로소 삶이 정말로 어떤 것인지 느낄 수 있기 때문이다. 그렇게 할 때 우리는 자신의 소명을 다하게 되고, 우리 삶도 의미를 갖게 된다.

물론 간단한 일이라고 주장하는 것은 아니다. 그러나 우리가 의미 있는 삶을 살고자 한다면 다른 선택의 여지가 없는 것은 분명하다.

사람들을 구별하고 구분하게 하는 것은 만족과 편안함이다. 우리는 절대로 만족에 굴복해서는 안 된다. 모든 사람이 미래의 꿈만 꾼다면 더 나은 세계는 결코 생겨나지 않는다. 모든 사람들이 자신의 능력 범위 안에서 최선을 다할 때만 우리가 꿈꾸는 세상이 나타난다.

좌절이 없는 세상을 말하고 꿈꾸는 것이 우리의 과제가 아니다. 그런 세상을 실현하는 것이 우리의 과제이다. 우리에게 필요한 사람은 성실한 사람이다. 자신의 능력과 가능성에 대한 책임을 스스로 떠맡고 자신이 말한 바를 실천하며 꿈을 실현하는 그런 사람 말이다.

두려움의 충고를 따르지 말라

우리가 꿈꾸는 삶을 실현하지 못하게 막는 것이 무엇인지 아는가? 그것은 두려움이다. 실수에 대한 두려움, 실패에 대한 두려움, 웃음거리가 되는 것에 대한 두려움, 자신과 다른 사람을 실망시키는 것에 대한 두려움, 잘못된 결정을 내리는 것에 대한 두려움….

두려움이 당신의 조언자가 되게 해서는 안 된다. 세상에 실패란 없다. 맞다. 세상에 실패란 없다. 미국의 토크쇼 진행자인 오프라 윈프리는 이렇게 말한다. "나는 실패를 믿지 않는다. 당신이 중간에 재미를 느꼈다면 그것은 실패한 것이 아니기 때문이다."

그렇다. 실패란 없다. 오직 결과만이 있다. 이 세상에 나타난 거의 모든 위대한 성공이 초반의 실패를 딛고서 얻어질 수 있었다.

실패와 실수에 대한 우리의 태도를 바꿀 때가 되었다. 이것이야말로 수많은 사람들을 인생의 패배자로 만드는 주범이기 때문이다.

실수는 좋은 것이다

우리는 실수에 대한 두려움이 없이 행동해야 한다. 우리는 실수하지 않는 사람이 되고자 할 것이 아니라 포기하지 않는 사람이 되어야 한다. IBM의 창시자인 왓슨 시니어에게 누군가 '회사에서 인정받고 승진하려면 어떻게 해야 하느냐'고 물었다. 그는 이렇게 대답했다.

"실수하는 횟수를 두 배로 늘리시오."

성공한 사람들이 남긴 일화를 보면, 그 안에 수많은 실패담이 담겨 있음을 알 수 있다.

전구를 발명한 토머스 에디슨이 9,000번 정도 실패를 거듭하고 있을 때 친구들이 '정말 실수로 10,000번을 다 채울 셈이냐'고 물었다. 이에 에디슨은 대답했다.

"나는 실수를 하고 있는 게 아니라 전구를 발명할 수 있을 때까지 새로운 방법을 계속 배우고 있는 거라네. 매번 실수는 나를 점점 더 발명에 가까워지게 하고 있다네."

포기한 사람을 우리는 실패자로 기억한다. 반대로, 끈질기게 포기하지 않은 사람을 우리는 아주 중요한 사람으로 기억에 담아둔다. 실수를 하느냐 하지 않느냐는 중요하지 않다. 그 어떤 것에도 개의치 않고 자신의 길을 가는 것이 중요하다. 다른 사람들은 당신을 잠깐 동안만 가로막을 수 있을 뿐이다. 그러나 당신 자신은 당신을 영원히 멈추게 할 수 있다.

아무것도 하지 않는 사람만이 실수도 하지 않는다

실수와 위험에 대한 두려움으로 자신의 삶을 최소화하는 것은 있을 수 없는 일이다. 정기적으로 실수하지 않는다는 것은 극한의 노력과 과감한 모험심을 발휘하지 않는다는 뜻이다.

성공으로 가는 길은 실수를 통해 열린다. 실수를 두려워하지 않고 앞으로 나갈 수 있을 때 비로소 삶은 모든 가능성을 우리 앞에 펼쳐 보인다. 그러면 우리는 우리 삶에 어떤 섭리 같은 것이 있다는 것을 느끼게 된다. 우리가 체험하는 모든 것에는 의미가 있다. 우리의 모든 경험과 체험은 우리가 지금 완수해야 하는 과제에 반영된다. 모든 것에는 그 뜻이 있다. 우리는 그것을 알아내야만 한다. 우리가 저지른 모든 실수는 도움이 된다. 과거에 만났던 모든 사람은 우리를 새로운 만남과 새로운 기회로 이끌어 준다. 이런 관련을 인식하는 것은 그러나 우리 자신의 몫이다. 그리고 이 모든 것에 선행하는 것이 바로 두려움에서 벗어나 꾸준히 배우며 성장 발전하는 것이다.

*당신에게 꼭 필요한 파워 아이디어

● 당신이 항상 예측하고 있어야 하는 것이 있다. 예측하지 못하는 사태가 생길 수 있다는 점이다.
● 자신의 건강과 정서적 안정감, 그리고 자신의 가족에 대해 책임을 다하기 위해 경제적 안전장치를 하루빨리 마련해야 하는

사람은 바로 당신 자신이다.

● 최소한의 안전장치인 '경제적 에어백'만으로도 당신은 강자의 위치에 설 수 있다.

● 사고와 천재지변으로부터 안전한 사람은 아무도 없다. 그러나 그것에 대비하고 여유 있게 대처하는 것은 누구나 할 수 있다.

● 행복에 도달하는 데는 두 가지 방법이 있다. 소망을 축소하든 가, 아니면 수단을 확장하는 것이다. 당신이 현명하다면 이 두 가지를 동시에 추구할 것이다.

● '경제적 안정'을 누리려면 충분한 자금을 확보해 그 이자만으로 매달 필요한 비용을 충당할 수 있어야 한다.

● 자신이 좋아하는 일을 할 수 있을 때 비로소 우리는 정말 잘 산 다고 할 수 있다.

● 당신이 돈의 전문가라면 현재를 살면서 동시에 미래를 준비해 야 한다.

● 경제적 에어백을 마련하려면 최대한 안전한 곳에 투자하라. 경제적 안정을 확보하려면 12%의 수익을 올릴 수 있는 곳에 투자하라. 경제적 독립에 도달하려면 경제적 안전을 확보하고 난 다음 여유자금을 활용하여 성장형과 공격형으로 50%씩 투 자하라.

● 경제적 자유로 가는 중요한 첫걸음은 확고한 결정을 내리는 것 이다. 지금 결정을 내리지 못한다는 것은 모든 것을 지금 상태 로 유지하겠다고 결정하는 것이나 마찬가지이다.

● 목표를 글로 적고 반드시 이루겠다고 확고하게 결심하는 것만
  으로 이미 목표의 절반은 달성한 것이다. 왜냐하면 목표는 더
  많은 기회를 포착하게 하며, 해결의 실마리도 함께 제공하고,
  우리로 하여금 이기기 위한 게임을 하도록 하며, 목표가 있는
  한 중요하지 않은 것이 없기 때문이다.

● 절대로 만족에 굴복하지 마라.

● 실수하지 않는 사람이 아니라, 포기하지 않는 사람이 되는 것
  이 중요하다.

● 다른 사람들은 당신을 단지 일시적으로만 가로막을 뿐이지만,
  당신 자신은 당신을 영원히 멈추게 할 수 있다.

● 당신이 정기적으로 실수하지 않는다면 그것은 당신이 극한의
  노력과 과감한 모험심을 발휘하고 있지 않다는 증거다.

13

당신의 부를 키워줄 네트워크를 구성하라

수백만의 사람들이 멈추어 서있다 – 그것은 그들 스스로의 결정이다.
가난한 사람들의 주변에 머무르면 당신도 마찬가지로 가난해진다.
그리고 남은 인생도 가난을 한탄하며 지내게 될 것이다.

리처드 드보스

이 책을 읽기만 한다고 부자가 되는 것은 아니다. 실천을 해야 한다. 그것도 가능한 한 빨리 말이다. 하지만 가장 중요한 것은 당신 스스로 자신을 성공으로 가도록 강요하는 상황을 만들어 내는 것이다.

일상은 너무나도 빨리 대부분의 사람들을 휘어잡는다. 어려움이 곧 성장의 기회라는 사실을 잘 안다고 해도, 막상 그런 어려움이 실제로 생겼을 때는 또 다르다. 그런 어려움은 대부분 하필 가장 상황이 나쁠 때 생겨나서 우리를 정말 고통스럽게 만들곤 한다.

이런 어려움이 겹겹이 쌓이다 보면 가장 확고한 결심도 종종 잊어버리거나 무시되게 마련이다.

당신의 결심을 일깨워 주는 환경을 만들어라

그러므로 당신이 결심한 원칙을 항상 일깨워 주는 환경을 만들 필요가 있다. 현재 당신 주변에 있는 사람들은 이런 환경을 만드는 데 도움이 되는가?

친구를 보면 그 사람을 알 수 있다는 옛말도 있다. 우리는 가끔 자신을 과대평가하려는 경향이 있다. 우리는 자신이 마치 다른 주변 사람으로부터 전혀 영향을 받지 않을 수 있을 만큼 강한 자아를 지니고 있다고 생각한다. 그러나 우리는 어릴 적부터 흉내 내기를 통해 배워왔다. 그리고 그 대부분은 무의식적으로 이루어졌다. 우리의 친지나 친구들이 우리 자신에게 미치는 영향은 생각보다 훨씬 크다. 우리가 다만 잘 의식하지 못할 뿐이다.

예를 하나 들어보자. 당신은 책상 위에 올라 서 있고, 당신 앞에는 당신보다 힘이 약한 사람이 그냥 바닥에 서 있는 상태에서 두 사람이 힘을 겨룬다고 하자. 당신은 상대방을 책상 위로 끌어 올리려고 하고 상대방은 당신을 끌어 내리려고 한다. 누가 이기겠는가?

끌어 올리는 것보다 끌어 내리는 것이 더 쉬운 것은 물리적 법칙이다. 힘겨루기가 지속될수록 당신은 점점 더 이기기가 힘들어진다. 다른 사람은 그냥 '매달려서' 당신의 힘이 소진되기를 기다리면 되니 말이다.

이 단순한 법칙은 우리의 경제적 상황에도 적용된다. 당신이 자신보다 가난한 사람들과 교류한다면 당신은 발전하지 못한다. 마찬가지로 당신보다 더 부자인 사람들과 교류한다면 당신은 점점 더 부자가 된다. 우리의 삶은 항상 다른 사람들을 이용한다. 우리 또한 그들에게 모범이 되든가 아니면 반면교사로서 역할을 한다. 어떤 역할을 택하고 싶은가? 끌어내리기는 쉬워도 끌어올리기는 어려운 법이다.

당신에게 도움이 되는 세 가지 그룹

당신에게는 모범이 될 만한 사람이 필요하다. 당신이 그들의 성공을 관찰하고 분석하고 모방할 수 있는 그런 사람이어야 한다. 성공한 사람들을 보면 항상 그런 모범이 있었다는 것을 알 수 있다. 다른 사람의 성공을 '복제'하기 위해 사용하는 테크닉을 우리는 스포츠 용어에서 유래한 '장점 본뜨기(Modeling of Excellence)'라고 부른다. 모범은 어디서나 쉽게 찾을 수 있다. 당신의 분야에서 최고를 찾아라. 그리고 그 사람에 대한 모든 정보를 구하라. 책이나 잡지 기사도 좋다. 그 사람의 전화번호를 알아내서 시간 약속을 하라. 당신이 생각하는 것보다 훨씬 쉬울 수도 있다.

당신에겐 최소한 한 사람 이상의 멘토가 필요하다. 비상하게 성공한 사람의 99%가 이런 멘토를 갖고 있다. 이 장에서는 이런 멘토가 얼마나 당신의 삶을 바꾸어 놓을 수 있는지 설명하겠다. 나의 마지막 멘토는 억만장자였다. 이런 사람한테서 우리는 평소 10년은 걸려야 배울 수 있을 것들을 반년 만에 모두 습득할 수 있다. 멘토가 갖는 의미를 나는 이미 4장에서 상세하게 피력한 바 있다. 이 장에서는 이제 어떻게 이런 사람한테서 배움을 이끌어내야 하는지를 설명하도록 하겠다.

당신은 또한 주변에 함께 의논할 전문가들이 있어야 한다. 전문가는 책임의식을 갖고 자신의 분야에서 최고의 걸작을 만들어 내는 사람들이다. 이런 전문가와 연결되는 네트워크를 만들어라. 이런 전문가 네트워크를 구성하는 방법도 이 장에서 다루도록 하겠다.

자신보다 더 성공한 사람의 말만 경청하라

당신 주변은 이렇게 훌륭한 멘토와 모범적 인물, 그리고 전문가 네트워크로 짜여 져야 한다. 현재 당신 주변 사람들은 어떠한가?

절대 당신보다 성공하지 못한 사람들의 말에 영향을 받아서는 안된다. 그렇지 않으면 목표에 도달하기 어려워질 가능성이 크다. 그 사람들이 당신의 계획이나 아이디어에 대해서 뭐라고 말하든 그냥 흘려 버리는 것이 좋다.

성공하려면 다음과 같은 점을 명심해야 한다.

● 자신의 목표를 완수하지 못한 사람은 다른 사람에게 충고할 권한이 없다.
● 성공한 사람들과 어울리면 자신도 쉽게 성공할 수 있다.
● 부자가 되려면 우선 부에 친근함을 느낄 수 있어야 한다. 가장 손쉽게 부와 친해지는 길은 부자들과 어울리는 것이다.
● "통치자의 재능을 가늠해 보려면 그의 주변에 모여든 사람들을 보라" (니콜로 마키아벨리)
● 미리미리 좋은 멘토를 찾아 놓아라.
● 다른 사람들이 뭐라고 하든 상관하지 않는다면 아무도 당신을 방해하지 못한다.
● 오직 당신이 원하는 위치에 도달한 사람들에게만 질문하라.

혹시 이런 말들이 너무 지나친 것이 아니냐고 생각하는가? 그렇다면 당신 가족과 당신의 도움을 필요로 하는 사람들에 대한 책임은 어떻게 할 생각인가?

세상에는 항상 당신의 도움을 필요로 하고 당신에게 의지하는 사람이 있다. 그리고 당연히 당신에겐 그런 사람들을 보살펴 주고 도와줄 책임이 있다. 다른 사람에게 도움을 주는 것과 부자들과 어울리는 것은 서로 상반된 것이 아니냐고 생각할 수도 있다. 맞는 말이다. 하지만 이 세상에는 낮과 밤, 여름과 겨울, 해와 달처럼 무수히 많은 상반된 것들이 하나의 전체를 이루고 있다. 이것들은 서로 배타적인 것이 아니라 서로 보완해 주고 있는 것이다.

생각해 보라. 당신이 더 큰 부자가 될수록 더 많은 사람에게 도움을 줄 수 있지 않겠는가? 그리고 열심히 노력하여 달성한 성공과 부를 그것이 부족한 사람들과 함께 나누는 것보다 더 만족스러운 일이 어디 있는가? 하지만 이때 역할을 혼동해서는 안 된다. 당신이 도와주는 역할을 하고 싶다면 당신의 도움을 필요로 하는 사람들의 충고에 귀를 기울여서는 절대로 안 된다.

세미나에서 만난 미국의 억만장자

나는 일 년 이상의 기간을 재충전을 위한 휴식에 사용한 적이 있다. 이 기간 동안 나는 평소 일 때문에 할 수 없었던 문제들을 깊이 생각했다. 차분히 생각을 거듭할수록 나는 나의 열정과 의욕을 쏟을 수 있는 과제를 찾는 것이 중요하다는 것을 깨닫게 되었다.

결국 나는 사람들을 돈과 친근하게 만들어서 손쉽게 부를 쌓을 수 있게 해주는 것에서 나의 과제를 발견했다. 나는 돈에 대해 내가 깨달은 내용을 효과적으로 전달할 방법을 찾기로 했다. 또한 스스로 정한 과제를 잘 수행하기 위해서는 내 자신이 먼저 더욱 성장하고 더 높은 단계에 올라서야 한다는 것을 알았다. 그래서 나는 나를 도와줄 멘토를 찾기 시작했다.

인상적인 인물을 사귀는 좋은 기회 가운데 하나가 세미나에 참여하는 것이다. 그래서 나는 런던에서 열리는 경제 세미나에 참석하기로 했다. 그곳에는 미국의 한 억만장자가 강사로 나오기로 되어 있었다. 그는 1,000달러도 채 안 되는 자금을 갖고 석유회사를 건립하여 8년 만에 8억 달러의 자산 가치를 만들어 낸 인물이었다.

그는 영국의 기업가들을 모아놓고 다른 사람의 자본과 도움으로 자신의 아이디어를 키우는 방법에 대하여 말했다. 그는 석유가 배럴 당 40달러에서 8달러로 떨어지는 극한 상황에서 자신의 정유회사에 10억 달러의 대출을 끌어댔던 사람이었다. 그러고 나서 그는 자신의 시스템을 이용하여 여러 다양한 업종에 투자, 12배의 성장을 일구어낸 사람이었다.

그의 말을 들으면서 나는 그를 내 멘토로 삼아야겠다고 마음먹었다. 점심시간 때 나는 그의 테이블로 가 함께 식사를 하면서 마침내 전화 약속을 얻어냈다. 그러나 약속한 시간에 전화했지만 그와 통화할 수 없었다. 나는 여러 차례 다시 전화 연결을 시도했지만, 번번이 그의 비서 목소리밖에 들을 수 없었다. 일곱 번째 시도에서 나는 마침내 그와 직접 통화하게 되었다. 그는 나에게 이틀 동안 자신의 성에 와서 머물라고 초대하면서 일요일 오후 6시까지 오라고 했다.

성에서 나를 처음 맞이한 것은 그의 개인비서였다. 그 비서는 나를 방으로 안내했다. 그리고 두 시간이 지나서야 나는 마침내 그를 직접 만날 수 있었다. 무엇 때문인지 모르지만 그는 기분이 별로 좋지 않은 상태였고 그것을 감추려 하지도 않았다. 처음 그로부터 들은 말은 부드러운 인사말이 아니었다.

"내가 왜 일요일 저녁을 당신과 함께 보내야 합니까?"

그가 대뜸 물었다. 나도 화가 나서 당장 자리를 박차고 나가고 싶은 마음이 굴뚝같았다. 하지만 나는 분명한 목적이 있어서 이곳에 온 사람이었다. 그것은 그에게서 무언가 배우겠다는 것이었다. 그래서 나는 이 사람이 왜 이렇게 행동하는지 알아내려고 했다. 지금 이 사람이 나를 테스트하는 건 아닐까 하는 생각이 들었다. 어쩌면 내가 얼마나 잘 견뎌내는지 시험해 보는 건지도 모를 일이었다. 하지만 나는 정말 많은 인내심과 끈기를 발휘해야만 했다. 그는 여러 시간에 걸쳐 나의 자존심을 건드리는 질문을 해댔다. 그의 질문은 주로 내가 왜 지난 일 년 동안 쓸데없이 시간을 허비했는지 하는 것이었다.

마침내 그는 자신의 삶에 대해 몇 가지 얘기를 하기 시작했다. 새벽 2시가 넘었을 때 그는 갑자기 손가락으로 나를 가리키며 말했다.

"좋아, 이제 아주 간단하게 말해 보게. 자네가 내게 바라는 것은 무엇이고 내게 줄 것은 무엇인가? 자네에게 정확하게 10분을 주겠네. 자네가 나를 납득시킬 수 있으면 좋고, 그렇지 않으면 오늘은 일단 여기서 자고 아침 일찍 조용히 떠나게."

나는 그를 납득시킬 수 있었다. 그리고 우리는 함께 회사를 설립

했다. 하지만 만약 내가 미리부터 나의 목표를 분명하게 새겨두지 않았다면 일을 그르쳤을 것이다. 나는 항상 목표를 기록하고 생생하게 머릿속에 그리는 습관을 익혀 두었었다. 그 후 6개월 동안 나는 돈에 대해서 그때까지 내가 배운 모든 지식을 다 합한 것보다 더 많은 것을 배울 수 있었다. 나중에 우리 두 사람은 서로 다른 길을 걸었다. 내 스스로 나 자신의 과제에 좀 더 몰두하기를 원했기 때문이다.

돈에 대한 나의 대부분 지식은 이처럼 나를 상담해 준 몇몇 성공한 사람들로부터 얻은 것이다. 그 초석은 나의 첫 번째 멘토였다. 그는 내게 저축하는 법과 성공의 원칙들을 가르쳐 주었다. 그를 알기 전 나의 일 년 수입은 1만 마르크도 채 안 되었다. 그러나 그의 지도를 받기 시작한 지 2년 반이 지나지 않아 나는 월수입 1만 마르크를 달성했다. 나는 나의 멘토들에게 감사하고 있다.

멘토는 이렇게 찾아라

모든 성공한 사람의 99%는 훌륭한 멘토가 있었다. 위에서 말한 나의 멘토를 예로 들어보겠다. 도대체 그는 어떻게 석유에 대해 아무 지식도 없는 사람이 8년 만에 석유회사의 가치를 8억 달러로 끌어올리고 팔아치울 수 있었을까?

그것은 그에게도 역시 훌륭한 멘토가 있었기 때문에 가능한 일이었다. 그는 선박왕 오나시스의 오랜 친구이자 오나시스 해운의 회장을 역임했던 콘스탄틴 그라초스의 상담을 받았다고 한다.

당신이 다른 사람들의 경험과 성공을 단시일에 따라잡고자 한다면 당신을 멘토 해 줄 사람을 반드시 구해야 한다. 나는 이제 당신이 손쉽게 멘토를 찾아 그와 함께 일하는 방법에 대해 설명하겠다.

멘토를 원하는 이유를 적어라

멘토는 신중하게 찾아라. 멘토는 당신보다 훨씬 성공한 사람이어야 하고 또 당신이 필요로 하는 능력을 완벽하게 익히고 있는 사람이어야 한다. 바로 이런 사람을 신중하게 찾아라. 그리고 당신이 이 사람을 완전히 신뢰할 수 있는지, 이 사람과 긴밀하게 함께 일할 수 있는지를 깊이 생각하라. 상담을 받는다는 것은 완전히 신뢰한다는 뜻이며, 이것은 쉽지 않은 일이다. 하지만 위험을 무릅쓰지 않으면 아무 것도 얻을 수 없다는 걸 명심하라. 오로지 창조적이고 끈질긴 사람만이 좋은 멘토를 얻을 수 있다.

최고의 멘토에게는 항상 가장 재능있는 제자들이 모인다. 바꾸어 말하면 최고의 제자만이 최고의 멘토를 얻을 수 있다는 말이다. 당신이 당장 자기 분야에서 최고의 멘토를 얻지 못한다고 해서 포기하지 말라. 최상의 멘토를 얻으려면 당신이 먼저 그만한 자질을 갖추어야 한다. 그러려면 당신은 초기 단계의 몇몇 성과를 이미 제시할 수 있든지 아니면 아주 인상적으로 자신을 내보일 수 있어야 한다. 두 가지를 다 할 수 있으면 가장 좋을 것이다. 당신 자신이 더 나아질수록 항상 더 좋은 멘토를 얻을 수 있다.

멘토에게 해줄 수 있는 일을 찾아라

다음의 질문들에 대답하도록 노력하라. 당신은 멘토에게 어떤 이득을 줄 수 있는가? 당신이 당신의 멘토를 위해서 해 줄 수 있는 일이 무엇인가? 여기서도 당신의 창조적 능력이 요구된다. 우리는 누구나 다른 사람을 위해 무언가 할 수 있는 자신만의 강점이나 능력을 갖고 있다. 물론 당신 자신의 강점이 무엇인지 먼저 스스로 알아야 한다. 그러기 위한 최선의 방법은 바로 성공일지를 쓰는 것이다.

강한 의욕과 굳은 의지가 필요하다

큰 의욕과 열정을 갖고서 자신의 아이디어를 키워라. 당신이 말하는 내용은 중요하지 않다. 목표에 도달하는 방법에 대한 당신의 계획은 멘토를 통해 어차피 바뀌게 될 것이기 때문이다. 바로 그런 방법을 찾기 위해 멘토가 필요한 것이다. 멘토는 당신에게 필요한 것, 즉 당신의 아이디어를 현실로 옮기는 방법을 누구보다도 잘 알고 있다.

하지만 멘토들은 당신의 결심을 보고 싶어 한다. 그는 당신이 왜 그것을 원하는지 알고 싶어 한다. 그는 당신이 좋은 아이디어를 가지고 있는 사람인지, 그리고 당신이 절대로 포기하지 않을 사람인지 확인하고 싶어 한다. 그는 반드시 이루고야 말겠다는 당신의 굳은 결심을 보고 싶어 한다. 그는 자신을 성공으로 이끌었던 그런 정신력이 당신에게도 있는지 확인하고 싶어 한다. 멘토가 확인하고자 하는 것은 '당신이 무엇을 말하고자 하는가'가 아니라 '당신이 어떻게 말 하는가'이다.

끈기를 보여라

당신이 멘토의 마음을 얻기까지 경우에 따라 몇 달이 걸릴 수도 있다. 어떤 때는 첫 만남을 끌어내는 데만 그만한 시간이 소요되기도 한다. 하지만 당신이 포기만 하지 않고 계속해서 창조적이고도 호소력 있는 방식으로 전화하고 문자나 팩스를 보내면 당신은 그 사람을 당신의 멘토로 만들 수 있다.

유능한 멘토는 우선 당신을 테스트한다

스코틀랜드의 성에서 있었던 내 멘토의 첫인사를 생각해 보라. 그 모든 것이 바로 테스트였다. 혹시 내 멘토가 무례하다든지 차가운 사람이라고 생각했다면 잘못 본 것이다. 하지만 내가 어떤 사람인지도 모르면서 그가 나에게 시간을 허비할 이유가 어디에 있겠는가? 내게 첫 문제가 발생할 때까지 참고 기다려 줄 만한 시간이 그에겐 없는 것이다.

멘토는 상담을 시작하기 전에 우선 당신의 자질에 대한 확신을 얻고자 한다. 그래서 그는 의도적으로 당신을 압박한다. 그래야만 당신의 자질을 가장 잘 알 수 있기 때문이다.

당신이 큰 목표를 가지고 있다면 끈기와 의욕과 자신감을 가져야 한다. 또 오직 그럴 때만 당신은 최고 멘토들의 관심 대상이 된다.

물론, 필요한 모든 일을 할 준비도 되어 있어야 한다. 그리고 그는 그것을 확인하고 싶어 한다. 그래서 그는 당신을 테스트하는 것이다.

멘토는 강점을 살려줄 뿐 문제를 해결해 주지는 않는다

당신의 어려움을 갖고 멘토에게 부담을 주지 말아야 한다. 당신과의 관계가 그에게 즐거움을 주어야 한다. 그와 함께하는 시간 동안 당신의 강점을 키우고 개선하는 데 더 잘 이용하라.

당신에게 어려움이 있다는 사실을 그는 잘 알고 있다. 어려움이란 성공하고자 하는 사람이면 누구에게나 항상 따르는 것이다. 당신이 자신의 문제를 스스로 해결할 능력이 있다는 것을 그에게 확인시켜라.

자신의 프로젝트에 대해 회의적인 모습을 멘토에게 보여서는 절대로 안 된다. 당신이 불확실한 모습을 보이면 멘토는 당신이 그 프로젝트에 적합한 인물이 아니라고 생각하게 된다. 프로젝트와 관련해서 어려움을 의논하고 싶을 땐 항상 여러 개의 해결 방안을 미리 준비해서 가라. 그리고 어떤 것이 가장 나은 해결 방안인지를 질문하라.

멘토와 정기적으로 만나라

멘토에게 당신 회사 주식의 일부를 제공하라. 그것은 곧 회사의 일부를 넘겨주는 것을 의미하기 때문에 마음이 아플 수도 있다. 하지만 그것이 회사를 위해서도 더 나을 수 있다. 100억 원의 50%를 소유하는 것은 50억 원의 100%를 소유하는 것과 마찬가지이다. 멘토와 인간적인 관계가 어떻든 상관없이 사업적인 파트너십은 멘토와 당신의 관계를 좀 더 긴밀하게 연결시켜 준다.

저명한 인사와의 파트너십은 또 다른 이유에서도 큰 강점이 된다. 그것은 당신의 이력을 훨씬 더 값어치 있는 것으로 만들어 준다. 때로 그것은 놀라운 힘으로 각종 문을 열리게 한다. 그 한 예가 바로 은행 문이다. 은행들은 당신이 그와 같은 유명 인사를 끌어들일 수 있었다는 사실만으로도 당신을 높이 평가하게 된다.

멘토의 시간을 존중하라

멘토와의 시간은 당신의 시간보다 더 귀하고 비싸다. 그러므로 당신은 만나기에 앞서 항상 그 만남이 꼭 필요한 것인지를 점검하라. 그리고 그 만남에 필요한 시간이 얼마인지 먼저 그에게 말하라. 시간을 분명하게 계산해서 꼭 그 시간을 지켜라.

그가 시간을 내준 것에 항상 감사의 표현을 하라. 아마도 그는 당신보다 훨씬 더 시간을 아끼는 사람일 것이다. 그의 시간이 당신의 시간보다 더 귀하다는 것을 항상 염두에 두라.

묻고자 하는 것이 무엇인지 정확하게 숙고하라

묻기에 앞서 당신 스스로 그 대답을 찾을 수 있는지 생각하라. 그러고 나서 멘토가 어떻게 대답할 것인지를 생각하라. 대부분의 문제는 이 단계에서 해답이 나온다. 그러면 당신은 멘토를 귀찮게 할 필요가 없어진다. 이 과정에서는 당신 자신이 당신의 멘토인 셈이다. 바로 이것이 당신이 궁극적으로 얻고자 하는 결과이다. 기본적으로 모든 문제에 대해서 세 개의 해결책을 준비하는 습관을 익혀라.

모든 것에 대해 자신을 열어라

멘토가 하는 모든 말을 의심 없이 개방적인 정신으로 경청하라. 멘토와 그의 아이디어를 신뢰하라. 신뢰가 없으면 그가 하는 상담은 아무 소용이 없다. 멘토의 생각과 방법은 때로는 당신에게 아주 낯설고 비합리적인 것으로 들릴 수도 있다. 하지만 이럴 경우, 그것이 그가 생각하는 방식이며 그는 이러한 방식을 통해 현재의 당신보다 훨씬 더 성공한 사람이 될 수 있었다는 사실을 떠올려라.

그렇게 더 효과적인 결과를 낼 수 있는 기회를 놓치지 말라. 당신의 멘토가 생각하는 방식을 배워라. 당신이 더 빨리 배울수록 당신은 그만큼 빨리 멘토와의 관계를 파트너 관계로 전환시킬 수 있다.

멘토의 마음을 얻어라

멘토에게 자주 선물을 하라. 감사의 카드를 보내고 상담 후에는 그것이 당신에게 얼마나 귀중한 시간이었는지 문자로 보내라. 당신이 멘토의 호감을 얻고 못 얻고는 당신에게 달렸다. 그리고 당신은 그것을 이루어 낼 책임이 있다.

당신이 원하는 방식대로 멘토와의 관계가 발전할 수 있도록 노력하라. 예를 들어, 멘토와 식사를 하면 항상 당신이 계산하라. 돈이 더 많은 사람은 멘토일 거라는 그럴싸한 이유로 많은 사람들이 그렇게 하지 않는다. 하지만 당신은 자신이 얼마나 멘토와의 시간을 귀중하게 여기는지 그에게 보여주라. 선물을 할 때는 당신의 창조적 능력을 발휘해야 한다. 멘토의 성향을 잘 관찰하고 그가 좋아하는 것을 눈에 띄지 않게 알아보라. 그래서 진기한 물건을 마련하라. 그가 비록 돈은 많지만 그런 특이한 물건을 보러 다닐 시간은 없을 테니 말이다.

멘토의 연락에 곧바로 답하라

누구나 메일 등에 메시지를 남겨놓고 이 소식이 제대로 전해졌는지 궁금해 한 적이 있을 것이다. 문자를 보내고 난 뒤에 이것이 잘 전해졌는지 궁금해 한 적도 많을 것이다. 그러므로 가능한 한 빨리 회신하라. 멘토로 하여금 당신이 대답하는 속도에 놀라게 만들라.

전할 말이 특별히 없더라도 회신하라. 예를 들어, 당신이 멘토에게 오는 월요일 아침 10시에 사무실로 찾아가도 되겠느냐고 문자로 연락했다고 하자. 그리고 그로부터 10시에 시간이 있으니 기꺼이 만나겠다는 답신을 문자로 받았다. 당신은 이 답신에 대해서도 또 답신을 띄워야 한다. 약속을 확인해 주어서 고맙다고 회신하라.

멘토에게 경과를 알려주어라

당신의 멘토는 자신의 충고가 잘 작용하였는지 알고 싶어 한다. 그에게 정기적으로 상황의 진전을 알려 주어라. 가능한 한 자주 경과를 보고하라. 아직도 많은 도움이 필요하다는 것을 그에게 알려라. 또 그의 제안이 제대로 가능하지 않았을 때도 그에게 알려라. 그러면 그는 당신이 모든 것을 그의 말대로 잘 실천해 왔는지 확인하려 할 것이다.

당신이 여전히 확고하게 목표 달성을 믿고 있다는 것을 가끔씩 멘토에게 보여 주어라. 그리고 당신의 의욕도 자주 표현하라. 그가 승자에게 투자하고 있다는 사실을 알게 해야 한다.

성과로 그에게 감사하라

멘토에게 감사의 마음을 표현하는 최선의 방법은 그의 예상을 훨씬 뛰어넘는 믿기 어려운 성공을 거두는 것이다. 그와 당신의 주머니를 돈으로 가득 채울 수 있게 하라. 당신의 멘토가 예상했던 것보다 훨씬 더 빠르고 더 크게 성공하여서 그를 놀라게 만들어라.

멘토를 모방하되 항상 자신에게 충실하라

배운다는 것은 멘토를 따라가기 위해 노력하는 것이다. 멘토와 대화할 때는 주의를 집중하라. 하지만 동시에 항상 여유를 가져라. 스펀지처럼 모든 것을 빨아들이면서도 대화를 즐겁게 만들어 가라. 당신과 함께 일하는 것이 재미있다고 생각하게 만들라. 멘토는 자신이 하는 일을 좋아했기 때문에 부자가 되었다는 점을 명심하라.

멘토에게 가능한 한 많은 찬사를 보내라. 그러나 아첨하지는 말라. 때문에 찬사는 진심에서 우러나오는 것이어야 한다. 그가 잘난 사람이란 것은 어차피 누구보다도 그가 더 잘 알 것이라고 생각해서 찬사를 생략하지 말라. 거듭 말하건대, 그는 진심으로 하는 찬사라면 많이 들을수록 좋아한다. 멘토를 흉내 내라. 당신이 그처럼 걷고 말하고, 또 옷차림까지 그처럼 할 수 있게 되면 더욱 좋다. 그처럼 생각하고 느끼는 것은 당신에게 도움이 된다. 다른 사람의 말투와 몸짓을 따라 할 수 있는 사람은 그 사람의 감정도 받아들일 수 있다. 오직 모방을 통해서만 당신은 나중에 홀로 설 수 있는 방법을 배울 수 있다. 하지만 그때에도 자신에게 충실하게 머물러 있는 것을 잊지는 마라.

약점을 들추지 마라

당신의 멘토도 완벽한 사람일 수는 없다. 멘토와의 관계는 많은 경우 제자가 멘토에게 너무 많은 것을 기대하면서 허물어진다. 완벽을 기대해서는 안 된다. 완벽한 사람은 없다. 강점과 약점을 모두 지닌 사람으로 기대하라.

멘토의 약점이 아니라 강점에 주의를 집중하라. 당신이 원하는 것은 그에게서 배우는 것이지 그의 기념비를 허무는 것이 아니다. 중요한 것은 그가 어떻게 당신의 강점을 키워주느냐 하는 것이다. 성공한 많은 사람들은 진실을 자기 편한 대로 바꾸는 경향이 있다.

하지만 명심하라. 당신이 필요한 것은, 그의 노하우를 배우는 것이지 당신이 옳다는 증명이 아니다. 또 성공한 사람들은 놀라울 정도로 빠르게 자신의 생각을 바꾼다. 어제는 A가 최선의 방법이라고 말하고선 오늘 벌써 B라고 주장한다. 좋은 멘토는 그것이 성공을 가져다주는 것이 아닌 한, 한 가지 의견에 집착하지 않는다. 효과적이지 못한 생각은 곧장 바꾸어 버린다. 이런 것을 말 바꾸기라고 불러서는 안 된다.

그것은 유연성이고 성공하는 사고방식인 것이다. 다른 한편, 성공한 사람들은 성공을 가져다주는 것으로 증명된 시스템에 그 누구보다도 오랫동안 집착한다.

이런 모든 것들 중에서 당신은 자신의 길을 찾아야 한다. 결국 최종적으로 당신의 인생을 책임지는 사람은 당신 자신이기 때문이다.

받았으면 돌려주어라

당신이 당신의 멘토로부터 도움을 받은 것처럼, 당신도 다른 사람을 도와주기 위해 스스로 엄청나게 성공할 때까지 기다릴 필요는 없다. 최고의 제자가 때로는 최고의 멘토가 되기도 한다. 멘토 시스템이 당신을 성공하게 만들었다면 당신도 그것을 통해서 감사의 표시를 해야 한다. 그러므로 당신도 다른 사람을 멘토함으로써 빚을 갚아라.

멘토를 받는 기간은 얼마나 되어야 하나?

시간이 지나면 멘토와 제자의 관계는 친구 관계로 넘어가게 된다. 그러면 당신은 언젠가는 이 관계를 동등한 파트너 관계로 만들고 싶어 할 것이다. 그러나 멘토와의 관계가 지속되는 한 가능하면 많이 배워라. 이것이 배우는 데 있어 가장 최선의 방법이기 때문이다. 당신의 멘토는 언젠가는 당신에게 자립하기를 요구할 것이다. 그러면 이제 당신은 멘토 시스템을 전문가 네트워크로 대체해야 한다.

전문가 네트워크는 어떻게 만드는가?

몇 년 전부터 나는 한 달에 한 명씩 성공한 사람을 사귀는 것을 습관으로 만들었다. 그리고 이들과 대부분 계속 연락을 유지한다. 이들 모두 자기 분야의 전문가들이다. 이들과의 대화는 그 자체로도 대부분 의욕적이고 건설적이지만, 나아가 대화 중 곧바로 이들과 좌표가 교차하는 지점이 떠오를 때도 많다.

이런 관계를 계속 유지하는 비결은 아주 간단하다. 만나기에 앞서 어떻게 하면 당신과의 만남이 다른 사람에게 유익한 것이 될지 먼저 잘 생각한다. 그러니까 당신을 상대방의 입장에 두고 생각하는 것이다. 당신이 그의 입장이라면 무엇을 하겠는가? 당신의 어떤 능력, 혹은 어떤 만남이 상대방에게 도움이 되는가? 다른 사람도 당신과 똑같이 한다면 이 만남은 매우 생산적인 것이 될 것이다.

만남에서 항상 다른 사람의 이익을 '먼저' 생각하라. 물론 당신은 이런 것이 상호적으로 이루어질 수 있는 만남만을 유지해야 한다. 모든 성공한 사람들은 비슷한 생각을 지닌 전문가들로 구성된 네트워크를 구성하는데 탁월한 기술을 보인다.

| Power-Tip |

매달 한 명씩 성공한 사람을 새로 사귀어서 전문가 네트워크를 만들어라

- 이미 알고 있는 성공한 사람에게서 그가 아는 성공한 사람을 소개 받는 식으로 해서 시작하라.
- 소개를 받으면 곧장 전화하라.
- 항상 당신이 상대방에게 줄 수 있는 것을 먼저 생각하라.
- 이런 전문가와 사귀는 것만큼 당신을 나날이 발전하도록 자극하는 것은 없다. 전문가들 앞에서는 아무런 변명도 통하지 않는다. 다만 성과만이 관심의 대상일 뿐이다.
- 이런 사람들을 통해서 당신은 또 다른 성공한 사람을 사귀게 된다.
- 전문가 네트워크에 자신이 제공할 수 있는 것이 무엇인지를 찾아라. 그리고 그런 능력을 기르기 위해 최선을 다하라.
- 전문가 네트워크에서는 주로 음악이 연주된다.

성공이 기대되는 사람들과 교류하라

얼마 전 어느 성공한 건설업자의 파티에 간 적이 있다. 내가 보기에 그때 초대된 손님들은 모두 사업가였고, 또 자기 분야에서 크게 성공한 사람들이었다.

내가 가까운 사람 몇몇과 어울려 서 있을 때, 오래전부터 우리와 잘 알고 지내는 사람 하나가 우리 무리로 다가왔다. 그런데 누가 보아도 그는 그사이 많이 뚱뚱해진 것을 알 수 있었다. 건강 지상주의자로, 만나는 사람마다 비만의 폐해를 역설하던 그가 이렇게 뚱뚱해진 것은 너무도 뜻밖의 일이었다. 우리 가운데 하나가 그에게 그 이유를 물었다.

그는 자신의 여자 친구가 끊임없이 기름지고 맛있는 음식을 해주어서 어쩔 수가 없었다고 대답했다. 처음엔 그도 여자 친구에게 기름진 음식을 피하고 채소 위주로 건강한 식사를 하자고 누누이 말했지만 도무지 통하지가 않아, 어느 때부턴 아예 포기를 했노라고 했다. 그 말에 우리는 모두 고개를 끄떡이며, 그런 여자 친구가 없는 것을 다행으로 여겼다. 하지만 그의 변명이 계속되자, 마침내 한 사람이 그를 심하게 나무라며 말했다.

"이런 말도 안 되는 소리는 더 이상 들을 수가 없군. 너는 지금 네 여자 친구가 네 인생의 주인이라고 말하는 거니? 그러지 말고 솔직하게 한번 음식 맛을 알고 나니 먹는 게 즐겁고 좋다고 말해라. 네 잘못을 다른 사람에게 전가하지 말고. 정말 실망스럽다."

우리는 우리에게 더 많은 것을 기대하는 사람들과 교류할 필요가 있다. 그 사람들은 우리가 자기 자신에게 좀 더 솔직하도록, 그리고 자신의 능력을 최고로 발휘할 수 있도록 우리를 채찍질 해 준다.

모범이 되는 사람을 모방하라

누군가를 모방하려면 먼저 그를 다양하게 조사하고 분석해야 한다. 그러기 위해선 모범이 되는 사람을 각각의 개별적인 부분 영역으로 분류해야 한다. 물론 모범을 가까이에서 대할 수 있다면 도움이 되겠지만 반드시 그럴 필요는 없다. 당신은 텔레비전 인터뷰에서 모범을 찾아서 분석할 수도 있다.

몸짓이나 말투, 언어 유형, 수사적 표현, 사고유형, 감정처리, 지배적 신념, 가치관 등을 분석하여 나중의 모방에 적용한다. 모방을 통한 학습은 대부분 무의식적인 과정이다. 처음에 우리는 주변 사람들의 몸짓이나 말투를 따라 하기 시작한다. 그러다 그들의 가치나 신념도 그대로 받아들이고, 그들이 말하는 방식, 식사 습관, 숨 쉬는 방법까지 따라 하게 된다.

자신의 삶을 정말로 변화시키려면 이 모든 것을 의식적으로 할 수 있어야 한다. 그러면 앞으로의 변화는 자신의 책임하에서 이루어진다. 성인이 된다는 것은 이러한 과정을 스스로 조절한다는 의미이다. 누구의 영향을 받을 것인지 스스로 정하는 것이다. 당신이 바라는 삶을 실제로 살고 있는 사람을 모방하는 것이다. 당신은 다른 사람들이 행동하는 대로 행동하고 모방한다. 단 당신은 그것을 의식적이고 선택적으로 모방해야 한다. 돈과 관련하여 자신의 모범이 어떤 확신과 어떤 가치관을 가지고 있는지를 알아내야 한다. 그 사람은 돈과 부를 떠올릴 때 어떤 감정을 느끼는지 알아야 한다. 또 하루를 어떻게 만들어 가는지, 잘 벌기 위해서 무엇을 하는지, 어떤 친구를 사귀는지, 일하는 습관은 어떤지 등을 모두 알아야 한다. 자신이 다른 사람들처럼 성공하지 못할 거라고 생각해서는 절대 안 된다. 대부분의 사람들이 자신은 고액의 수입을 올리는 사람이 될 수 없다고 생각하는 것은, 그들이 그런 사람들 가까이 가본 적이 없고, 그래서 그들이 어떻게 성공할 수 있었는지 자세히 관찰해 본 적도 없기 때문이다.

미국에서 '올해의 기업가'로 뽑혔던 엘라 윌리엄스는 이렇게 말한다.

"보스에게 가까이 다가갈수록 자신도 그 일을 할 수 있다는 생각이 점점 더 확실해진다."

| Power-Tip |

당신이 모방할 수 있는 대상을 최소한 한 명 이상 발견하라

- 그 사람에 대해서 할 수 있는 한 많은 경험을 쌓아라. 그리고 가능한 한 다양하게 그 사람을 관찰하라.
- 관찰 결과를 정확히 기록하라. 그리고 당신의 모델링 전략을 작성하라.
- 당신의 모범이 인생의 다섯 영역인 건강, 돈, 인간관계, 감정, 인생의 의미를 어떻게 관리하는지 알아내라.
- 인생의 각 주요 영역별로 모범을 구하라.
- 장점 따라 하기는 당신이 앞으로 의식적으로 자신의 학습 과정을 진행해 나간다는 의미이다.

실천을 위한 열쇠

이 책 첫 부분에서 당신은 부자가 되는 것이 필요한 일이라는 점을 보았다. 5장에서 신념에 대해 깊이 생각한 이후 당신은 돈으로부터 독립에 도달하는 일을 시작할 수 있었다. 절제와 새로운 습관을 통해 당신은 새로운 생활 태도를 익혔다. 새로운 습관은 당신에게 중요하고도 올바른 일들을 큰 어려움 없이 자동적으로 수행할 수 있도록 만들어 주었다. 이러한 습관의 핵심은 당신이 교류하는 주변 사람들이다. 멘토, 모범적 인물, 전문가 네트워크 이 세 가지는 당신의 좋은 습관과 절제를 뒷받침해 주는 중요한 도우미들이다. 진정으로 힘 있는 자는 자기 자신에 대한 권력을 스스로 행사하는 사람이다. 공자는 이렇게 말한다.

"다른 사람을 이기는 자는 강자이고 자기 자신을 이기는 자는 군자이다."

당신에게 꼭 필요한 파워 아이디어

● 자신을 성공의 길로 가도록 채찍질할 수 있는 주변 환경을 만들어라.

● 누구의 영향을 받을 것인지 스스로 선택하라. 오직 자신보다 더 성공한 사람의 말에만 귀를 기울여라.

● 성공한 사람들과 교류하면 쉽게 성공할 수 있다.

● 전문가 네트워크를 구성하려면 당신이 다른 사람에게 어떤 이

득을 가져다줄 수 있는지 먼저 생각하라.

● 자신의 능력을 최대한으로 발휘할 수 있도록 도와줄 수 있는
사람과 교류하라.

14

주는 자가 더 많이 갖는다

부에서 자라나는 민족은 단순한 소유나 무분별한 지출이 아니라
현명한 사용에서 얻어지는 것이다
미겔 데 세르반테스, "돈키호테"중에서

당신은 자신의 돈을 마음껏 향유할 수 있는 방법을 알고 싶은가?
뭐니 뭐니 해도 결국 우리 삶은 성공하고 행복하게 되기 위한 여정
이라고 할 수 있다.

이제 당신은 돈에 대한 자신의 태도를 바꾸는 방법과 부자가 되기
위한 지혜가 어떤 것인지를 알게 되었다.

성공이 자신이 좋아하는 것을 획득하는 것이라면, 행복은 이렇게
획득한 것을 향유하는 것을 의미한다.

당신의 목표는 성공과 행복을 함께 이루어 나가는 것이다. 이것
을 달성하기 위한 지혜는 놀라운 것이다. 그리고 당신은 그 결과에
더욱 놀라게 될 것이다.

당신이 벌어들인 돈은 당신 혼자만의 것이 아니다

성공하고, 또 행복한 삶을 산 사람들의 전기를 잘 관찰해 보면, 그들이 자신의 부를 항상 다른 사람들과 나누었다는 사실을 확인할 수 있다. 그들은 자신들이 달성한 것에 대해 깊은 감사를 느끼며 자신들의 책임을 자각했다.

지금 나는 모든 부자들이 자신들의 돈을 책임 있게 사용하고 있다고 주장하려는 게 아니다. 다만 성공과 행복을 얻은 모든 사람들은 돈을 사용할 때도 책임을 깊게 의식하고 있다고 말하려는 것이다.

많이 벌 수 있는 능력과 권리를 갖고 있는 사람들은 또한 적게 버는 사람들을 돌볼 의무가 있다. 위대한 강철왕 앤드류 카네기는 그것을 이렇게 요약해서 말했다.

"차고 넘치는 부는 그 소유자에게 맡겨진 성스러운 재물이다. 그는 이 재물을 평생 사회의 안녕을 위해 사용할 의무가 있다."

많은 사람들은 자신보다 적게 소유한 사람들을 진정으로 도울 마음을 갖고 있다. 하지만 그전에 그들 자신이 부자가 되어야 한다. 먼저 그들은 자기 자신을 도와야 한다. 씨를 뿌리기 전에 거두어들이려 할 수는 없는 일 아닌가?

옛날에 한 욕심쟁이 농부가 살았다. 그는 새 땅을 일구려 했다. 하지만 그는 새 땅에 돈을 투자하기 전에 먼저 그곳에 투자할 만한 가치가 있는 것인지를 확인하고 싶었다.

그래서 그는 한 귀퉁이에 앉아서 그 땅을 관찰하기 시작했다. 그리고 혼자서 중얼거렸다.

"이번 가을에 이 땅에서 곡식이 많이 나오면 다음 해에 씨를 많이 사서 뿌려야지. 하지만 그러려면 먼저 땅에서 곡식이 많이 나오는지 확인해야 해."

물론 씨를 먼저 뿌린 적이 없는 농부는 굉장히 실망했을 것이다.

농사일에는 가장 기본적인 원칙이 있다. 그것은 '뿌린 대로 거둔다'이다. 하지만 처음부터 이 원칙이 적용되었던 것은 아니다. 수확하기 전에 먼저 씨를 뿌려야 한다는 깨달음을 통해 인류는 수렵사회에서 농경사회로 이행할 수 있었다. 개인적 발전에서도 비슷한 원칙이 통용된다. 사람들은 모두 다 먹어버리든지, 아니면 다음 수확을 위한 종자를 남겨두든지 둘 중의 하나를 선택해야 했다. 마찬가지로 돈을 모두 써버릴 것인지, 아니면 일부를 저축하여 더 많은 소득을 얻기 위해 투자할 것인지를 선택해야 한다.

당신이 현재 어떤 상황에 처해 있든 상관없이 전 세계인을 놓고 보면 당신은 부자에 속한다. 전 세계 사람의 3분의 2는 자신의 처지를 지금 당장이라도 당신과 바꾸려고 할 것이다.

돈을 어떻게 쓸 것인가?

나폴레옹 힐은 자기 인생에서 25년이나 되는 세월을 초대형 갑부들의 삶을 연구하는 데 온 힘을 다했다. 돈에 대한 그의 충고를 우리는 경청할 필요가 있다.

"돈을 얻는 가장 확실한 방법은 돈은 주는 것이라는 사실을 터득한 사람이다. 그런 사람은 행복한 사람이다."

현재 많은 돈을 자선사업에 기부하고 있는 성공하고 행복한 사람들을 좀 더 자세히 관찰해 보면, 그들이 이미 일찍부터 그런 기부를 시작했음을 알 수 있다. 그것도 그들이 아직 남에게 돈을 줄 수 있을 만큼 성장하기 이전부터 말이다. 켈로그, 카네기, 샘 월턴, 록펠러, 템플턴 등의 전기를 보면 이들은 이미 일찍부터 모든 것에 대해 커다란 감사의 마음을 갖고 있다는 것을 발견하게 된다. 그리고 이런 감사의 마음에서 그들은 기부를 시작했다. 여기서 흥미로운 것은 그들이 아직 손에 쥔 것이 아무것도 없던 시절부터 이미 감사의 마음을 가졌다는 사실이다.

십일조

십일조는 구약시대에 이스라엘 백성들이 갖고 있던 기부의 풍습이다. 농사를 지을 때도 땅의 기운을 너무 많이 뺏지 않기 위해 수확의 10분의 1은 그대로 땅속에 묻어두는 풍습이 있었다. 그리고 또한 10년에 한 번씩 일 년 동안 농사를 짓지 않고 땅을 쉬게 했다.

이런 풍습은 특히 성공한 사람들의 습관으로 자리 잡았다. 그들은 소득의 10%를 없는 사람들을 위해 기부한다. 성공한 사람들은 사업에서는 매우 혹독한 파트너이지만, 가난한 사람들에게는 '부드러운 마음씨'를 보인다.

물론 돈이 매우 이기적인 동기로 기부되는 경우도 종종 있다. 광고 효과를 노리고 돈을 공개적으로 기부하는 사람들도 많다. 하지만 사람은 누구나 어느 정도 이기적인 동기에서 행동하는 것이 아닌가? 남모르게 자선을 베푸는 사람들도 결국은 그것이 자신에게 더 큰 만족을 주기 때문에 그렇게 하는 것이 아닌가?

게다가 이런 논의 자체는 가난한 사람들에게는 관심 밖의 일이다. 그들이 돈을 받을 때 반드시 '고귀한 동기에서 기부된 돈'이라는 딱지가 붙어 있을 필요는 없으니 말이다.

주는 자가 더 많은 돈을 갖는다

놀랍게도 소득의 10%를 기부하는 사람들은 전혀 돈 문제에 시달리지 않는다. 그들은 돈과 더불어 행복하게 지낼 뿐만 아니라, 실제로도 더 많은 돈을 소유하고 있다.

이것이 무슨 조화인지 나는 나 자신에게 뿐 아니라, 다른 사람들에게도 자주 질문한다. 정기적으로 수입의 10%나 되는 돈을 남에게 그냥 선사하는 사람들이 100%를 모두 자기가 갖는 사람들보다 어떻게 항상 더 많은 돈을 갖게 되는 걸까? 어떻게 90%가 100%보다 많아질 수가 있을까?

분명 이것은 논리적인 계산으로 설명할 수 없는 현상이다. 이제부터 나는 이런 신기한 현상을 좀 더 잘 이해할 수 있게 해주는 몇 가지 생각들을 소개하겠다.

주는 것은 기분을 좋게 한다

선물을 주는 것은 대개 선물을 받는 것보다 더 큰 기쁨을 준다. 오직 자기 자신만을 생각하는 사람은 고독하고 불행하며 우울하게 된다. 오직 자기 자신의 이익에만 몰두하는 사람은 늘 혼자가 된다. 이런 사람들은 대개 자신의 진심을 말할 대상이 자기가 기르는 강아지밖에 없게 되기 쉽다.

무의미와 무상함의 감정을 '치유'하는 가장 좋은 방법은 자기 아닌 다른 사람을 돌보는 것이다. 비참하고 우울한 감정을 느끼는 사람은 대부분 오로지 자기 자신에만 몰두한다. 하지만 다른 사람을 돕는 일에 몰두하게 되면 자신의 슬픔에서도 벗어나게 된다. 그렇게 보면 남을 돕는 것이 결국 자신을 돕는 것이 된다.

다른 사람을 자기 배에 태우고 강 저편으로 건네주는 사람은 결국 자신도 강 저편으로 가는 것이다.

기부는 돈이 좋은 사람의 수중에 있다는 증거이다

당신은 자신의 돈으로 좋은 일을 할 수 있다는 것을 증명할 수 있다. 돈이 좋은 것이라는 사실도 증명할 수 있다. 당신이 돈으로 다른 사람의 어려움을 덜어주고 도와준다면 당신은 점점 더 강하게 이런 생각을 키워가게 될 것이다.

기부를 통해서 당신은 자신이 돈을 좀 더 책임감 있게 사용할 수 있다는 것을 증명하게 된다. 그리고 그것은 또한 돈이 현재 좋은 사람의 수중에 있다는 증거이기도 하다.

기부는 풍요의 표시다

기부를 통해 당신은 만방에 다음과 같은 신호를 날리게 된다. '고맙습니다. 나는 필요한 것보다 더 많이 가지고 있습니다. 그래서 나는 그것을 내어줄 능력이 됩니다.' 자신에게 돈이 차고 넘친다는 생각을 통해 당신은 돈을 더욱 당연한 것으로 여기게 된다. 당신은 이제 돈을 그다지 중요하게 여기지 않게 되었기 때문에 돈을 좀 더 만족스럽게 사용할 수 있다.

돈이 우리 삶을 관통하여 흐르는 에너지의 한 형태라는 것을 알겠는가? 단지 그것을 잡아두려고 하는 사람은 이런 에너지의 자연스러운 흐름을 막는 것이다. 더 많이 내어줄수록 그만큼 더 많이 당신에게 흘러든다. 그리고 당신은 그만큼 더 확고하게 돈이 당신의 삶으로 흘러든다는 믿음을 갖게 된다.

돈을 기부하는 것은 자기 자신에 대한 신뢰, 그리고 만물에 담긴 에너지의 흐름에 대한 신뢰의 표시이다. 이와 같은 방법을 통해 자신과 기타 만물에 대한 신뢰를 강화함으로써 당신은 더 많은 돈이 당신의 삶 속으로 흘러들 것이란 사실을 의심하지 않게 된다. 이렇게 하여 부는 이제 당신에게 당연한 것이 되어버린다. 사람은 자신이 기대하는 만큼만 얻게 된다는 사실을 상기하기 바란다.

돕는 사람은 더불어 사는 세상의 의미를 아는 사람이다

마치 이 세상에 혼자만 있는 것처럼 살아가는 것은 결코 현명한 태도라 할 수 없다. 그리고 그런 태도는 개인이나 사회에도 전혀 도움이 되지 않는다. 자신의 능력을 최대한 발휘하려면 우리는 다른 사람이 필요하다. 마찬가지로 다른 사람도 우리가 필요하다. 여기서 우리는 단순하지만 의미심장한 두 개의 인식을 얻을 수 있다. 그 하나는, 우리는 협력을 통해 더 많은 것을 성취할 수 있다는 것이고, 다른 하나는, 전체가 좋아지면 개인도 따라서 좋아진다는 것이다.

우리는 자신의 개인적 행복을 분리시켜 보아서는 안 된다. 그리고 우리를 둘러싼 전체 인류의 상태를 외면해서도 안 된다. 달라이 라마는 이렇게 말한다.

"오늘날과 같이 서로 얽혀 있는 세계에서 각 개인과 민족들은 자신의 문제를 혼자만의 힘으로 풀 수가 없다. 우리는 서로를 필요로 한다. 그러므로 우리는 우주적인 책임감을 발전시켜야 한다. 이 행성 위에서 살아가는 인류를 보호하고 유지하고 약한 구성원에게 도움을 주는 것은 우리의 개인적이면서 집단적인 의무인 것이다."

티벳 영적 지도자 소걀 린포체는 나무를 예로 들어 궁극적으로 어떤 것도 독립적으로 존재할 수 없다는 것을 설명했다.

"우리는 나무 한 그루에도 우주 전체를 담을 수 있는 극히 정교한 관계의 얽힘이 있음을 발견할 수 있다. 이파리에 떨어지는 빗물, 나무를 흔드는 바람, 나무를 지탱하고 먹여주는 땅, 사계절의 기후, 해와 달 그리고 별에서 발산하는 빛 등, 이 모든 것은 이 나무 한 그루의 일부분들이다. 모든 것은 나무가 지금처럼 서 있는데 기여한다. 나무는 한시라도 이 모든 것으로부터 분리되어 존재할 수 없다."

전체의 행복은 오늘날 우리가 학문적으로 증명할 수 있는 것보다도 훨씬 더 강하게 우리에게 작용한다. 그리고 우리가 다른 사람에게 영향을 주고 또 다른 사람이 우리에게 영향을 준다는 사실은 부정할 수 없다.

우리 자신이 발산한 것을 도로 받아들이게 된다는 사실은 분명하다. 그것은 미소나 친절 같은 단순한 사실만 보아도 잘 알 수 있다. 세상을 사랑하는 사람을 세상도 사랑한다. 이런 사실은 돈도 마찬가지다. 세상에 돈을 선사하는 사람에게 세상은 돈을 돌려준다.

주는 자만이 진실로 책임을 떠맡는 것이다

책임은 대답하는 능력을 말한다. 자신은 풍요롭게 살면서 많은 다른 사람의 고통을 외면하는 것은 책임감 있는 사람으로서 있을 수 없는 일이다.

세계는 근심으로 가득 차 있다. 불공평한 분배는 평화와 행복을 위협한다. 분배의 정의로 가는 길은 어둡기만 하고 또 수많은 분쟁의 씨앗이 되고 있다. 그 길을 밝혀주는 하나하나의 표지는 모두 소중하다. 세계는 그런 표지의 역할을 할 사람들이 필요하다. 아마도 세계는 그렇기 때문에 이들에게 그 길을 더 밝게 비출 수 있는 수단을 제공하는지도 모른다.

주는 것은 우리에게 활력을 준다

주는 것만큼 사람에게 활력과 에너지를 주는 것도 드물 것이다.

그래서 감사의 마음과 책임감에서 비롯된 기부 행위보다 더 좋은 보약은 없다고 하겠다. 이것은 삶에 대한, 그리고 다른 사람에 대한 사랑의 행위라 할 수 있다. 행복은 우리가 자신의 소유물을 만족스럽게 향유할 수 있을 때 얻어진다. 책임감 있게 행동하는 최선의 방법은, 무언가를 되돌려 줌으로써 답하는 일이다.

우리는 기부의 행위를 통해 행복의 씨앗을 심을 수 있다. 또 그것을 통해 우리는 돈을 심은 것이다. 책임감은 결국 준 것보다 더 많은 것을 갖게 해줌으로써 기적을 만들어 낸다. 이런 일은 기적의 본래적 속성을 약간만 보여줄 뿐이다. 이런 수많은 기적에도 불구하고 우리는 왜, 그리고 어떻게 그런 기적이 발생하는지 여전히 알 수 없다. 우리는 다만 그 결과를 통해 기적과 만날 뿐이다. 당신이 10%를 내어 주었을 때 생겨나는 결과는 다음과 같다.

당신은 성공하고, 나아가 행복하게 된다. 당신은 원하는 것을 얻을 수 있고, 또 그것을 만족스럽게 향유할 수 있다.

그래서 당신에게 꼭 그것을 해보기를 권한다. '수많은 사람들이 뿌리를 찾아 헤매는 동안 누군가는 그 과실을 따 먹는다'는 말도 있지 않나? 아마도 당신은 이 기적의 뿌리를 영원히 찾지 못할 수도 있다. 하지만 당신이 이 10%를 실천한다면 그 과실을 따먹게 될 것이다.

돈은 행복을 준다

　돈은 행복을 줄 수 있다. 돈은 당신의 삶을 정말로 풍요롭게 한다. 그러나 그렇게 되려면 당신은 무언가를 해야만 한다. 당신이 만약 이 책을 그냥 읽기만 하고 이 책에서 요구한 것들을 실제로 따라 하지 않았다면 다시 앞으로 돌아가서 처음부터 다시 시작하라. 그리고 돈이 실제로 행복을 준다는 사실에 대한 확신을 먼저 얻어라!

| Power-Tip |
수입의 일부를 기부하라

- 돈은 좋은 것이고, 당신은 그것을 올바르게 사용하고 있다는 사실을 자신에게 납득시켜라.
- 그렇게 하기로 결정했다면 그 내용과 이유를 글로 적어라.
- 돈을 좀 더 책임감 있게 사용하기 위한 계획을 세워라. 그리고 돈이 제대로 그 목적을 다할 수 있는지 확인하라.
- 도움을 주려면 꾸준히 하라.
- 아직 능력이 충분하지 않을 때부터 시작하라.

*당신에게 꼭 필요한 파워 아이디어

- 성공이란 자신이 좋아하는 것을 획득하는 것이다. 행복이란 자신이 획득한 것을 또한 향유하는 것이다.
- 차고 넘치는 부는 그 소유자에게 맡겨진 성스러운 재물이다.

그는 이 재물을 사회의 안녕을 위해 평생 사용할 의무가 있다.

● 무의미와 무상함의 감정을 '치유'하는 가장 좋은 방법은 자기 아닌 다른 사람을 돌보는 것이다.

● 돈을 기부하는 것은 돈이 좋은 사람의 수중에서 책임감 있게 사용되고 있다는 사실을 증명하는 것이다.

● 돈을 기부하는 것은 자기 자신에 대한 신뢰를 증명하는 것이다.

● 기부하는 행위는 부를 기대하게 만든다. 기대는 우리가 나중에 가서 무엇을 소유하게 될 것인지를 결정한다.

● 세상을 사랑하는 사람을 세상도 사랑한다. 세상에 돈을 선사하는 사람에게 세상은 돈을 돌려준다.

● 주는 행위는 그 사람에게 활력과 에너지를 준다.

● 책임감 없이 부자가 되는 것은 곧 불행을 의미한다.

이제 무엇을 더 해야 할까?

지식은 부자가 되는 것을 방해하는 두 개의 적을 없애준다.
위험과 두려움이 그것이다
찰스 기브스의 《안전한 부》에서

지금까지 당신은 당신 자신과 가족의 삶을 바꿀 기술과 전략을 배웠다. 이제 이 책을 덮고 나면 당신에게는 두 가지 가능성이 남게된다. 대충 쓸만한 이야기를 들었다는 생각으로 현재의 삶을 계속 살든지, 아니면 자신의 삶과 경제적 상황을 바꾸는 일에 온 힘을 집중하든지 할 것이다. 기적을 만들어 내고 완전히 새로운 삶을 디자인하려면 배운 것들을 실제 상황에 적용해야 한다.

키케로와 데모스테네스의 차이는 무엇인가?

고대의 걸출한 웅변가로는 키케로와 데모스테네스 두 사람을 꼽을 수 있다. 키케로가 연설을 마치면 사람들은 모두 일어나 환호하며 말했다. "너무 멋진 연설이다." 데모스테네스가 연설을 마치면 사람들은 외쳤다. "이제 행동하자, 지금 당장!" 그리고 그대로 했다.

당신이 이 책을 읽고 난 뒤 그냥 "괜찮은 책이군. 몇 가지는 정말

쓸만한데"라고 말하며 실천하지 않으면 당신과 나는 그냥 시간만 낭비한 것이다.

언젠가 성공철학 강연가인 짐 론이 말했다. "세상에는 두 부류의 사람이 있다. 어느 책에서 '매일 사과를 하나씩 먹으면 의사가 필요 없다'라는 내용을 읽고 똑같이 공감했는데, 한쪽은 그에 대해 더 자세한 정보를 찾으러 다니는 사람이고, 다른 쪽은 당장 과일가게로 가서 사과를 사 먹는 실천가형 사람이다".

아는 것이 힘이라는 말은 틀린 말이다. 바르게 말하면, 아는 것은 실제로 적용될 때만 힘이 된다. 그러므로 지금 당장 강력한 목표를 세우고 실천해라.

이제 아주 새롭고 독특한 여행을 시작하라. 그것은 이제까지 꿈 꾸어 온 것보다 훨씬 강력한 삶으로 당신을 데려가 줄 것이다. 내가 이렇게 말할 수 있는 것은, 지금 내가 바로 이 책에서 쓰고 있는 원 칙들을 내 삶에 적용하면서 그 길을 몸소 걸어왔기 때문이다. 이제 당신의 인생을 하나의 걸작품으로 만들어 보라.

자, 이제 한번 상상해 보자.

7년 뒤에 누군가가 당신의 인생에 들어온다. 그는 당신의 열쇠를 가지고 당신의 집에 들어온다. 그는 당신이 무슨 일을 하는지, 또 무엇을 마음속에 품고 있는지 모두 알고 있다.

그 사람은 당신을 항상 따라다닌다. 그는 당신이 일하는 동안 당신의 일거수일투족을 관찰하며, 당신의 모든 명세서를 점검한다.

| Power-Tip |

**부자가 돼라. 부자가 되기 위해 필요한 모든 것을 실천하라.
돈은 행복을 가져다주기 때문이다.
그러므로 부자가 되는 것을 반드시 당신의 목표로 삼아야 한다.**

- 당신이 돈을 소유하게 되면 당신은 안전하게 보호받고 있다는 느낌을 가질 수 있다.
- 당신의 삶에 흘러드는 돈이 늘어남에 따라 당신 개성도 성장한다.
- 돈은 당신의 삶을 자유롭게 만든다. 당신은 자신이 좋아하고 재능에도 걸맞으며, 다른 사람에게도 유익한 일에 마음껏 몰두할 수 있게 된다.
- 돈이 있으면 돈이 인생에서 차지하는 큰 비중을 줄일 수 있다.
- 돈은 주인공이 아니라, 당신을 위한 조연이다.
- 돈이 있어야 진짜 중요한 일에 몰두할 수 있다.
- 돈은 당신의 능력을 더욱 향상시키고, 당신의 아이디어에 가능성을 부여한다.
- 돈이 있어야 균형이 생긴다. 돈이 있으면 당신은 휴식을 취할 수 있고 인생의 다양한 영역을 챙길 수 있다.
- 돈은 당신의 삶을 더욱 흥미 있고 변화무쌍하게 만들어 준다. 당신은 살고 싶은 곳에서 살 수 있게 되고, 사귀고 싶은 사람을 사귈 수 있게 된다.
- 돈이 있으면 당신은 시간을 마음대로 활용할 수 있다. 당신은 필요에 의해 억지로 일하지 않아도 되며, 자신이 의미 있다고 생각하는 일에 몰두할 수 있다.
- 돈은 곧 권한을 의미한다. 돈이 있으면 당신은 사회와 이웃에게 선한 영향력을 선사할 수 있다.
- 돈이 있으면 성공한 사람들과 쉽게 사귈 수가 있다. 그들은 당신이 자신들의 능력에 비해 적은 성과에 만족하는 것을 용서하지 않는 사람들이다.

그는 당신이 오늘 무엇을 계획하는지 잘 알고 있다. 그는 당신이 이 계획을 잘 실천하는지 최선의 능력을 발휘하는지 체크한다. 그는 당신이 걱정스럽게 거울을 들여다볼 때 당신에게 가볍게 윙크한다.

이 사람은 바로 당신이다. 당신이 자신의 힘으로 만들어 낸 당신의 개성이다. 과연 이 사람은 어떤 사람일까? 그는 어떤 신념을 갖고 있으며, 무슨 일을 하고 있을까? 그에게는 어떤 친구들이 있을까? 그는 어디에서 어떤 자부심을 갖고 살아갈까?

당신은 현재 어떤 방향으로 나가고 있는가? 이 책을 읽기 시작할 때 당신은 '7년 뒤 나는 어떤 모습으로 변해 있을까'라고 자신에게 물었다. 당신이 지금 삶의 방향을 전환하지 않으면 당신은 피할 수 없이 그 어떤 곳으로 흘러가게 된다. 그곳이 정말로 당신이 원하는 곳인가? 미래학자 존 네이스비트는 이렇게 말했다. "미래를 예측하는 최선의 방법은 지금 순간 무슨 일이 벌어지고 있는지 분명하게 인식하는 것이다." 그러므로 솔직하게 자신과 한번 대면해 보자. 이 책을 끝까지 읽고 난 다음 여유를 갖고 천천히 지금 당신이 가고 있는 방향을 점검해 보자.

당신이 지금 가고 있는 길이 당신을 끊임없이 배우고 성장하게 하는 길인가? 당신이 그런 길을 선택하는 데 이 책이 조금이라도 도움이 된다면 그것은 아주 고마운 일이다. 당신의 이야기를 나에게 글로 보내준다면 무척 반가운 일이 될 것이다.

언젠가 당신의 성공담을 다른 사람들에게 소개할 수도 있을 것이다. 우리는 언젠가 어느 곳에서 한 번쯤 만나게 될 수도 있다. 기적을 일으키는 사람은 그리 많지 않다. 하지만 그들의 세계는 아주 좁아서 의외로 쉽게 만날 수 있다.

부자가 되는 길을 가려면 팀을 만들어라

당신의 결심이 확고하게 서면 이제 당신한테서 가장 뛰어난 능력을 끌어낼 수 있는 사람들의 모임에 참여하라.

그들은 목표를 이루기 위해 필요한 것은 어떤 일이든 마다하지 않음으로써 기적을 일으키는 사람들이다. 그들은 당신이 능력을 최대한 발휘하기 전에 스스로 만족하는 것을 절대로 용납하지 않을 사람들이다. 이런 사람들과 함께 할 때 당신은 끊임없이 자극을 받아 스스로 더욱 성장 발전할 수 있다.

이런 사람들을 얻는 것은 더 이상 바랄 것 없이 크나큰 선물이다. 이들은 당신 혼자선 전혀 할 수 없었을 방법으로 당신을 도와주고 북돋아 준다.

정보를 다른 사람에게도 알려라

끝으로 당신에게 당부하고 싶은 것은 지금까지 당신이 배운 것들을 다른 사람들한테도 전하라는 것이다. 누구나 부자가 될 수 있다는 사실을 널리 알려라.

그것을 당부하는 이유는 두 가지이다.

첫째, 우리는 가르치면서 가장 효과적으로 배울 수 있다. 자신의 생각을 다른 사람에게 전달하면서 우리는 다시 한번 자신의 생각을 가다듬게 된다. 이런 방식으로 우리는 자신에게 정말로 중요한 문제들을 계속해서 생각할 수 있다. 둘째, 다른 사람들을 도와 그들이 인생을 좀 더 의미 있고 긍정적인 것으로 바꾸게 되면 우리 자신도 더 큰 부와 행복을 얻게 된다.

당신은 이제 자신이 해야 할 일이 무엇인지, 그리고 할 수 있는 일이 무엇인지 알게 되었다. 이제는 가장 중요한 실천만 남았다. 가능한 한 빨리 움직여라. 당신 자신, 그리고 다른 사람을 위해 그렇게 하라. 모든 사람이 깜짝 놀랄 만큼 빠르게 행동해라. 그래서 가진 능력의 최대치를 발휘해라.

우리는 모두 각자 채워야 할 인생의 의미와 소명을 갖고 있다고 믿는다. 현재 당신이 어떤 상황에 있는지는 중요하지 않다. 중요한 것은 어떤 방향으로 나아가고 있느냐는 것이다.

부자가 되는 것은 당신이 타고난 권리란 사실을 절대 잊지 말아라. 당신의 자리는 햇볕 따뜻한 양지이다. 자신의 삶을 걸작품으로 만들어라. 당신이 7년 안에 부자가 될 수 있다는 것을 다른 사람들과 자신에게 입증해 보여라.

당신에 대한 나의 개인적인 바람

나는 이제 당신에게 작별을 고한다. 끝으로, 이제 당신이 가는 길에 나의 기원이 함께 하기를 바란다.

● 당신이 태어날 때부터 갖고 있는 당신의 권리를 주장하기 바란다.

- 정신적으로 물질적으로 성공과 부를 성취하기 바란다.
- 건강과 행복과 평화를 당신의 삶 안에 강하게 묶어두기를 바란다.
- 당신이 좋아하고 능력에도 맞는, 그리고 다른 사람에게 도움이 되는 일을 실천하여 당신의 삶이 의미로 충만하기 바란다.
- 재능을 꾸준히 키우고 이 땅 위에 당신만의 자리를 만들기 바란다.
- 끊임없이 배우고 발전하여 타고난 능력의 최대치를 발휘하기 바란다.
- 당신의 행복과 부를 다른 사람과 함께 나누는 데서 당신의 소명을 발견하기 바란다.
- 당신의 타고난 권리를 실천하여 당신의 삶을 걸작품으로 만들기 바란다.

나도 부자가 될 수 있다

초판이 발간된 이래 최근까지 독일어권 최대 베스트셀러 자리를 지키고 있는 이 책(원제 : '경제적 자유로 가는 길 Der Weg zur finanziellen Freiheit')의 번역을 조금은 설레는 마음으로 맡았습니다. 그냥 보기에는 평범한 '재테크 지침서' 정도로만 보이는 이 책에 도대체 무슨 내용이 들어 있기에 그렇게 많은 사람들이 사 보고 또 화제가 되는 걸까 하는 호기심 때문이었겠지요. 그런데 번역을 하면서 보니 과연 그럴만하다는 생각이 들었습니다. 우선 저 자신 그동안 돈에 대해 얼마나 무지하고 무관심했었는지 절실히 깨달았으니까요.

저는 그동안, 돈이란 그저 너무 가까이하지도, 그렇다고 너무 멀리하지도 말아야 하는 것이라고만 믿었습니다. 그리고 길 가다 천원짜리 한 장만 주워도 그렇게 기분이 좋은 것을 애써 외면하며, 다른 사람들 앞에선 '나는 돈에 대해 아는 것도 없고 관심도 없다'라고 조금은 자랑스럽게(?) 얘기해 왔습니다. 그런 돈에 대한 애매하고도 이중적인 사고가 얼마나 큰 모순이고 내 인생에 얼마나 큰 걸림돌인지 이번에 분명하게 알 수 있었습니다. 지금까지 막연하게 '난 평생 큰돈은 못 벌 것이다'라고 생각했던 내가 '나도 부자가 될 수 있다. 그리고 그렇게 되도록 노력하겠다'는 마음을 먹게 된 것도 신기하지만, 그전에, 과연 나에게 돈이란 무엇이며, 나에게 돈이 생기면 무엇을 할 것인지 진지하게 생각해 볼 기회를 준 것만으로도 이 책은 제게 큰 의미가 있습니다.

최근 몇 년 사이 부와 돈에 대한 우리 사회의 인식도 많이 바뀌어가고 있는 걸 느낍니다. 하지만 우리 사회에 뿌리 깊은 돈에 대한 이중적 사고에서 벗어나기까지는 아직 시간이 더 걸릴 것 같습니다. 이런 상황에서 이 책은 분명 우리 사회에도 아주 중요한 이야깃거리를 던져줄 것입니다.

오늘날 우리는 디지털 기기 없이는 살 수 없는 세상에 살고 있습니다. 따라서 스마트폰에 대해 아는 것도 없고 관심도 없는 '폰맹'은 참으로 살기가 어렵게 세상이 돌아가고 있습니다. 좋든 싫든, 우리 사회에서 돈은 그런 디지털 기기에 비해 훨씬 오래전부터, 훨씬 더 중요한 역할을 해왔습니다. 그러므로 돈에 대해 아는 것도 없고 관심도 없는 '돈맹'은 디지털 기기를 다룰 줄 모르는 것보다 몇 배는 더 고달프게 살아야 합니다.

'돈맹에게는 미래가 없다' – 이 단순한 이치를 지금까지 왜 몰랐는지, 왜 외면해 왔는지 저 자신 안타깝습니다. 이제부터 돈에 대해 좀 더 솔직해지고, 더 많이 배워야겠습니다.

원서에 나오는 화폐단위인 마르크화를 독자 여러분의 이해를 돕기 위해 원화로 환산해서 표기했습니다. 이 점 참고하시고 양해해 주시기 바랍니다.

옮긴이 **이 병 서**